今、心理職に求められていること

医療と福祉の現場から

下山晴彦・村瀬嘉代子 編著

まえがき

今、日本の臨床心理学は、大きな転換期にある。米国の民主主義とともにカウンセリングが輸入されたのを契機として心理技術者の国家資格化を試みて挫折した一九七〇年代、心理力動的心理療法を理想モデルとして学会を再興し、スクールカウンセリングを契機として勢力を拡大した一九九〇年代、そして心理職の国家資格化を実現し、専門職としてさらなる発展を目指す二〇一〇年代となる。つまり、現在、心理職が専門職として社会に認められ、社会的資格を得ることが、臨床心理学の目下のテーマとなっているのである。

ただし、国家資格になれば心理職の専門性が世の中に認められる、というわけではない。それでは、本末転倒である。本来、資格は、活動の有効性を社会が認めた結果として与えられるものなのである。したがって、臨床心理学がまず目指さなければならないのは、社会のニーズに応えられる活動を開発し、社会に貢献できる有効性を備えた専門活動であることを世の中に示すことである。

日本の臨床心理学は、スクールカウンセリングにみられるように教育領域を中心に発展してきた。しかし、臨床心理学とは、本来メンタルヘルスに関わる専門活動であり、医療領域での活動が中心になるものである。その点で、医療領域における活動を発展させることが、心理職の急務の課題となっている。編者の一人である下山は、このような問題意識の下、文部科学省の科学研究助成費（基盤研究B／課題番号19330153/研究題目「医療領域における臨床心理研修プログラムの開発・評価研究」）を得て、医療領域で働く心理職の教育訓練カリキュラムの開発をテーマとした研究を開始した。

ところが、研究を進めていくうちに、次のような新たな課題がみえてきた。

（1）医療領域における心理職の活動は、単に精神医療の範囲に止まるものではなく、内科や外科などさまざまな医療領域においてもメンタルヘルスの問題が生じており、医療全体を視野に入れた活動の開発が求められていること。

（2）発達障害や虐待など、子どものメンタルヘルスの問題が深刻化しており、それに対応できる活動が強く求められていること。

（3）WHOの障害概念の変化にも示されているように、メンタルヘルスの問題は、単に医学的治療の対象だけではなく、社会システムや生活環境の改善によって対処すべきものとの視点が導入されてきており、医療活動は、同時に福祉領域の活動と重なり合って発展させる必要があること。

このような新たな課題には、私一人では対処できないこともみえてきた。そこで、子どもの福祉領域の臨床心理活動に詳しい村瀬嘉代子先生にアドバイザーとして研究に加わっていただき、それがきっかけで、本書の共編者になっていただいた。

次に、医療・福祉の領域における心理職の教育訓練をテーマとし、どのようなインターンシップのプログラムを開発すべきかについて調査を始めてみたところ、そもそも〝心理職の活動とは何か〟という基本的な概念が成立していないことが明らかとなった。これは、日本の臨床心理学が面接室内の、個人心理療法を理想モデルとしてきた結果、社会に開かれた活動モデルを構成できていなかったためである。医療・福祉領域では、生物−心理−社会モデルに基づき、多職種が協働し、チームとして問題に対処することが求められる。そのため、医療・福祉領域において他職種や利用者と協働できる心理職の活動モデルとは何かを問うことから研究を始める必要が出てきた。活動モデルが確定していなければ、教育訓練のカリキュラムもインターンシップのプログラムも構成できないからである。

そこで、上記研究では、医療・福祉領域の臨床心理活動が発展している米国と英国の臨床心理学のリーダーを招くとともに、心理職が協働する専門職、民間団体や家族の方を迎えてのシンポジウムや研究会を開催することとした。諸外国の心理職の活動を参考とするとともに、心理職が協働する人びとから、心理職に対するニーズを聴き、新たな活動モデルを構成することを研究の中心に置くことにしたのである。医療職、福祉職、行政職を協働する職種として、また問題解決に向けて家族や民間のサポートグループも重要な協働のパートナーとして意見をいただいた。本書は、そのような研究の成果を示すものである。

本書が、日本の臨床心理学と心理職の発展、そしてメンタルヘルスの活動の充実に少しでも貢献できることを祈って筆を擱くことにする。

二〇一〇年一月三十日

下山晴彦

目　次

今、心理職に求められていること

──医療と福祉の現場から

第1章　今、日本の心理職に求められていること

東京大学大学院教育学研究科教授
下山晴彦

はじめに

本書では、さまざまな立場から、臨床心理学が専門活動として、また心理職が専門職として発展していく際のヒントが述べられることになる。

外国で臨床心理学の活動に携わる立場からは、それぞれの国における臨床心理学の発展と、現在直面しているテーマが示される。私たちは、そのような、他国の現状を知ることで、自らのあり方を見直すことが可能になる。また、近接領域で仕事をしている専門職の立場からは、よりよい協働をしていくために心理職に期待することが提示される。さらに、臨床心理学を活用する利用者の立場からは、心理職の活動が真の意味で利用者の役に立つためには、何が必要なのかに関する意見が示される。

そのような外部からの情報、期待、意見を知ることで、私たちは、自らに課せられている社会要請の内容と、それに答えるための課題を自覚でき、今後進むべき方向に関するヒントを得ることができる。そして、そのようなヒントを参考として心理職が社会的な専門職として発展していくための臨床心理学の課題が明らかとなる。

臨床心理学の発展に向けての課題については、さまざまな論点がある。そこで、本章では、そのようなさまざまな論点を理解するための枠組みとして臨床心理学の発展の歴史について簡単にみていくことにする。そのような臨床心理学の発展史を知ることで、さまざまな立場や観点が今後の発展に向けてどのような意味をもっているのかが見えてくるからである。

第1節　他の学問や専門職、そして利用者との協働に向けて

私は、この数年間、臨床心理学の歴史を調べてきた。臨床心理学というは、十九世紀の終わりに欧米社会で提起された比較的新しい学問である。その臨床心理学が欧米社会だけでなく、日本においてどのように発展してきたのかを調べていくと社会文化との関連でとても興味深い知見が得られる。

周知のように米国ペンシルベニア大学のウィトマー（Witmer, L., 1867-1956）が一八九六年に心理クリニックを開設し、臨床心理学という用語を講演で用いたことが臨床心理学の起源とされる。その後、現在に至るまで米国の臨床心理学は、世界の臨床心理学をリードしてきている。そのような米国の臨床心理学の歴史と現状については、本書第2章でデビソン教授が解説する。デビソン教授は、世界で最も売れているとされる臨床心理学テキスト[1]（Davison, et al., 2004）の著者であり、米国の臨床心理学のリーダーの一人である。

また、英国では、二十世紀後半から臨床心理学の活動が社会的に評価されるようになり、メンタルヘルスのさまざまな領域で心理職が専門職として活躍している。また、三年間という、比較的短期間に臨床心理学の専門教育をするシステムが確立されており、日本の臨床心理学が学ぶべところが多くある。このような英国の臨床心理学の現状については、本書第3章で子どもや若者の心理援助をする領域での活動を中心にストラード教

授が解説する。ストラード教授は、日本でも邦訳出版されて人気の高い『子どもと若者のための認知行動療法のガイドブックおよびワークブック』[2][3] (Stallard, 2002, 2005) の著者であり、英国の臨床心理学の児童臨床領域のリーダーの一人である。

本書で記述されている米国や英国の臨床心理学と比較すると、日本の臨床心理学は、まだまだ発展途上である。確かに英米圏のオーストラリアやカナダ、あるいはスカンジナビアなどの北欧の国々では、臨床心理学は専門活動として相当に発展している。しかし、イタリアやスペインなどの南欧の国々、あるいは中国をはじめとするアジアの国々では、専門活動としての発展という点では日本と同様に発展途上の段階である。したがって、臨床心理学は、世界的にみるならば、米国や英国をトップランナーとしながらも、それぞれの国々でそれぞれの仕方で発展しつつある専門活動とみることができる。

このように臨床心理学自体が新しい学問であり、活動であるので、他の伝統的な学問や専門職とどのように協力をするのかということが、しばしば問題となる。葛藤が生じることもある。臨床心理学や心理職というものが新興の制度であることを考慮するならば、既存の学問や活動と葛藤が生じることは、むしろ当然のことといえる。そこで、大切となるのは、いたずらに自己主張することではなく、他者の意見に耳を傾け、他者と協働できる可能性を探っていく地道な作業である。その場合、利用者や社会のニーズにも同時に耳を傾け、全体として社会に貢献できるメンタルヘルスのシステムをさまざまな専門職で協働して構築していくことであろう。

このような多職種の協働を考える際に重要となるのが生物－心理－社会モデル (bio-psycho-social model) である。なぜならば、現在では、メンタルヘルスの問題は、単一の要因ではなく、さまざまな要因が複合的に重なり合って生じてきたとみなされているからである。その点で、この生物－心理－社会モデルは、単にメンタルヘルスの領域のみを対象としたものではなく、病気と健康をテーマとする領域全体を対象としたものであ

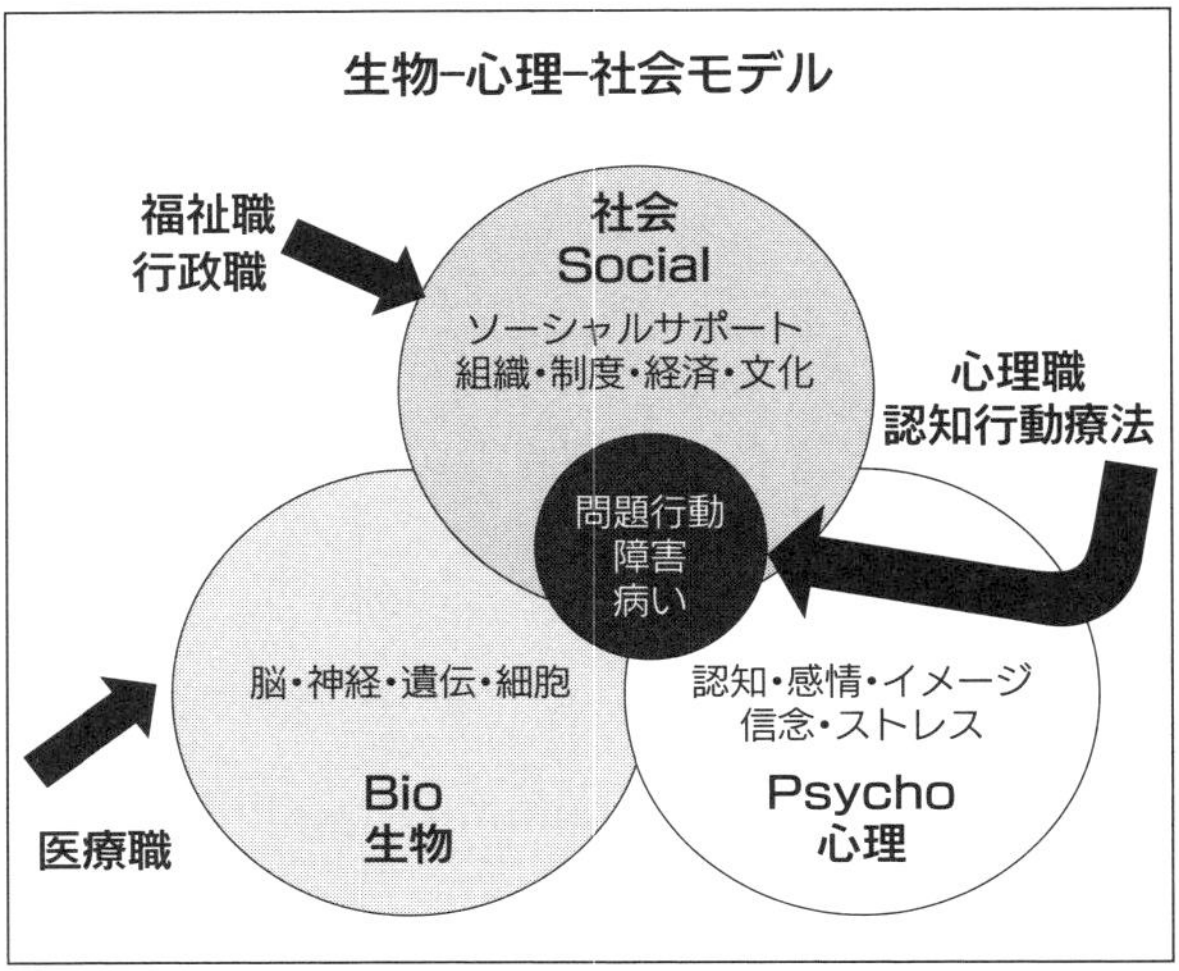

図 1−1

る。医療領域においては，長期間にわたって疾病の生物医学モデルが支配的であった。生物医学モデルの偏りや限界を指摘し，それに替わるものとして提案されたのが，この生物−心理−社会モデルである。

図1-1に示したように，生物的要因には，神経，細胞，遺伝子，細菌やウィルスなどが挙げられる。最近では，脳科学の進歩によって脳神経が重要な要因として注目されている。これらの生物学的要因に対しては，生物学，生理学，生化学，神経・脳科学などから得られた医学的知見に基づき，手術や薬物治療などの生物医学的アプローチが採用され，医療職や看護職がこの側面に関わっていくことになる。

心理的要因については，認知，信念，感情，ストレス，対人関係，対処行動などが挙げられる。最近では，認知心理学の発展によって，その人が自己の健康状態（病気を含む）や行動をどのように受け止め，自分の生き方をどのように考えているのかという，認知の重要性が注目されている。これらの心理学的要因については，心理療法や心理教育によって自己の病気や環境に適切に対処できるように認知（考え方）や行動の仕方を改善していく認知行動的アプローチが採用されることになり，心理職がこの側面に関わっていくことになる。

社会的要因については，家族や地域の人びとのソーシャル・ネットワーク，生活環境，貧困や雇用などの経済状況、人種や文化、教育などが含まれる。これらの社会的要因に対しては、患者を取り巻く家族のサポート、活用できる福祉サービス、経済的なものも含めての環境調整など、社会福祉的アプローチが採用されることになり、福祉職や行政職がこの側面に関わっていくことになる。

第2節　日本の臨床心理学の発達課題

現在、日本の心理職の活動は、新たな段階への発展に向けて大きな転換期にさしかかっている。スクールカウンセラーの中学校への本格的な導入が決定し、心理職がその担い手として学校という社会的な場において専門的技能を発揮することが求められるようになった。この他、エイズ患者や高齢者、虐待児や犯罪被害者、非行少年の矯正等々、スクールカウンセラーに止まらず、教育、医療・保健、福祉、司法・矯正、産業等のさまざまな領域において心理職の専門的活動への社会的ニーズが増大している。

社会的ニーズに応えるために臨床心理学は、単なる心理職の数の増加という量的変化だけでなく、社会的機能と組織を備えた専門的活動に向けての質的な転換を成し遂げなければならない。つまり、社会の側から臨床心理学の「社会化」が要請されているのである。これは、これまで個人心理療法が中心で、しかも心の内側に焦点を当てる方向での議論が多かった日本の臨床心理学が、社会という場において専門性を発揮できる方向への拡大発展を求められているということである。また、専門的な社会的活動という点では、臨床心理学の体系的な統一性も求められている。臨床心理学以外の専門領域からみた場合、臨床心理学がさまざまな学派や理論に分かれていて統一性がないのでは、社会的な連携をとっていくのが難しいと感じられるのは当然である。

周知のように臨床心理学の歴史は、さまざまな起源をもつ理論が集まって形成されている。したがって、専門的な学問として、そして社会的な活動として統一性をもつ段階に達することは、臨床心理学の発展としても大きな意義をもつものである。本書の第Ⅱ部で記述されているように、米国や英国の臨床心理学ではその段階に達しているのであるが、日本の臨床心理学にとっては、まさにそのことがテーマになる段階に至ったわけである。現在の日本の臨床心理学の課題を人間の発達段階に喩えるならば、さまざまな理論を学習し、順調に育ってきたが、自己の内面の気持の動きに心を奪われているために青年期を脱し切れずにいた青年が、社会的場面に参加する経験を得て、遅蒔きながら社会的なアイデンティティを確立し、一人前の職業人として自立していく段階にさしかかっている状態といえよう。

臨床心理学が成長し、心理職が世の中に専門職として認められるためには、今何が必要なのか、改めて考えるべき時がきている。青年が一人前の職業人になるためには、身内だけの守られた空間での議論を離れて、社会という現場において実際に何が必要とされているのか、そしてどのようにしたらそれに応えられるのかを、身をもって体験していくことが必要とされるのである。

第3節　本書の構成

本書は、日本の臨床心理学が社会的な専門活動として発展し、心理職が一人前の専門職として認められるための発達課題とは何かに関して、他の専門職および利用者の立場から積極的な意見をいただき、今後の発展の糧にすることを目的として編まれたものである。

編者の一人である下山は、「まえがき」でも述べたように科学研究費補助金（課題番号 19330153）を得て、医療領域における臨床心理研修プログラムの開発・評価研究を行ってきた。本書は、その研究成果の報告でもある。研修プログラムを研究テーマとしたのは，日本の臨床心理学が発展する上でとても重要な課題と考えたからである。青年を一人前の職業人に育てるためには，高等学校や大学，さらには最近では大学院も含めた，学校における教育が重要となる。それと同様に心理職を専門職として育てるためには，大学院における研修プログラムの充実が必要となる。

そのような研修プログラムを開発するためには，心理職が他職と協働し，しかも利用者のニーズに応えられる専門職となるためには，まずどのような知識，態度，技能が必要なのかを確定しなければならない。また，生物－心理－社会モデルに基づく多職種の協働では，医療領域における活動といっても，社会的側面である福祉領域とも深く関連してくる。しかも，近年では，虐待などと関連してメンタルヘルスにおける児童福祉の重要性が特に重要となってきている。

そこで，本書では，医療領域とともに児童福祉の領域の専門職や利用者からも意見を聞き，心理職の発展に向けての課題を明らかにすることとした。

構成としては，まず第Ⅰ部で専門活動としての臨床心理学が発展している米国と英国からの報告を掲載する。第2章で医療領域における臨床心理学の発展に関するモデルとして米国の臨床心理学の現状と課題を，第3章で児童福祉領域における臨床心理学の発展に関するモデルとして，英国の臨床心理学の現状と課題が報告される。

第Ⅱ部では，医療における心理専門職への期待が議論される。ここでは，臨床心理学と密接に関連する精神医療については他書（野村・下山　近刊）[4]に譲り，視野を広げて医療全般における心理専門職への要望を聞くことにする。第4章では，発達障害をはじめとしてさまざまな問題が噴出してきている児童精神医療の領域からの期待が示される。第5章では，二人に一人かが罹るとされるがん治療の現場から，ターミナルケアも含めた活動における心理職への期待が提示される。第6章では，内科を始めとする身体関連の医療現場でその必要性が日増しに高まっているリエゾン医療における心理職の役割が論じられる。最後に第7章において、利用者の立場から、患者と医療者のコミュニケーションの重要性が指摘され、それとの関連で心理職への期待が示される。

続いて第Ⅲ部では、子どもの福祉における心理専門職への期待が議論される。まず第8章では、地域において、虐待などの子どもの問題に直接対応している児童相談所の現場から心理職の課題と、それに基づく期待が提起される。第9章では、子どもの問題に対して家庭福祉の観点から政策立案をする行政の立場から心理職への期待が提起される。そして、第10章では、児童福祉サービスを利用する家族の立場から心理職への期待と要望が示される。

最後の第Ⅳ部では、児童福祉をテーマとして心理職が社会政策にどのように貢献できるのかを議論し、社会活動としての臨床心理学の発達課題を明らかにすることを目的とする。まず、第11章で日本の児童福祉領域における心理職の現状と課題が明らかにされる。次に第12章で行政の立場から社会的擁護の課題と心理職への期待が提示される。第13章では、第11章で議論された心理職の現状と、第12章で示された社会的擁護の課題を受けて、第12章と第13章の著者とが対談をし、行政との協働における心理職の役割と課題をさらに明確化する議論を示す。

おわりに

心理職が私的活動として心理療法を実践しているのであれば、一人、あるいは気の合う仲間と組んで仕事をして、それで事足りるということもあるかもしれない。しかし、社会的専門活動となると、他の専門職や職種とチームを組んで活動することが前提となる。

日本の臨床心理学における重要な課題となっているスクールカウンセリングにおいても然りである。教員だけでなく、事務職員、養護教諭や校医、時には警察、さらには父兄なども含めて協働していくことが必要となっている。問題が複雑になればなるほど、多職種間の協働が求められるということになる。医療や福祉の領域においては、教育の領域と同様に、あるいはそれ以上に他職種との協働チームによる治療や支援活動が必要となってる。このような社会的なニーズは、日増しに強くっているといっても過言ではない。

医療・福祉サービスにおいては、薬物療法などの医学的治療、経済的支援、行政的介入だけではなく、病や障害を抱える利用者やその家族の苦悩を丁寧に聞き取り、心理的な援助を行なう心理職へのニーズが非常に高まっている。しかし、残念ながらわが国においては、医療や福祉の領域における心理職の活用が進んでいないという現状がある。このような心理職の活用が進んでいないことが、医療や福祉の領域における利用者に向けてのサービス全般を発展させていくうえで深刻な支障になっているともいえよう。

これに関しては、心理職の国家資格の問題というような狭い範囲の議論ではなく、日本全体の医療・福祉のサービス、あるいは利用者の利益の向上のために心理職は何ができるか、何をすべきなのかという議論が必要となるであろう。本書は、そのような議論を建設的に発展させるための基礎を提供することを目的としたものである。

文　献

（1）Davison, G. C. Neale, J. M. & Kring, A. M. *Abnormal Psychology* (9th Ed). John Wiley & Sons, 2004.〔下山晴彦（編訳）二〇〇六-二〇〇七『テキスト臨床心理学　全5巻・別巻1』誠信書房〕
（2）Stallard, P. *Think Good-Feel Good: cognitive behavioural therapy workbook for children and young people.* John Wiley & Sons,

2002.〔下山晴彦（監訳）二〇〇六『子どもと若者のための認知行動療法ワークブック』金剛出版〕
（３）Stallard, P. *A Clinician's Guide to Think Good-Feel Good: Using CBT with children and young people.* John Wiley & Sons, 2005.〔下山晴彦（訳）二〇〇八『子どもと若者のための認知行動療法ガイドブック』金剛出版〕
（４）野村俊明・下山晴彦（編著）（近刊）『精神医療の最前線と臨床心理学——精神医学からみた心理職への期待と課題』（仮題）誠信書房。

第Ⅰ部
米国と英国における心理職の役割と教育

米国と英国の心理職は、社会的資格をもつ専門職として医療・福祉の領域で幅広く活躍している。彼らは、実証研究に裏打ちされた、つまりエビデンスベイスドな臨床心理学に基づき、生物－心理－社会モデルを基本として、他職種と協働する専門活動を発展させている。

第Ⅰ部では、米国における医療領域の臨床心理活動をリードしてきたデビソン教授、英国における児童福祉領域の臨床心理活動をリードしているスタラード教授に、それぞれの分野における〝心理職の役割と教育〟について寄稿していただいた。日本の心理職が活動を発展させる際のモデルとして大いに参照できる内容となっている。

第2章　医療における心理職の教育と訓練
——米国からの報告

南カリフォルニア大学心理学部長
ジェラルド・デビソン
（訳）下山晴彦

はじめに

臨床心理学と精神医学がどのような関係となっているのかは、臨床心理学の教育に非常に大きな影響を及ぼすものである。それは、学生の教育内容をどのようにするのかというだけでなく、教育訓練システム自体をどのように構成すべきなのかということにも影響を与えるものとなっている。さらには、臨床心理学の研究にも影響がある。したがって、「臨床心理学とは何か」、「心理専門職の教育訓練をどのようにすべきか」というテーマを考えるうえでは、精神医学との関係を常に考慮しておくことが必要となる。

両者の関係が何故このような影響力があるのかというと、心理専門職である臨床心理士と精神科医が協働するか否かが、治療の質や社会全体へのヒューマンサービスの質を左右するからである。精神科医と臨床心理士の間には、見解の不一致が生じることもある。しかし、両者ともにメンタルヘルス分野の動向および政府を含めた社会全体の動向に深く関わっている点では共通している。そのため、臨床心理学と精神医学がどのように協働するのかは、患者さんに対するケアに大きな影響を与えることになるのであり、したがって、両者がどのように関係になるのかによって、臨床心理学の教育のあり方も随分と変わってくるのである。

表 2-1　臨床心理学の定義：(www.apa.org/divisions/div12)

- “臨床心理学”の領域とは：不適応や障碍，不安の理解と予測，軽減を行うとともに，人びとの適応と調整，個人の発達を促進するための科学，理論，そして実践の統合
- 臨床心理学は，さまざまな文化および特定の社会経済的レベルによらない生涯に渡る人間の機能の知的，情動的，生物学的，心理的，社会的，そして行動的な側面に焦点を当てる。
- “臨床心理士”は，心理学および全般的福祉の専門的な実践，および心理科学を促進するための，科学的かつ専門的な知識と技術を創造し，統合していけるように教育，訓練される。
- 臨床心理学のアセスメントは，①個人の心理的苦痛，②個人的，社会的および仕事上の機能不全，③身体的，情動的，神経学的，精神的及び行動上の障害に関する，心理学的要素の性質，原因および潜在的影響を決定することを含む。
- 臨床心理学の介入は，人間の苦痛および機能不全に潜む，情動の葛藤，人格障害，精神疾患およびスキルの欠如の，予防，治療および訂正を目的とする。
- 介入の目的は，精神的満足度と適応度，社会秩序および健康を促進することである。

本小論では、このような動向を踏まえ、今後の患者さんへのケアの質を高める上での方向性を探る機会を提供できればと思っている。

第1節　米国における臨床心理学

まずは、臨床心理学とは何かという、定義を確認することから始めることにする。表2-1に米国心理学会（APA）による臨床心理学の定義を転載した。ここで、重要なのは、下線部の〝臨床心理学が、科学と理論と実践を統合するものである〟ということである。この領域の科学的な側面、これこそが臨床心理学の生命線だと私も含めて多くの者が考えている。心理専門職は、心理的な問題を起こしている人びとが、より楽になること、よりよく機能することを重視している。そして、そのために科学と理論と実践を統合して最大限の努力をするのである。

臨床心理学は、複数の関連する専門分野と重なり合って構成されている。まずコミュニティ心理学という分野がある。この分野では、主として精神疾患の悪化及び発症を防ぐことを目的としている。実際に精神疾患が起こるまで待つのではなく、その予防に

主眼をおいている点に特徴がある。健康心理学や行動医学の分野は、身体的、精神的障害が引き起こされる際に関わってくる心理学的要因に焦点を当てる。特に、ストレスやコーピングの問題などは、健康心理学において重要なトピックである。他にも、発達心理学、老年心理学などの専門分野もある。特に後者は、私が臨床心理士として近年関心をもっている分野である。

また、臨床神経心理学では、脳の機能と構造に着目する。そこでは、心理テストだけではなく、画像診断などの最新の技術を用いており、発展が著しい分野である。実際に生きている脳の中のパターンを調査する。脳のさまざまな部分での活性化を画像化することにより、その人が実際に何を考え、何を話しているのか、あるいは何も考えていないか、を指摘することさえできる。さらに、刑事訴訟などは、法心理学の分野で扱われる。犯罪者は時に非常に奇妙な考えをもち、普通の人が考えもつかないような変わった行動をするものである。米国ではこの専門分野に関しては、数多くのシンポジウムが開かれるなど論争の的となっている領域である。

米国では、臨床心理学コースが独立している機能していることは稀である。多くがアカデミックな心理学部の中にある。現在、私は、どちらかというと老年心理学の研究をしているが、二年前までは南カリフォルニア大学の心理学部における活動を中心に行なっていた。ここは、多くの伝統的な心理学分野から構成されている。たとえば、社会心理学、生理心理学、神経科学、計量心理学、発達心理学などである。臨床心理学も、それと同列に位置づけられていた。そのため臨床心理学分野で教員として成功するためには、これらの心理学と同様の学問および研究の業績が必要となる。

さらに、臨床心理学分野の教員には、追加の活動業績が必要となる。それは、臨床実践の指導ができる能力をもっていることである。学生は、基礎的な心理学の内容だけでなく、アセスメントや介入を実施できるようにインターンや実習が必要となっている。そのため、臨床心理学の教員は、学生の臨床活動、すなわち適切なアセスメントおよび介入ができるように指導しなければならない。臨床心理学の分野では、教員だけでなく、学生も含めて、心理学のアカデミックな業績に加えて臨床的な技能という、追加の負荷や責任を担わなければならない。実際のところ、これは、かなりの負担になっている。

第2節　科学者–実践者モデル

上述のような臨床心理学が形成された歴史について見ていくことにする。それを通して米国の臨床心理学の基本となっているモデルを確認していく。

時として、予期しない理由から物事が進んでいくことがある。米国では第一次大戦と第二次大戦を通して臨床心理学が、予期せぬ発展をなしたということがあった。戦争の勝利に向けて、一般の人が兵士になった場合、実際に軍隊で適切にやっていけるかどうか、兵士として成功を収められるか、つまり兵士の適正を予測することが重要な課題となった。そこで、軍隊に入る者に関して、兵士としての適正を評価するために心理学の需要が増加することになったのである。

軍従事者や軍用飛行機のパイロットの教育訓練には、相当な予算を必要とする。そのような研修を行ない、高額な予算をかけた後にその人が兵士としての不適正が見出されたり、精神的不調に陥ったりしたならば、国家はかなりの額の経済的な損失を被ることになる。もちろん、その本人の損失も大きいことはいうまでもない。そこで、兵士としての適性の評価が必要となったのである。

ここで心理学者がさまざまな方法を用いて、軍務の適応度や熟達度を予測することになった。さらに、第二次大戦後には、ＰＴＳＤをはじめとする戦争に関連した心理的問題が次々に発生し、その治療のために専門職の需要が増加した。しかし、当時はそのような治療を行なう人材が限られていた。このような要請を受け、一九四六年、第二次大戦後に退役軍人局という退役軍人のための組織ができ、その心理的問題への対処にあたったのである。

その当時、退役軍人会が資金を出し、臨床心理学の学生のインターンを行なうことになった。それに引き続き、国立精神保健研究所（ＮＩＭＨ）も資金を提供し、臨床心理学の博士課程の学生を育てることになったのである。その後、コロラド州のボルダーという町で、一九四〇年代の後半に心理専門職の教育訓練に関する会議が開かれた。その会議の結果産まれたものが、臨床心理学の教育訓練モデルとして有名な〝ボルダー・モデル〟である。これが、現在でも臨床心理学の分野では重要なモデルとなっている。このようにして米国の心理専門職の教育課程と資格の制度が成立した。

その後、臨床心理士は、社会からのニーズに応え、メンタルヘルスに関する社会的な課題に取り組み、成果を上げることができた。その結果として、アセスメントや評価のみの専門家に止まらず、介入の専門家としても社会に広く受け入れられるようになったのである。まさに社会のニーズが臨床心理学に成長の機会を与えたのである。

ボルダー会議で提案された臨床心理士の教育訓練モデルは、科学者–実践者モデルといわれるものである。科学者–実践者モデルの中核には、心理学がある。これは、社会心理学者、生理心理学者、発達心理学者などによって研究されてきた科学的、理論的な行動の基盤を、臨床心理士も学ぶ必要があるということである。つまり、臨床心理士も、まずは心理学者としての教育を受ける必要があることが、モデルの中核にあるのである。

私は、この分野自体が、個人的にも、教育者としても素晴らしい分野だと信じており、一生を通じて自分がこの分野に関与していること、またこの分野を選んだことを嬉しく思っている。そして、臨床心理学を学ぶ学生も幅広い心理学を学び、人がどのように考え、行動し、話すかということの基礎を学ぶことが、とても面白く、ワクワクすることだということに気づいて欲しい。これこそが科学者-実践者モデルの中心である。

しかし、問題もある。それは、基礎科学と応用実践をいかに統合するかという難しい問題である。これに関しては、これまでも論争が起きてきたテーマである。これは、物理学者とエンジニア間の対立と似ているかもしれない。物理学者は抽象的なものに関心をもち、エンジニアは応用及び実用的なものに関心をもつため、その間に対立が起こりやすい。物理学の法則のなかにも不一致や矛盾が生じるものもある。基礎科学と応用実践の間の橋渡しができないという場合もある。仮説の段階の理論も多く、そのなかに不一致が生じていることもある。これと同じように行動科学の実験研究で明らかになった人間の行動の法則も、実際の人間が何を考え、どう行動するかという実践場面に単純に応用できないことも少なからず存在する。この点が科学者と実践者の間で起きる問題である。

したがって、科学と実践の関係は、単純な直線的なものではない。むしろ、両者の間には、矛盾を含む弁証法的な関係とみなすのがよいであろう。この点に関しては、私の同僚であり、メンターでもあるアール・ラッラスと一緒に議論を発展させてきた。私たちは、科学と実践の間に相互作用が存在すると考える。まず臨床的な事例に出会い、そこから何らかのテーマをもつようになる。そして、そのテーマについて調べ始め、研究を発展させるのが実践者である。実践者は、必要に応じてテーマに関連する事例に戻って臨床素材を実際に扱うことができる。そして、実践者は、自分が事例として対応している個人や集団、さらには社会全体に対して実際に利益をもたらしたいと考えている。そのために基礎的な心理学や科学を実際の現実に応用しようという難しい試みを行なっている。もちろん、その応用は、簡単ではない。

表 2-2　米国で臨床心理士になるための条件

- 心理学全般の学習——統計，研究方法，心理学の歴史とシステム：行動の生物学的，情動的，認知的，社会的基盤
- アセスメント，介入，心理学的異常に特化した臨床訓練
- 研究：アカデミックな心理学研究による博士論文（Ph.D.）もしくは，実践を基礎とした学位論文（Psy.D.）
- 約 500 時間の実習，2000 時間の博士課程中のインターンシップ，2000 時間の博士課程後のインターンシップ
- 州ごとの免許の交付
- 任意：心理学の心理学分野の健康サービス提供者の国家資格の交付：臨床もしくは行動心理学の免状

第3節　臨床心理学の教育課程

表2-2には、臨床心理学の教育と研修についてまとめた。教育においても、科学専門的知識と技能を統合することが求められている。臨床心理学コースの活動の中心は、アセスメントと介入という二種類の活動である。このアセスメントというのは、実際にその人に何が起こっているのかを理解し、その人が困っていることをどのように理解できるのか、に関するものである。介入は、さまざまな様式のアプローチがある。日本では、特定の学派のアプローチが人気があり、支配的な傾向があるとのことであるが、米国では、そのようなことはない。むしろ、さまざまなアプローチを統合して有効な介入をすることが重視されている。

米国における臨床心理学の基礎教育は、四年間の学部教育が終わり、学位を取得して学部を卒業した後に始まる。勿論、学部レベルでも心理学のコースがあり、臨床心理学を教えることはある。しかし、臨床心理学の教育訓練は、学部を終了した後に修士課程や博士課程の心理学のコースで本格的に始まる。ここではまず、心理学の統計法などの研究方法、心理学史、心理学の学問体系を習得する。臨床心理学であっても、

心理学全般の知識と方法をしっかりと学ぶのである。そのうえで、次にアセスメントや介入といったの専門の臨床訓練を受けることになる。

表2-2にも示したように、心理専門職として臨床心理士の資格は、心理学の博士号が前提条件となっている。米国では、各州で免許の取得のために必要な要件やルールが異なっているが、どの州で免許を受ける前に、実際にかなりの臨床経験を積むことができるようになっている。

米国の臨床心理学の博士学位には二種類ある。一つは、通常の心理学部の大学院博士課程において取得できるＰｈ．Ｄ．の博士号である。もう一つは、より実践的な学位であり、Ｐｓｙ．Ｄ．と呼ばれている博士号である。心理専門職である臨床心理士になるためには、その二つのどちらかを受けることになる。どちらの博士課程でも、技能の学習に五百時間の実習を必要とする。この実習の課程でスーパーヴァイズを受け、実践的な技能を身につける。さらに、実際に学位を受ける前に二千時間のインターン（現場研修）、それからさらに博士号を取得してから二千時間のインターンの経験を有するということになっている。

私の見方では、このような臨床心理士は、実質的に精神科医と同等の能力があり、社会的な身分も対等であると思う。これは保険についても、メンタルヘルスのサービスについても同様である。しかし、ここまで至るには、多くの努力と時間を要し、大変な道のりを要したのも事実である。この権利を取得するためには、時にはかなり白熱した議論もみられた。そのなかには、喧嘩とも言える厳しい対立も含まれていた。それは、精神科医は臨床心理士が独立した機能をもつことや、メンタルヘルスの分野で権力をもつことを好まないということがあったためである。そのような議論や対立を乗り越えて、現在では心理専門職である臨床心理士と精神科医は対等な関係を築いてきている。

米国にはメンタルヘルスの専門職が複数存在する。ひとつは臨床心理士であり、博士号の学位を必要とする。

以前は、博士号でなくても修士号をとっていればよかったのだが、この点が長い間争点となっていた。結局、長い論議と考慮の末に、米国心理学会において、臨床心理士になるためにはＰｈ．Ｄ．あるいはＰｓｙ．Ｄ．が必要であるとの結論に達した。現在、ほとんどの州では博士の学位を必要とする。

この他、主に発達や教育の領域における心理的問題に関わる専門分野としてカンセリング心理学がある。学生相談などを担当するのは、このカンセリング心理学を背景とする心理職である。また、博士号を取得してない場合でメンタルヘルスの活動に関わる専門職になるとするならば、カウンセラーや心理アシスタントといった職種もある。さらに、社会福祉の修士号（ＭＳＷ）の学位が必要な精神科ソーシャルワーカーという専門職もある。また、夫婦あるいは家族の問題に特化した心理セラピストも存在する。このように米国のメンタルヘルスの分野には多様な専門職が存在している。

臨床心理学の教育と研修についいては、最後に改めて述べておきたいことがある。教育とは、一般的なルールを教えることであるが、同時に創造性を引き出すこととも関連している。教育という言葉は、英語ではエデュキュラというラテン語から派生している。エデュキュラは、引き出す、とか成長させるという意味を持っている。つまり、教育をするとは、物事を批判的に考えられるようになるための助けとなる、という意味なのである。

臨床心理学の教育では、臨床研修の要素が重視されている。もちろん私自身も研修の重要性は疑わないものである。しかし、注意しなければならないのは、研修というものは取るべき特定のステップや技術を教えるものであるということである。つまり、一般的なルールを教える側面が強い教育方法なのでる。たとえば、「この検査をやりなさい」とか、「この図表の通りにしなさい」とか、「規範的なものからどれだけ外れているかを見なさい」とか、「このマニュアルに従いなさい」とかいうような手順を教えるものを指すものが研修なのである。確かに、これは、実践者である心理職が持つべき重要な技術である。

しかし、科学者-実践者モデルにおいてより重要なことは、基礎的な心理学を超えた、人間の状態や状況に対する広い理解を持ち、幅広い知識を自らが接している個人及び集団に応用することができるようになることである。臨床心理学の教育を考えるのに当たっては、現場研修が重要なだけに返って、この創造性に関わるポイントを忘れないことが重要となるのである。

第4節　医療における心理学の重要性

ここでは、疾患の治療における心理学の重要性について簡単に触れておくことにする。心理学的な要因は、疾患の成り立ちを理解する際、ますます重要な要素として認識されてきている。たとえば、ストレスは心疾患を悪化させる要素、すなわち心疾患への対処の仕方に関わる要素として着目されてきている。ストレスの重要性は皆が指摘するところであり、議論の余地はない。

ところが、残念ながら米国では、心理学的要素が疾患においていかに重要であるかということは、実際には、ほとんどの医師から正しく評価されていない。たとえば、医師は「気を楽にすることが大事ですよ」と簡単に言う。しかし、医師から「もう少しのんびりして、気楽に構えたらいかがですか」と言われたときのことを想像して欲しい。確かに、これは目標としては結構ではある。でも、実際にそれをどのように実行すればよいのだろうか。実際、医師が「リラックスしなさい」と言っても、その通りにしなかったり、できなかったりすることがある。さらに、服薬指導に関しても、患者さんが飲む薬の種類や回数を言われたとおりにしないということは、よくあることである。たとえば、症状の悪化を防ぐために、特定の点眼液を「日に何度か決められた回数使いなさい」と医師に言われたからといって、その通りにするとは限らない。

患者さんが常に自分の利益が最大になるように行動するとは限らないのである。これは、心理学的にとても取り組みがいのある問題である。したがって、このようなテーマについては、心理学者や臨床心理士だけでなく、精神科医や一般医も含めた医師と協力して、患者さんの利益のために対策を研究し、それを実際に実行していくべき領域である。

また、ＨＩＶあるいはＡＩＤＳは、もちろん医学的な疾患の問題である。しかし、ＨＩＶの罹患には、心理学的な要因が関わっている。それは、なぜ危険なことをするのかという行動のテーマである。つまり、安全ではない性行為や注射針の使いまわしなどの行動をとってしまうことの問題なのである。それは、人びとはどのような行動をすべきで、どのような行動をすべきでないかという問題に言い換えることができる。現在、このような疾患を予防するには、そのような行動を変えるしか方法がないのである。今後、いつの日にか、ＨＩＶあるいはＡＩＤＳに対する根本的な治療法が見つかり、人びとが予防のために行動を制限する必要がなくなる日が来るかもしれない。しかし、残念ながら、現在は、そして近い将来においても、この問題を防ぐためには行動を変えるのが唯一の解決法なのである。そして、その解決法を発展させるのには、心理社会的なアプローチが必要なのである。

医療で働く専門職は、患者さんの置かれている社会的な状況を理解していくことが必要となる。これは、患者さんおよび患者さんに日々接している人びとは、経験的に理解していることである。つまり、患者さんが臨床心理士やカウンセラー、あるいは医師や精神科医が患者さんと対話する場合に、どのような態度をとるのかは、それぞれの患者さんで異なるのである。たとえば、米国では、日系米国人を含むアジア系米国人と接する際に、彼らの自国の文化やサブカルチャーに着目する必要がある。

米国には、ほぼ全員が別の国から移住してきた歴史がある。そのため、文化、サブカルチャーの差異を理解し、文化ごとに対人関係において独自のマナーがあることがとても重要となる。たとえば、個人的な話をどれだけ見知らぬ人にするかなどは、文化によって異なるのである。これは、特に米国では、認識しておかなければならない事実である。このようなことは、心理学的現象であり、かつ社会的な問題でもある。したがって、医療場面で患者さんと会う専門職は、臨床心理士であろうと医師であろうと、心得ておくべき事柄である。このような事柄を研究するのも心理学の重要なテーマとなっている。

最後に、医学／精神医学における心理学の重要性に確認しておきたい。心理学者は、医学や社会福祉に対して貢献できることがいくつかある。一つは、心理学に対する実質的な知識である。心理学者は、患者さんが機能するために何が必要かということを、すべてではないが、かなりの程度分かっている。そのため、一般の人びとやさまざまな分野の専門家に対して、情報を提供できる。

たとえば、臨床心理士は、人の身体と心がどのように相互作用するかについての知識をもっている。また、研究手法や統計の知識をもっている。臨床心理士であっても、上述したように心理学の学生として、多かれ少なかれその学習の一部として、心理学の研究法や統計を勉強するからである。

研究法や統計が何故大事なのかは、次のようなことを考えれば分かるだろう。新聞などには、しばしば事件の心理的原因についての記事が掲載されている。それは、あたかも心理学的事実として確立されているかのような書き方である。しかし、報道されている内容の大半が誤った解釈に基づいている。

誤った解釈と統計について考えるうえで、相関関係と因果関係について、一つ例を挙げて説明したい。ある教会の数が多い地域では、犯罪発生率も高いという事実があったとする。これは、宗教心を高くもつほど、犯罪者になりやすいということを意味するのだろうか。そんなことはないだろう。つまり、これらは、人口の規模の問題なのだ。すなわち都市の規模が大きければ、人口が多く、そのため教会も多いし、また犯罪も多くなるのである。ここから、相関関係と因果関係は必ずしも同一ではないことが分かる。

心理学者は、この事実を繰り返し、頭の中に叩き込まれている。ところが報道関係者は、正しくこの事実を理解していないことが多い。残念ながら非専門家は、マスコミ等からこれらの誤った情報を見聞きして、結果として正しくない解釈を信じてしまう。たとえば、医薬品に関する研究、特に精神作用に関するような医薬品に関しても誤った報道がされることがある。この背景として、製薬会社が研究のスポンサーを担うということが挙げられ、米国では大きな問題となっている。

第５節　エビデンスベイスド・アプローチ

上述したように米国のおける臨床心理士の最も伝統的なモデルは、ボルダー会議で決まった博士号、つまりＰｈ．Ｄ．を前提とするものである。これは、臨床心理士も心理学研究ができなければならないということを前提としている。これと関連して、近年エビデンスベイスド・アプローチということが強調されている。実証的に支持された、証拠に基づいた臨床実践の重要性が強調されているのである。

ここで〝証拠に基づいた〟といった場合、その証拠が何にあたるか、ということは、重要なテーマである。実際に臨床現場で仕事をしていると、特定の事例を経験した後に、再び同様の問題に直面するものである。ある事例で介入に失敗した後に、再び同じタイプの事例を受けもつことがある。筆者も以前、開業していたことがあり、実際に患者さんと接していた経験がある。たとえば、ある人に対して、ある介入を行ったが、治療が上手くいかなくなり、改善に繋がらなかった。これは残念なことだが、臨床家はそのような場合、それがどのように起きたのか、ということを理論化しようとする。これは科学的な事実かと言われれば、そんなことはない。では、重要な臨床的所見か、と言われればその通りである。

この事実は、対象群を用いて科学的に検証するに値する発見かもしれない。しかし、いわゆる科学者の意味するところの証拠、データにはならない。これはあくまでも逸話や臨床報告にすぎないのである。米国では逸話が複数集まったとしても、それはデータではない、ということを言われることもある。つまり、多様な小話の寄せ集めはデータに作り変えることはできないということになる。ここで、臨床的所見を科学的な実証研究として検討するエビデンスベイスド・アプローチが必要となるのである。

〝証拠に基づいた介入〟、つまりエビデンスベイスド・アプローチは、ますます広がってきており、米国や英国においてどんどん定着してきている。エビデンスベイスド・アプローチによって有効性が示されることの多いのが、認知行動療法である。しかし、認知行動療法が唯一効果的な心理療法かというと、必ずしもそうではない。認知行動療法は、確かにいろいろな障害に対して効果がある介入法ではあるが、それ以外の介入アプローチであっても、しっかりと対象群を設けた形で、科学的に検証されて効果があるといわれている技法も出てきている。そのことも忘れてはならないであろう。

エビデンスベイスド・アプローチに関連して、専門職の価値観について触れておきたい。心理職のなかには、自分は特定の理論をもっておらず、その場に合わせて、良い物を使うようにしているという、折衷論者がいる。私はこの発言を聞くと、とても不安な気持ちになる。なぜなら、彼らの言っていることは、あまり賢明なこととは思えないからだ。誰もが何らかの形の理論をもっている。その理論は間違っていることもあるかもしれないが、いずれにしろ、自分の頭の中に何らかの考え、たとえば世界がどうやって動いていくかに対する何らかの考えをもっている。

心理職は、その前提に基づいて、何が効果があり、何が実効性があるか、ということに対して経験を蓄積すべきである。そして、そのような蓄積があって、その後の予測をもてるわけである。心理職にあっては、人びとがどのように行動しているか、どのような理論や技法を適用すべきかといったことを判断する場合に、何かしらの前提、つまりパラダイムが存在しているはずである。精神分析的アプローチなども、そのようなパラダイスのひとつである。日本では、ユング派のアプローチが人気があると聞いているが、米国では、それは非常に少数派である。それでも、そのような学派のアプローチを取っているということであれば、その心理職は、その種のパラダイムをもち、その影響を受けて臨床活動をしていることになる。そうであるから、心理職は、自分の拠って立つパラダイム、すなわち価値観を明確に意識しておくことが必要なのである。

第6節　文化の多様性と価値観

これまで、米国の臨床心理学を中心に話をしてきた。しかし、米国の臨床心理学の話をするのは、とても難しい。その理由の一つは、米国がとても大きな国で、かつ多様なためである。米国に全世界が集まっている。私の住んでいるロサンジェルスにあっても、全世界が集まっていると言われている。たとえば、ロサンジェルスには二百語以上の言語が喋られている小学校がある。したがって、多文化という点では、日本とは異なる場所なのである。

そこで、私は、米国の臨床心理士の代表的存在であると考えないでいただきたい。米国の臨床心理学の実情は、実際にはかなり複雑な様相を呈している。したがって、私は、米国の幅広く、多様な臨床心理士を代表しているのではないことは確かなのである。

このように米国の臨床心理学においては、文化と多様性はとても重要な課題となっている。価値観、特にメンタルヘルスの専門職における価値観というのは非常に難しい。たとえば、メンタルヘルスの専門職は、患者さんに対しては価値観を押し付けないと主張されることがある。しかし、それは多くの場合、正しくない。たとえば、誰かが感情的な葛藤状態にある場合、彼らは担当の心理職に対して、どうすればより良い生活ができるのか、楽になるために何をすべきなのか、などの問いに対する手がかりを求める。臨床心理士や精神科医の仕事は、患者さんがしてほしいと望むその通りのことを何でもやってしまうことではないとであろう。私たちのような、神ではない普通の人間が、患者さんに対して決断を下すということは、とても難しいことである。そこでは、本当に重い責任を背負うことにもなる。とはいえ、メンタルヘルスの専門職は、個人に対して最終的に道しるべを示すように働いたり、ある種のコンパスのように動いてしまうことは避けられないことである。この点については、常に議論していくべき課題である。

このような見解は、少数派の意見かもしれない。心理職のなかには、自分たちは患者さんから出てきた情報をそのまま受け取り、その通りのことをしているだけだと主張する者も数多くいる。しかし、私は、それは根本的に間違っており、危険な思い込みだと思う。何故なら、私たち心理職には、それぞれ価値観があるからであり、その価値観をどこかに置き去りにすることはできないからである。私たちは、そのことを認識したうえで、幅広い背景を理解し、また、人間のおかれている状況に関する幅広い知識を身につけ、批判的に、患者の話に耳を傾けていくべきなのである。

米国において、〝証拠に基づいた〟介入やアセスメントが、もてはやされるようになったのも、心理専門職自身の責任の自覚からではなかった。元を正せば、特定の介入法でないと保険負担をしないと言い出した保険会社によってもたらされたものなのである。それをきっかけとして生じた議論の後にエビデンスベイスド・アプローチが採用されることになった。そして、科学的な根拠やエビデンスがなければ、そのアセスメントや介入に対して保険金を支払わないという事実がメンタルヘルスの専門職につきつけられるようになったのである。

このことは、結果的に社会の変革につながり、米国以外の国々にも影響を及ぼすことになった。たとえば、認知行動療法が注目されるようになったのも、この変革の結果でもある。私自身は、この変革は決して悪いものではなかったと思っている。

第7節　薬の処方権の問題

最後にテーマとするこの問題は、日本ではほとんど馴染みがない問題かもしれない。米国では、臨床心理士が権利を主張し、いわゆる薬剤の処方権を勝ち取るという問題が起きている。医療現場における臨床心理学の専門性という観点から、この点に少し触れておきたい。

私は、この点に対して全く反対である。心理専門職が処方権をもつということは、さまざまな意味で問題があると思う。もし興味があるならば、www.popp.org というウェブサイトをみていただきたい。そこには、心理専門職の処方権の問題に関する資料が掲載されている。

何故、私はこの心理学者に処方権を認めることに反対なのか。私は、臨床心理士の友人に対して、処方権をもちたいのなら医学部に行ったらいいと言う。私は何も臨床心理士が医学部に行くことを勧めているわけではない。もし、処方をするなら、医学部にいって、生理学や薬学の専門的な勉強をした方がよいということである。何故なら、薬学と心理学を両方勉強するには時間がかかりすぎるからである。私としては、臨床心理士が処方権を奪い取ることよりも、医師と協働するほうがよいと主張したいのである。すでに社会的には、臨床心理学は、十分に成功し、独自な専門的貢献をなしている。それなのに、処方箋を勝ち取ることで、臨床心理学独自の専門性を薄めてしまうことにならないかという危惧もある。

さらに、医薬品を、いわゆる医学的な研修を受けていない者が調剤することによる、訴訟の危険がある。医療過誤に対する保険の料金は、高騰する一方である。医薬品を処方するということになると、この高いリスクを負う集団の一部となるわけである。そうなると、臨床心理士が支払わなければならない保険料が非常に高く請求されることになる。そのうえ，もし患者さんに対して何らかの形で障害が起きてしまったら，医療過誤に対して，非常に高い金額を払う必要が出てくる。さらに，医学の専門職でない心理専門職が処方した医薬品によって害を被った患者さんから訴訟された場合，心理学自体への打撃も相当に大きいものとなるだろう。勿論，われわれも，行動の生物学的な根拠や基礎を心理学者として知るべきである。

おわりに

臨床心理学は，応用心理学の分野である。他にも基礎な心理学を応用する分野がある。したがって，臨床心理学は，応用心理学の一つの分野である。臨床心理学では，その中核となるような心理学の知識や方法論を学ぶことが重要である。つまり，実践だけでなく，研究や基礎的な心理学も学び，実践者であると同時に科学者でなければならないのである。

この科学者の特徴の一つは，常に批判的であるということである。科学論文は必ず批判され，もしくは新たな疑問を呈され，更なる研究が必要となる。ある問題を解決しようと思って研究をしたにもかかわらず，新しい問題が出てくることもある。そのため，ひとつの問題からその他のいろいろな問題へと繋がっていく。これこそが科学の性質である。

私が大学院生に心理療法の教育を行うとき，私の仕事は学生を心配させることだと言う。これは少し奇妙に聞こえるかもしれない。教員である私が学生を不安にさせようとするのは，確かに奇妙なことである。ここで私が言いたいことは，彼らに疑いをもって欲しいということである。学生らが知っていると思っていることに対して，謙虚で，控えめになりなさいということを伝えたいのである。何故なら，この複雑な世界のなかでは，現在私どもが知っている知識のほとんどは完全なものではないからである。それは，間違いに転じたり，部分的にしか正しくなかったりするのである。

メンタルヘルスの分野を担当し、その分野を先導している臨床心理学は、結論を強く主張することや、自分たちの行為に強い確信をもつことに対しては慎重であり、かつ謙虚になるべきである。これは、どの分野にも当てはまることである。すなわち医学にも心理学にも当てはまる。

最後に、医学的な疾患や精神的な障害の治療のほとんどに、心理学的要素が深く関わってきていることを確認したい。そして、心理職にとっては、精神科医とのさらなる連携と協働が人びとに利益をもたらすために最も重要であることを強調して筆をおくことにする。

参考文献

・Davison, G. C. Neale, J. M. & Kring, A. M. *Abnormal Psychology* (9th Ed). John Wiley & Sons, 2004.〔下山晴彦（編訳）二〇〇六‐二〇〇七『テキスト臨床心理学　全5巻・別巻1』誠信書房〕

第3章

子どもの支援における心理職の役割
——英国からの報告

バース大学教授
ポール・スタラード
(訳)下山晴彦

はじめに

本小論では、英国における心理職の役割について、特に子どもと若者に対する臨床心理士の役割について考えていく。また、私たち臨床心理士は、専門職としてどのような課題に直面しているのか、そしてこれらの課題に対応していくために何をしようとしているかも併せて考えていくことにする。

現在は、子どもと若者のため活動する心理職にとって、非常にエキサイティングな時代であろう。日本でも英国でもそうだと思うが、子どもや若者のためのメンタルヘルスは、国としても大きな課題である。なぜなら、子どもたちは明日の成人であり、早期の段階で彼らに投資することが重要になってくるからである。

以下、英国の臨床心理学の研修のプロセスを説明し、次に子どもや若者のメンタルヘルスの領域で働く心理職の活動について解説する。

臨床心理学の研修

- 心理学かそれに関連する学科の学位取得（3-4 年間）
- 心理的な問題を抱える人と関わる卒後の臨床経験，及び研究の経験（1-2 年間）
- 臨床心理学の大学院課程の訓練（3 年間）
- 合計で平均 8 年間を要する。

2007 年には，2346 名が，
30 コース・583 名の募集枠に応募した。

図 3-1

第1節　子どもと若者を専門とする心理職の教育課程

英国における臨床心理学の教育は、大学に入学してから都合八年ほどかかる。まず、最初に学部で心理学の学位を取得し、それから一、二年の臨床経験を積まなければならない。その後に専門職大学院（博士課程）に入学し、終了して臨床心理士になるまでに三年間を要する。

英国では、この臨床心理学の大学院に進学すること自体が非常に難しくなっている。図3-1に示したように、二〇〇七年には三十コース・定員五百八十三名の枠に、二千三百四十六名もの人が応募している。このように英国における臨床心理士は、かなり狭き門なっており、そこで選ばれたエリートが訓練を受けて専門職となっている。

現在、臨床現場で専門職として働いている臨床心理士は、約八千人であり、さまざまな領域で活動をしている。臨床心理士が扱う問題は、神経症や精神病などの精神障害、薬物などの乱用、対人関係・家族関係の問題、さらに知的障害や学習障害などの問題がある。中心になるのは、メンタルヘルスの問題を抱える成人への心理的支援である。そのなかで子どもや若者を担当している臨床心理士は、図3-2に示したように八千名のうち、大体千三百名から千五百名となっている。

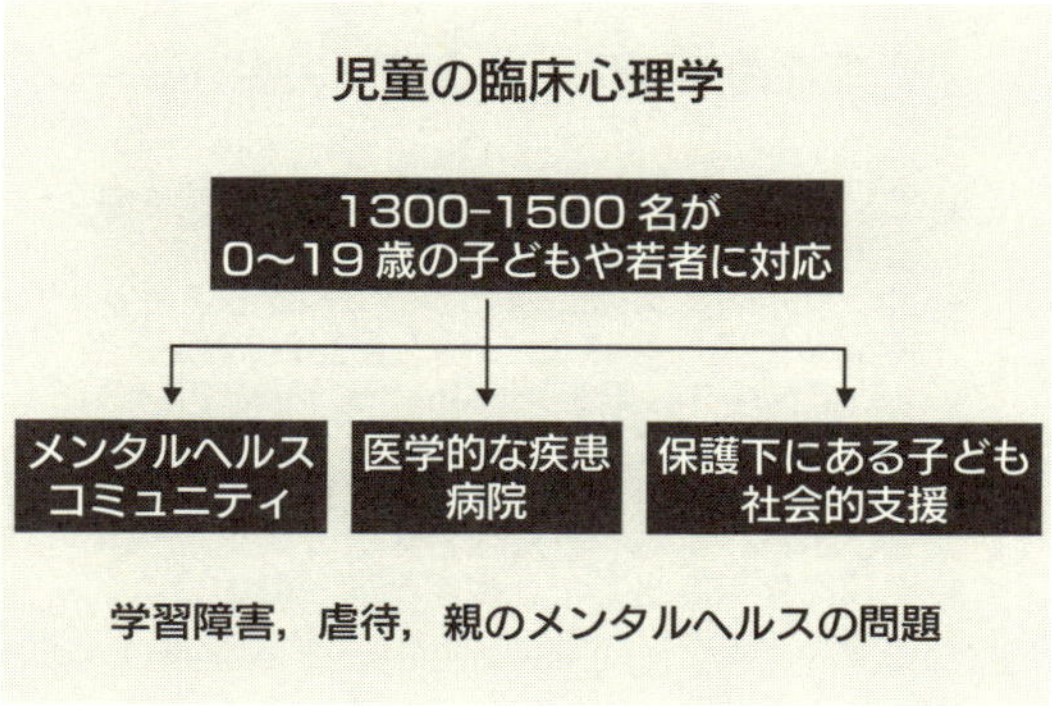

図 3-2

英国の臨床心理士は、このような領域で子どもに関わっており、そこでは、次に示す能力を習得していることが求められている。したがって、このような能力が、教育訓練課程における学習目標となっている。

まず臨床心理士は発達的な物の見方を用いて子どもを理解し、子どもの示す問題に対して介入し、問題解決の援助をしていく。次に、子どもは、家族や学校などの社会システムの一部だという見方をする必要がある。子どもたちは、家族と住んでいるし、学校にも行き、友人もいる。したがって、私たちは、子どもと彼らを取り巻く環境の関係を理解しなければならない。そこで、臨床心理士は、クリエイティブに、かつ柔軟性を持って働かなければならないし、小さい子どもから思春期の若者まで、そしてその家族にも対応していかなければならない。

また、臨床心理士は、さまざまな介入アプローチのスキルを知っておく必要がある。そして研究のスキルも必要である。それによって臨床の実践を改善していかなければならない。英国ではこれを、“Scientific Practitioner”、つまり科学的な実践者と呼んでいる。こうした、さまざまな観点から仕事をすると同時に、臨床心理士はチームのなかで仕事をしている。その点では、他の専門職と協働し、チームで活動できる能力も必要となる。

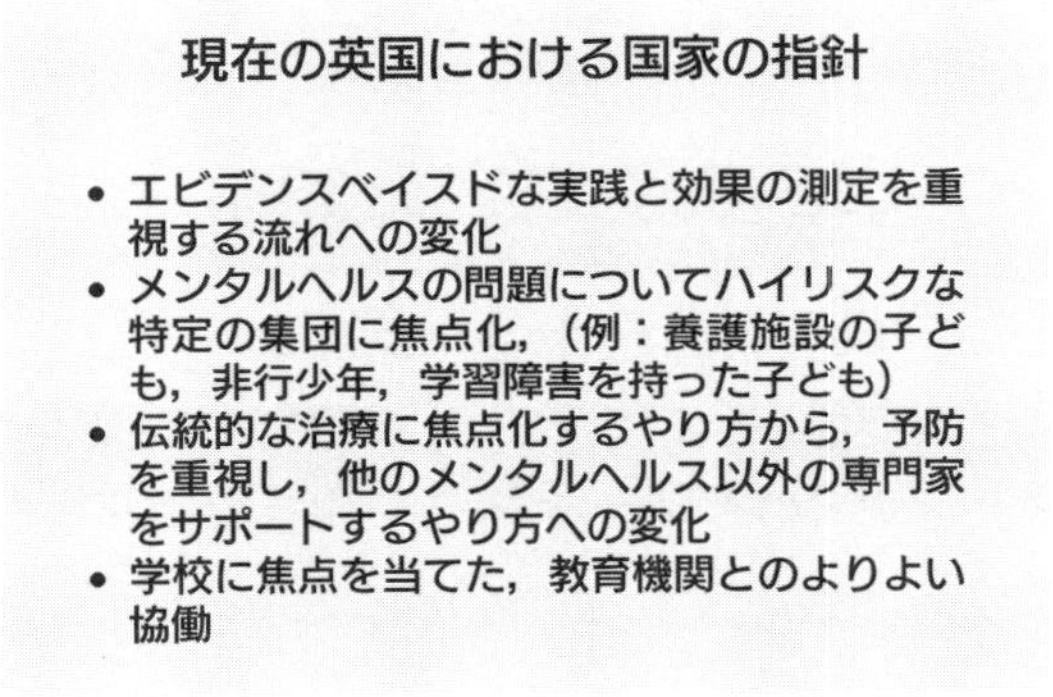
現在の英国における国家の指針
• エビデンスベイスドな実践と効果の測定を重視する流れへの変化
• メンタルヘルスの問題についてハイリスクな特定の集団に焦点化，（例：養護施設の子ども，非行少年，学習障害を持った子ども）
• 伝統的な治療に焦点化するやり方から，予防を重視し，他のメンタルヘルス以外の専門家をサポートするやり方への変化
• 学校に焦点を当てた，教育機関とのよりよい協働

図 3-3

第2節　英国の心理職の特徴

最初に重要な点として、臨床心理学の実践は国の政策によって方針が定められているということである。英国では、現在、国としての政策・優先順位が非常に明確に立てられており、その方針をもってわれわれ心理職は仕事をしている。

国家政策として、メンタルヘルスの問題はすべての人が関わらなければならない課題とされている。子どもと関わる人たちは、すべてそれぞれの専門領域から子どものメンタルヘルスに対して責任を負うことが求められるのである。つまり、子どものメンタルヘルスは、心理職などのメンタルヘルスの専門職のみが責任をもって関わるものではなく、子どもと接触する、すべての人たち責任をもって対応しなければならない事柄であるというのが国家方針なのである。

また、英国の方針として、図3-3に示したようにエビデンスベイスドの考えに基づいた実践が必要とされている。心理学的介入の効果に関しては、長年の間、心理的な実験研究や調査研究が行われ、その過程を通していくつかの優れた成果も出て、それが実践に結びついている。しかし、これで満足せずに、私たちは、こうした研究をさらに進め、臨床の活動が実証的なエビデンスベイスドのものとして臨床の活動に結びつかなければいけないという明確な考え方を持っている。

臨床心理士は専門職であるので、ハイリスクの子どもたちに対して直接的な介入を行っている。ハイリスクの子どもたちとは、たとえば養護施設にいる子どもたち、あるいは被虐待児、非行少年、問題行動を起こす子どもたち、学習の障害をもつ子どもたちのことである。彼らが、心理専門職の介入の対象となり、クライアントとなる。

また、英国においては、心理専門職は、今までの臨床心理学の伝統的なやり方から、新たな予防への方向転換が明確な動向となっている。つまり、予防に焦点が当てられるようになり、その結果としてクリニックでの介入から学校における予防活動に軸足が移るという方法の変化が生じている。心理専門職は、予防を重視することによって、潜在的にではあるが、何千名もの子どもたちにメンタルヘルスに貢献することが可能となるのである。実際に専門職が直接に対応できる数は限られているのである。そこで、この状態をどうすれば改善すればよいのかがテーマとなった。そこでは、専門職の知識を多くの子どもたちに活かせるように、影響力を拡大するためには、何をどのようにすればよいのかということがテーマとなるのである。

子どもたちは、学校でさまざまな時間の過ごし方をしている。したがって、英国の方向性としては、メンタルヘルスの専門職が、学校という環境で、より良く子どもたちと対応することができる方法を開発することが課題となっている。そして、より確実で、優れたメンタルヘルスのシステムを構築できるような支援をするための方法を開発することに焦点がシフトしてきている。

第3節　子どもと若者を専門とする心理職の職場と仕事

英国においては、既述したように千三百から千五百名の臨床心理士が、〇歳から十九歳までの子どもや若者のクライアントに対応している。その仕事は、三つの領域にまとめられる。

まず、地域のメンタルヘルスに関わっている臨床心理士がいる。彼らは、コミュニティ・ベースのチームで働いている。次に、現在かなり多くの臨床心理士が、身体的な疾患を抱える子どもたちを対象とした関わりをもっている。つまり、病院という環境で働く臨床心理士が増えてきている。最後の領域として、養護施設にいる子どもたちに対して援助を行う臨床心理士も増えてきた。このような臨床心理士は、養護施設の職員、あるいはソーシャルサービスのスタッフとしては働いている。彼らは、たとえば被虐待児に対応している。

英国の臨床心理士は、このような領域において複雑な状況にある子どもや若者を心理的に支援する活動をしている。知的障害の子ども、被虐待児、両親が精神障害を抱える子どもなどは、特に複雑な事態となっている。臨床心理士は、このような子どもを支援する際に、チームの一員として関わることになる。子どものメンタルヘルスのチームは、大体多職種のチームで仕事をすることになる。

チームのメンバーとしては、臨床心理士以外では、たとえば精神科医、コミュニティ保健師、サイコセラピスト、それからプレイ・スペシャリストなどがいる。このなかでの臨床心理士の仕事は、アセスメントや介入の担当となる。具体的には、メンタルヘルス上の問題をもつ子どもたちのアセスメントおよび特定の精神障害をもっている子どもへの心理学的介入である。その対象は、抑うつ傾向にある子ども、自傷行為をしてしまう子ども、不安書障害、たとえば強迫性障害やＰＴＳＤの子どもたちなどである。行動障害、摂食障害、ＡＤ／

HD、またアスペルガーのような神経発達の障害を抱える子どもたちにも対応する。

身体的に疾病を抱えている子どもたちに対しては、病院内で小児科医や看護師、作業療法士や理学療法士と協働して活動する。臨床心理士は、そのようなチームのなかでは、心理的問題と身体的疾患との間をつなぐ役割を果たしている。たとえば、糖尿病の子どもたち、嚢胞性線維症の子どもたちについては、身体疾患と関連して生じる心理的問題に対応する。また、HIVの専門家、肝臓や心臓の移植ユニットのチームと協働する場合もある。さらに癌とか慢性疲労を抱える子どもたちに対応する者もいる。

養護施設の児童をクライアントとする場合には、社会福祉の専門職や里親、養父母への対応を専門とする者と協働して活動することになる。この領域における臨床心理士の役割は、こうした子どもたちへの心理的支援に加えて、長期の保護の必要性を判断したり、その効果を評価することも含まれる。具体的には、ネグレクトや、その結果として極度の攻撃性をもち、反社会的な行動をとる子どもたちへの対応などがある。また。子どもたちのなかには、成人に対して極度の愛着をもつ子どもたちもいる。さらに、非行少年、攻撃行動、あるいは法を犯す子どもたちもおり、こうした問題に対しての対処も必要になってくる。

この他、知的障害であって、学習の障害を抱えた子どもたちへの対応も、心理専門職の重要な仕事となっている。たとえば、特殊学級に通っている知的障害の子どもの支援は、臨床心理士に加えて、身体的疾患に対応する小児科医、コミュニティ保健師、ソーシャルワーカー、理学療法士、言語療法士、教師がスタッフとなったチームで行う。ここでも臨床心理士は、非常に重要な役割を担う。なぜなら、他職種にはないスキルを提供することができるからである。それによって、他のチームのメンバーを補完する役割を果たすことになる。子どもの能力を評価し、子どもの示す問題に対処できるように介入するスキル（特に認知行動療法的対応）は、臨床心理士の独自なスキルである。

このように子どもや若者の問題に対応する心理専門職の仕事を全体で見てみると、さまざまなサブグループ

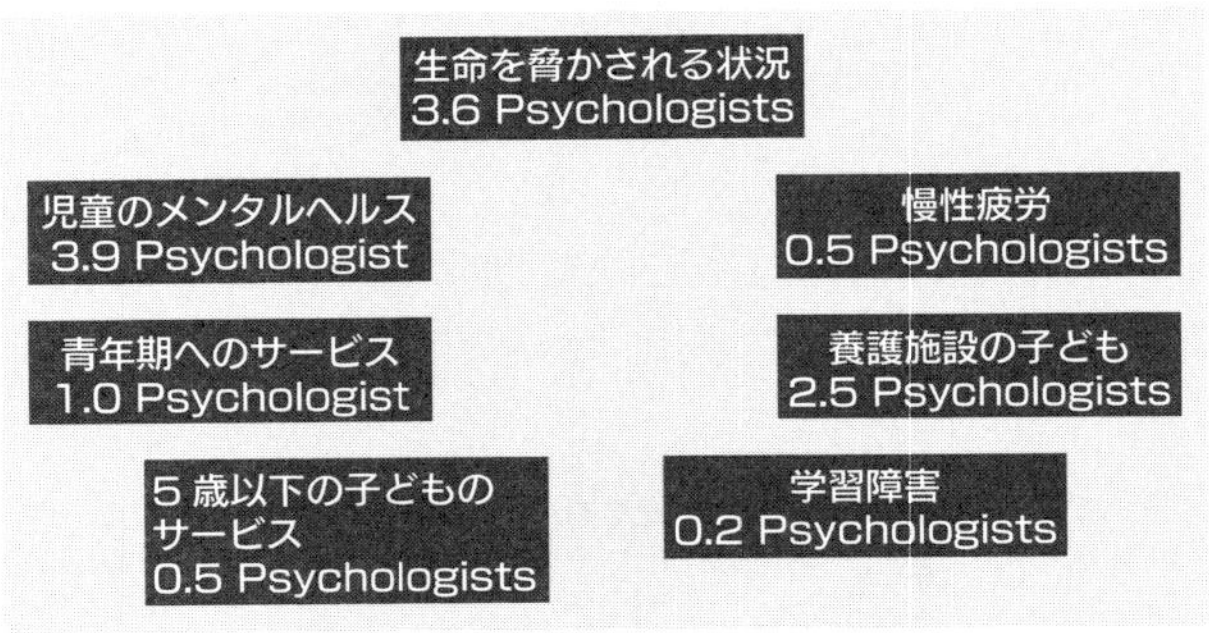

図3-4　英国の臨床心理士の活動の対象領域とその割合

があるとことが分かる。そこで、次に英国の臨床心理士が実際にどのような活動をしているかを見ていくことにする。

全体で約十二名の臨床心理士が、それぞれ子どもに対しての援助をしていると仮定する。彼らが活動する領域は、七つに分かれることになる。それぞれの領域において所属する臨床心理士の割合を図3-4に示した。

一つ目の領域は、重症あるいは末期の患児に対応する臨床心理士である。ここでは、割合としては三・六名の臨床心理士が関わっている。彼らは、他児とは違って重い疾患を抱えている子どもたちであり、末期の患児ということで色々な問題を抱えている。二つ目は、慢性疲労症候群の子どもたちに対応する領域である。ここでは、割合としては〇・五名の臨床心理士が働いている。英国では、このような子どもたちの数は増加してきている。しかし、現在のところ明確な診断方法が見出されていない。つまり、このような子どもは、看過されているクライアントということになる。そのため、まだ援助も十分に受けていない者も数多くいると思われる。

また、三つ目は、養護施設に関連する領域である。割合としては、二・五名の臨床心理士が働く。ここでは、被虐待児などの児童のケアにあたる。割合として最も低いのが、四つ目は、知的障害があり、学習の障害を抱える子どもたちに対応する領域である。現在、英国では、特にこの

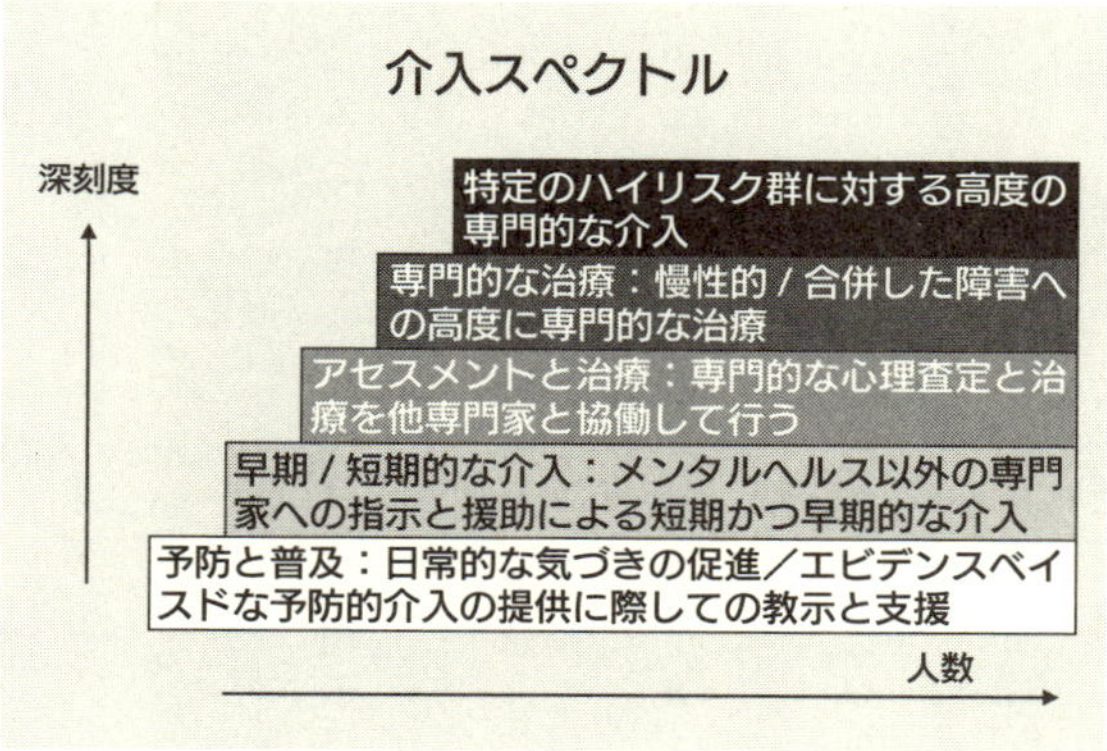
介入スペクトル
深刻度
特定のハイリスク群に対する高度の専門的な介入
専門的な治療：慢性的 / 合併した障害への高度に専門的な治療
アセスメントと治療：専門的な心理査定と治療を他専門家と協働して行う
早期 / 短期的な介入：メンタルヘルス以外の専門家への指示と援助による短期かつ早期的な介入
予防と普及：日常的な気づきの促進／エビデンスベイスドな予防的介入の提供に際しての教示と支援
人数

図 3-5

グループの専門職の養成が求められている。五つ目は、五歳以下の子どもたちを対象とする領域である。この領域の割合は、〇・五名である。彼らの活動は、コミュニティ・ベースの活動となっており、親への対応も多くなっている。

さらに、六つ目は、青少年に対応する領域である。割合は、一名となっている。ここでは、たとえば、摂食障害、精神病の早期の症状をもっている若者への対応が中心となる。これらは、非常にコストのかかる入院レベルの介入が必要な人たちである。最後の七つ目は、児童のメンタルヘルスに関わる領域である。この領域は、最も重要な領域であるので、最も多くの臨床心理士が働いている場である。割合としては、三・九名である。この領域では、臨床心理士は、精神科医と協働して、うつ病、不安障害、ＰＴＳＤや摂食障害の治療にあたる。

第４節　子どもと若者を専門とする心理職が扱う問題のレベル

以上、どのような臨床心理士が英国において活動しているかを説明した。また、英国の国家、政府としての方針について述べてきた。では、このような環境のなかで心理職は、どのような活動を通して、実際に多くの子どもたちに対し援助を行うことができるのだろうか。この問題について見ていこうと思う。

図3-5を見ていただきたい。さまざまなレベルの、さまざまな段階での介入があることが分かるだろう。このスペクトルを見ると、介入にはさまざまな可能性があることが分かる。まず、この図の縦軸が、子どもたちの心理的な問題の深刻さを表している。この図の一番下は、多くの子どもたち、つまりメンタルヘルスの問題を全くもっていない子どもたちに該当する。それに対して、一番上の段階になると、おそらく入院による、長期かつ高度の専門的介入が必要な子どもたちになる。もちろん、一番下の段階にいる子どもたちが一番多いことになる。彼らは、問題はほとんどないか、あるいは全くない。しかし、こうした一見問題がない子どもたちにも、非常に高度の専門的介入を必要とする人たちもいる。それぞれの段階で、どのような介入がなされているか、まず概観し、詳細を後に述べる。

はじめに、全く問題がない段階にある子どもたちに対して何ができるだろうか。英国の政策について先ほど言及したが、やはり予防的なサービスの提供が現在必要と考えられている。そうした対策によって、感情的に安定した子どもの育成が目指されている。そのためには、子どものメンタルヘルス対策への社会の認知度を高めなければならない。そして、多くの子どもに関わる人たちに対しての研修が必要となる。そうすることで、何をすれば彼らが接する子どもたちが、感情的に安定するためのスキルを習得するのを手助けできるのかを教えることができるからである。

次のレベルは、わずかな問題が発現してきた子どもである。ここでの問題は、多くの場合短期的なものであり、早期かつ短期間の介入を行えば効果的に解決できるような問題のことを指す。つまり、早期に介入すればその問題が慢性的になることを抑え、解決することができるような問題を抱えている子どもたちが対象となる。この段階での重要な活動は、実際にどのような短期的介入が役立つかを知り、実際にメンタルヘルスの専門家ではない人たちがこのような治療、あるいは介入を行うことができるように訓練することになる。

さらに次の段階では、実際にメンタルヘルスの問題を抱えている子どもたちに対してのアセスメントと介入を行うという段階になる。しかし、この段階で対象となるクライアントには複雑な慢性的問題をもっている子どもたちもいる。たとえばＰＴＳＤ、ＯＣＤ、あるいは抑うつ、それから不安症状を示す子どもたちもいる。この場合には専門的な介入が必要になってくる。

そして、さらに上の段階になると、かなり高度な専門的な介入が必要になってくる。対象となる子どもとして、摂食障害の子ども、慢性疲労症候群の子どもなどがあげられる。すなわち、特定の専門的介入が必要な子どもたちに対する対応のことを指す。

第５節　子どもと若者を専門とする心理職が活用するプログラム（１）

では、ここで、私たちが行っている各段階のプログラムを紹介する。まず、一番下の段階である。先述したように、ほとんどの子どもがこの段階にあり、問題がない子どもたちか、あるいはあっても短期的な問題のみもっている子どもたちが対象となる。そういった子どもたちに対しては、発達上の健康増進、あるいは予防として感情的な安定性を増すスキルを提供しなければならない。そこで、臨床心理士がイニシアティブを取って実践しているトレーニング・プログラムをここで紹介する。

子どもと接する大人たちは、子どものメンタルヘルスの問題についてあまり理解していない。たとえば、七歳の子どもがかなりストレスを抱えているときに、どのようにしてそのストレスに気づくことができるだろうか。そういった正常なストレスを抱えた状態に対しては、専門職としての介入よりも、子どもと関わる教師を始めとする、さまざまな専門家に対して子どものストレスに関する認知度を増すように対応することが必要となる。

私たち研究グループは、今後、このような目的のために、トレーニング・プログラムを地域の学校に対して実施している。約四十の学校を選出し、子どもの心理的な問題に対しての研修を行う。たとえば、子どもたちはどんな様子なのか、どれくらいの頻度でそういった様子が見られるか、教師がメンタルヘルスの専門職に相談すべき時期はいつごろかといったことなどを研修のテーマとして扱う。このような研修を実施することにより、子どもにいつも接している人たちが、子どもの心理的な問題をよく理解できるようになるのである。

他にも、たとえば幼稚園の職員や親に対しても、色々な知識を提供している。保護者に対しては実際に役に立つ情報を提供することが必要である。情報を提供することにより、子どもの問題をより良く理解することができ、自分の親としての知識を増すことにつながるからである。たとえば、私たちグループが関わっているプロジェクトでは、親に対してのさまざまなプログラムがあり、そこでは関連する具体的な情報を満載した冊子を提供している。これらの情報は、親にとって非常に質の良い、役立つ情報となる。たとえば、夜尿症、兄弟との口論、若者の睡眠リズムの乱れといったことにどう対応すべきかといった情報が提供されている。こうした情報により、問題が起こったときに、親が対応できるようにしている。また、いくつか資料も作っている。たとえば一般的によく言われる問題として、子どもが親と死に別れたときにどうすればいいのかというトピックがある。そうした問題に対して、実際に子どもに何を提供すればいいのか、子どもに何を伝えればいいのか、どうやって支援するかということも、資料として提供するようにしている。

資料については、親だけでなく、他の専門職に対しても提供している。たとえば、最近、一般開業医に向けて作成し、配布したパンフレットが高い評価を受けている。それは、、子どもが身体的外傷を受けたときにどのような心理的影響を受けるかを、情報として提供している。そこには、開業医が心理専門職に相談すべきときはいつか、それからまた、親としてどう対処するかというような情報も含まれている。

その他にも、私たちは、さまざまな活動に関与している。たとえば、メンタルヘルスの非専門家に対してアドバイスを与えることや、研修や支援を提供することがある。エビデンスベイスドな健康増進プログラムを提供するといったこともある。そのような例として「フレンズフォーライフ」の活動がある。

これは十週間のプログラムである。認知行動療法（以下CBT）の考えをベースとしており、全クラスの児童に対して実施する。このプログラムによって、子どもたちは自分の感情の制御をよりできるようになり、発達段階ごとのメンタルヘルスの問題に対応できるようになる。この考え方はWHOも支援しており、研究も行われている。研究の結果では、参加した子どもたちに対して、プログラム終了後三年がたっても、その効果が持続することが示された。とても効果的なプログラムだということが、研究結果から分かる。

これは、ワークブックを子どもたちに与える構造化されたプログラムである。そのため、実際に専門家でない人たちが、この教材を使ってアプローチしていくことも可能である。それほどに、内容が明確に体系づけられ、具体的手続きが分かるように作成されているのである。子どもたちに対して、学級のなかでこのプログラムを実施していく。

具体的な手続きは、次のようになっている。学校のなかでどうすれば不安が高まるような考え方が起こってくるのかを意識させ、そういう考え方を理解するように援助する。そして、不安や心配が高まるような考え方を、より前向きな考え方に変えるような指導をしていく。たとえば、不安の感情を認識することができるようにしていく。不安になったときにはその感情を忘れて、よりリラックスするような対応の仕方を学ばせるようにしていく。また別のセクションでは、子どもたちに対して問題を克服するにはどうするかを教えていく。たとえば、友達と諍いを起こしたとき、あるいは親との間に何か予想外の出来事が起こったときにはどうするかについて、それらの問題への対応の仕方を学ばせる。つまり、避けて通るよりも克服することを学ばせようとしているのである。

私たち臨床心理士のグループは、九歳から十歳の七百五十名の子どもたちを毎年対象としたプログラムを実施している。この規模で行うことは、確かに大変ではある。しかし、私たちは、さまざまな工夫をして実行し、効果を上げている。その理由のひとつとして、私たちが、このプログラムを、最初は小規模で始め、実践して行くなかで成果を注意深く評価していったことがあげられる。そして、この成果を評価し、私たちの活動をサポートしてくれる団体に提供することをしていった。

こうした小さな試みが成功したことにより、地域の行政担当者もわれわれのプログラムに賛同し支持してくれるようになった。このプログラムは、学校保健師（養護教員）が学校の教師と協力して実施する形態となっている。私たち臨床心理士は、この学校保健師が研修プログラムを実施するの支援するコンサルタントとしての役割をとっている。なお、アドバイザーとしてプログラムの実施に協力をしているが、臨床心理士自身が、このプログラムを実施しているわけではない。

第6節　子どもと若者を専門とする心理職が活用するプログラム（2）

さて、次のレベルは、いくつか早期の短期介入が必要な段階になる。この段階にあるクライアントは、おそらく多少の問題が発現してきた子どもたち、あるいはそれが表れつつある子どもたちということになるだろう。

ここでも、臨床心理士は、活動の中心となってさまざまな種類のイニシアティブを担っている。臨床心理士が、自らのスキルを子どもに接する人に対して提供するような場面が多くみられる。たとえば、臨床心理士は、他の支援グループ、つまりほかの専門家のグループの活動を支援し、アドバイスを与えるという役割をとる。また、この専門家ではないが、問題に直接対応している人たちを支援することもある。それによって、彼らの実践をより有効なものにするのを手助けする。また、彼らに対して新しい情報やアイデアを提供することもある。このように臨床心理士は、自分自身が子どもに直接かかわるのではなくても、実際に子どもたちに接する人びとを支援するという役割を担っている。

また、子どもに接している専門家や一般の人びとからの電話相談にも対応している。そこでは、「このような状況にはどうすればいいだろうか」などの質問に対して、アドバイスを与える。他にも、専門家に対して、どのような情報があればよいのかということを明示したり、どのようなサービスが最も効果的かについてのアドバイスも提供したり、早期の短期介入法の講習会をしたりという活動もしている。学校の職員に対して、摂食障害の理解の仕方、対処の仕方、特に思春期にある女子のための摂食障害を判断する方法などを教え、研修を行っている。

さらに、非常に構造のしっかりした、他分野の専門家が使える効果的な心理的介入プログラムの開発も行っている。これは、特に軽症、あるいは中程度の問題を抱えた子どもたちを対象としたものである。その例として、「ファンフレンズ」というプログラムがある。これは、より幼少の子どもたちを対象としたものである。五歳向けで、教員を訓練し、実施できるようにする。対象は、問題行動が見られるような子どもたちや、家族が問題歴をもっていて、ちょうど学齢に達した子どもなどである。つまり、リスクの高い子どもたちが対象となっている。

中程度の知的障害の子どものためのプログラムもある。これは、ＣＢＴのプログラムで、私たちの臨床心理士のチームが開発したものである。中程度の知的障害の子どもが理解できる内容となっており、養護教諭が中心となって実施するものである。その他のプログラムとして、「役立つ情報満載若者プログラム」と呼ばれるものもある。これは、もともとオーストラリアで開発され、非常に成果を上げている思春期の若者向けのプログラムである。十三歳から十六歳の若者で、抑うつの症状が進んでしまった、あるいは抑うつに陥るリスクがかなり高い子どもたちが対象となっている。

子どもたちは、こうしたプログラムを経験することによって、さまざまなスキルを学んでいく。子どもたちが何か軽症あるいは中等度の問題に直面した場合に、このプログラムを通して習得したスキルを活用して対処できるようになることが目指されている。たとえば、不安障害の子どもたちに対しては、呼吸の仕方、特に呼吸をどういう風にコントロールするのかを教え、リラックスをして、呼吸をコントロールできるようにしていく。

具体的には、次のようなゲーム形式のプログラムがある。「ミルクシェーク・グリーシング」という名前をつけたプログラムは、子どもたちが楽しく呼吸の仕方を学び、呼吸のコントロールができるようにしていく。「赤信号の考え方」と呼ぶプログラムは、役に立たない思考を「赤信号の考え方」とし、それを適切な「青信号の考え方」に切り替えていく仕方を教える。それとともに、ポジティブな考え方に注目する方法なども教える。

こういった内容のプログラムを提供することで、子どもたちは、問題解決のスキルを習得していく。そうすることで、問題を乗り越えることができ、問題が更に深刻化するのを防ぐことができる。イラスト1には、このようなプログラムに活用するワークシートの例を示した。このようなワークシートを利用して、ゲーム感覚で子どもと楽しくスキルトレーニングをしていくのである。

このワークシートは、中程度の知的障害のある子どもたちを対象としたプログラムで使用する教材の一部である。何か困った出来事が起きたときに、それに対してどう感じたのか、どういう反応をしたのかに気づき、その感じたことと反応したことの〝つながり〟を意識できるように教えていくための道具となる。たとえば、ある

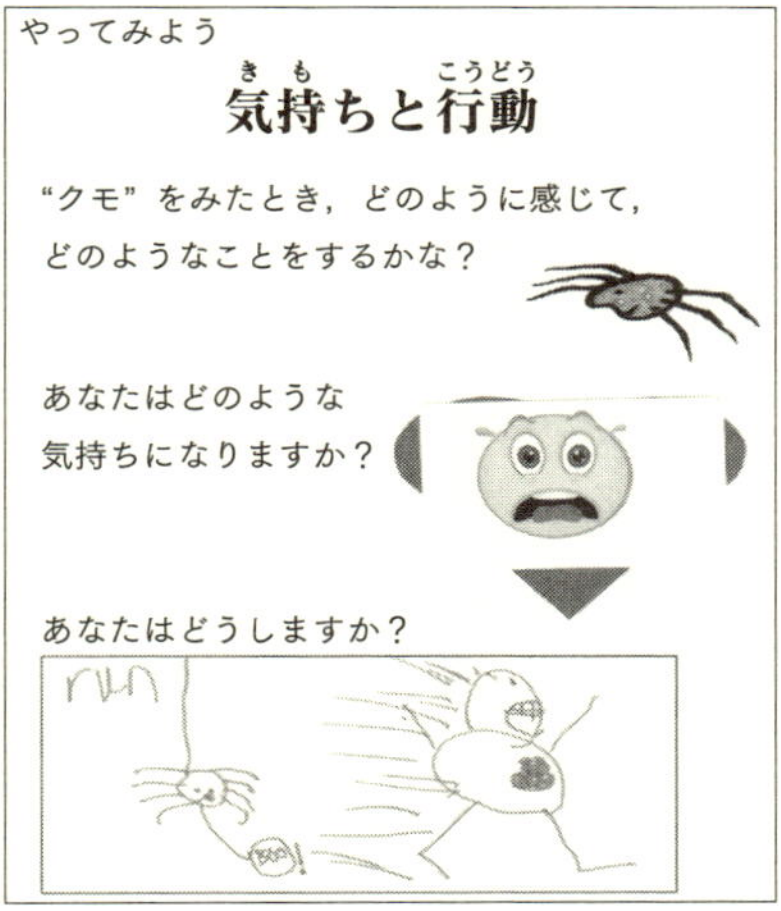
やってみよう
気持《きも》ちと行動《こうどう》
“クモ”をみたとき，どのように感じて，
どのようなことをするかな？
あなたはどのような
気持ちになりますか？
あなたはどうしますか？
イラスト1

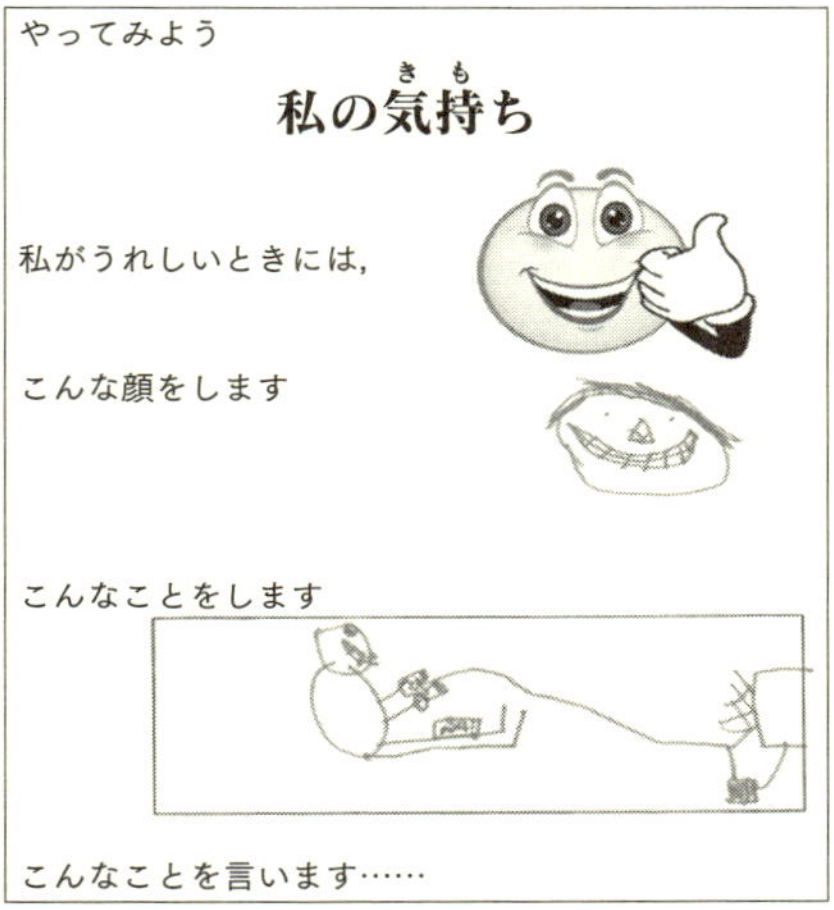
やってみよう
私の気持《きも》ち
私がうれしいときには，
こんな顔をします
こんなことをします
こんなことを言います……
イラスト2

子どもがクモを見つけた。そして、その子どもは「びっくりした」という顔マークを選んだ。そして、自分が怖がってクモから逃げ出したという絵を描いた。このようにワークシートいう教材を通じて、自分の感情と出来事の間のつながりを子どもたちに理解させていくのである。

なお、自分の感情については、多くの子どもは、意識できていない。ましては、それを説明することはできない。そこで、自分の感情ということを意識できるように、**イラスト2**を教材として、嬉しいときにはどのような顔になりますかと尋ねて、絵を描かせる。

イラスト2に示した事例では、非常に大きく笑っている顔が描かれている。そして「嬉しいときは何をしていますか」と聞くと、ゲームの絵を描いて「ゲームをしているとき」と答えた。そして「嬉しいときにはどういうことをしますか」と聞いたところ、「冗談を言う」と書かれている。そのような会話を通して、子どもたち自身が自分たちの感情を特定し、そのようなときにはどのような反応をしているのかを明らかにする。子どもは、「ゲームをしないと嬉しい気持ちがなくなってしまう」と言う。それで、「だったら、そういうときにはどうしたらよいのか」ということを一緒に考えていくのである。そのような話し合いができるためにワークシートを道具として活用するのである。

また、私たち臨床心理士のグループは、「役立つ情報満載若者プログラム」を用いて、新しい介入方法の効果研究をしているところである。このプログラムは、いろいろな領域で役に立つスキルを子どもたちに教えるものであるが、特に子どもの抑うつの軽減に役立つことが明らかになってきている。

このプログラムは、十三歳から十六歳を対象としており、抑うつ症状への対処方法だけでなく、それが進行するのを防ぐためのスキルの学習にも役立つことが分かってきている。まず、一つの要素として、たとえば非常に不快な気分を感じたとしたら、それをいかに自分で認識しコントロールするのか、不快なときにはどう対処したらいいのか、気分を良くするにはどのような方法があるのかということをプログラムを通して教えている。多くの子どもや若者は問題に直面すると、とにかく圧倒されてしまう。そして、諦めてしまうことがある。そこで、ただ単に圧倒されて無力に感じるのではなく、じっくりと考えて問題にどのように対処していけばよいかを教え、そうすることで課題に直面し、克服することができることも教えていく。

加えて、子どもや若者に対して、どんな状況であったとしても、違った視点、違った考え方が必ずあることを伝えていく。親との対立は、子どもや若者にとってはしばしば問題になるものである。そこで、プログラムの一環として、彼らに対して、そのことを考えてもらう。確かに子どもなりの見方があることを伝えたうえで、ほかの考え方もあること、そしてそういった他の考え方に耳を傾けて、理解することも必要だということを教える。

もう一つの要素として、子どもや若者に、自分たちを助けてくれる人たちは周りにたくさんいるんだということを学んでもらう。ただし、その際、「助けて欲しい」と声を発しなければいけないこと、それから、どういうときにどういう人に助けを求めるのがよいのかも教えていく。また、特に抑うつの見られる子どもや若者は、物事に対して非常に批判的で、否定的な考え方をしてしまいがちである。そうした子どもや若者については、上手に事態に対処する方法を教える。

最後の要素となるのが、成功体験への気づきである。抑うつ傾向がでると、自分がやっていることはすべて間違っている、自分は失敗ばかりしてしまった人間だ、成功なんかできないと思いがちである。そこで、このプログラムの一環として、自分たちがこんなにうまくいったことがある、成功したこともあるということに気づけるようにする。抑うつの症状としての無力感や挫折感に対抗するための考え方や感じ方といったものも伝える。自分にはこんなにうまくいったこともある、成功したこともあるという見方を子どもたちが獲得できるようにするのである。

第7節　子どもと若者を専門とする心理職が活用するプログラム（3）

次のサービスレベルは、問題を示す子どもや若者のアセスメントと介入の段階ということになる。

これは、臨床心理士が何年にもわたって伝統的に提供してきたサービスである。介入を通して、私たちが一緒に協働している同僚への仕事を補完するものである。多職種のチームでは、システム論に基づく家族療法のようなアプローチを取る人もいれば、精神分析的なアプローチを取る人もいる。したがって、それぞれのアプローチを持ち合って、お互い補完し合うということを考えるべきなのである。グループベイスでの介入という場合もあれば、神経心理学的機能の極めて専門的な評価を行う場合もある。

さらに、深刻度の高い状態にあるレベルにいくと、慢性疾患や併発している障害や疾患のある子どもなど、極めて専門的な介入が必要となる。そのような子どもたちに対しては、専門的な心理学的介入を提供していく。たとえば、不安障害、ＰＴＳＤ、強迫性障害、抑うつなどを示す子どもや若者に対してケース・フォーミュレーションを行い、それに基づくCBTを提供する。この他、愛着に焦点を当てた養護児童のための専門的な支援サービス、小児科医や精神科医と協働して神経発達の障害の査定と介入、医療的な問題である慢性疲労や重症の知的障害の子どもたちに対する専門的な評価や介入も行う。

最も深刻度の高いレベルは、最も重症な子どもたちで、入院によるケアや医療専門職の介入が必要になるリスクの高い子どもたちを指す。こうした子どもたちに対しても、専門的なケアが必要となる。心理職として、フルタイムで摂食障害の若者に対する専門的な介入に携わっている者もいる。精神疾患の小児患者への専門的支援をしている心理職もいる。余命約数カ月の末期の子どもを専門とする心理職もいる。特別な養護施設に委託されている子ども対して、コミュニティ・ベイスの介入による専門的なケアを提供する心理職もいる。

第8節　実践に関連する心理学研究の重要性

心理職として臨床心理士が果たせるもう一つの役割は、研究である。私たち臨床心理士は、心理学の研究方法を知っているだけでなく、実践研究も行う必要がある。実践研究を通して、実践が改善するからである。したがって、臨床心理士には、さまざまな実践に関連する研究プロジェクトを遂行することが求められる。臨床の実践現場を改善するためのプロジェクトを企画し、実行することも、心理職の重要な役割なのである。

以下に示すのは、このような研究プロジェクトの例である。それは、コンピューター化したCBTの青年向けプログラムの一例である。

図3-6は、カバーページにあたる。このようなイラストを使用して、子どもたちが関心をもつように、子どもの視点から内容を構成していくことが重要となる。子どもたちを主体的に関わらせるためには、子どもた

ちにとって馴染みのあるメディアを活用することが必要と考えたのである。現在、私たち研究グループは、パイロットスタディを行っている段階である。

こうしたサービスの開発における臨床心理士の強みは、子どもの心理的なニーズに関して知識を持ち、効果的な介入はどのようなものかを心得ていることである。だからこそ、地域の行政組織に対して計画策定について助言することができる。たとえば、メンタルヘルスに関して、心理職や他の専門職がどのような貢献ができるかといったことを、担当局の担当者に助言をする。

最後に、チームの一員としての心理職の役割に関して述べる。心理職は、他の専門職と同僚としてチームを形成して働く。臨床心理士は、他のメンバーと密接なチームワークを実践する。その際、どのようにしたらチームの機能を高めることに貢献できるのかと考える。メンバー同士が互いに監督し、補完し合って多職種のチームがチーム全体としてよりよく機能するにはどうしたらよいのかを考え、提案していくのも臨床心理士の役割である。そのためには、研究として活動の効果の測定を行い、その結果を参考にチームの在り方を改善するということも重要となる。

図 3-6　コンピュータ化した CBT のプログラム例

第9節　英国において子どもと若者に関わる心理職の課題

以上、心理職としての臨床心理士がさまざまなレベルで機能していることを概説した。感情が安定し、健康な子どもたちの状態を保証することから、深刻な精神障害の症状を示す子どもの治療のために行政に対して、どのようなヘルスケアが必要なのか助言をすることに至るまで、心理職の役割にはさまざまな活動がある。

いずれにしても、これは継続的に発展しつつある活動なのである。英国の観点からみると、以下にまとめる五つの大きな課題がある。臨床心理士は、心理職として、その課題に挑戦し、新たな活動地平を切り開きつつある。

まず一つ目の課題は、非常にはっきりしている。それは、心理職に対する需要に関してのことである。需要が輩出できる臨床心理士の数を上回っている。つまり、臨床心理士が不足しているということである。精神疾患の問題、あるいはなんらかの障害で介入が必要な人たちの数は、かなりの数に上っている。そのため、メンタルヘルス以外の専門家に対して研修を実施して、スキルを習得してもらって、こうした予防的なプログラム、あるいは短期のプログラムを提供できるようにしていく必要がある。それによって、こうしたプログラムへのアクセスを高めることができる。臨床心理士はコンサルタント役、あるいはトレーニングする講師役をし、他の分野の専門家たちにそうしたスキルを覚えてもらうというプロジェクトが、現在英国で進行している。

二つ目に、新しい介入方法を開発し、発展させていく必要がある。子どもや若者が魅力的に感じるメディアを活用するということや、コンピューター化したプログラムをさらに一層取り入れるべきである。たとえば、介入の一環として、テキストメッセージをどう取り入れられるのか、インターネットをどうやって取り入れられるのかといったことを考え、開発する必要がある。創意工夫をし、クリエイティブでなければならない。対象の年齢にあった、魅力的な介入をいかに開発するか、従来の対面での面接だけではない方法で、いかにして新しいメディアなどを取り入れることができるのかを考えていく必要がある。

三つ目として、発症してしまった人たちに対処するための介入ということから、予防へと枠組みを広げていく必要がある。そのために、メンタルヘルスの枠組みを学校に取り入れていくことが考えられる。英国においては、学校は学術的なスキルを子どもに教えるだけの場所ではない。子どもの育成、養育をする場であり、やはり情緒的にも健全な子どもを育成するのが学校の役割であるという考え方になってきている。そこで、従来の伝統的な臨床的なセッティングから、学校、あるいはコミュニティ、地域社会へとそのセッティングの場を広げていくべきだろう。

四つ目の課題として、介入法の更なる改善を目指すことがある。まだベストな介入が見出されていないタイプの問題がある。そのような問題を抱える子どもたちに対して、どのようにして介入モデルを改善して、ベストな介入を提供できるのが課題となっているのである。極めて優れた心理的介入モデルというのは存在する。しかし、一部の子どもたちには、ベストな介入ができていないと感じる事例もある。たとえば、養護施設に委託されている子どもや自傷行為をする子どもについては、ベストな介入ができていない。私たちは引き続き、いかにして介入を改良することができるのか考えなければならない。なかなか支援をするのが難しく、効果も必ずしも出していない子どもたちに、いかに良い形で対処していくか、これも大きな課題である。

最後に、おそらく最も大きな課題であり、かつ英国だけでなく各国で直面されているのではないかと思う課題がある。それは、いかに研究を実践に応用していくかである。臨床心理学は、かなり知識を蓄積してきた。何年にもわたる経験を経て研究を積み重ねてきた。それによって、どのような介入がどのような子どもの障害や問題に奏功するのかというエビデンスも蓄積されつつある。研究は、確かに重要である。しかし、そうした研究の成果や知見が臨床のサービスにきちんと反映されているだろうか。エビデンスを反映させるということは、柔軟な思考で新しいアイデアをどんどん取り入れるということである。すでにもっている知識をできるだけ反映させ、活用し、子どもたちを助けていくということが必要だということである。

参考文献

・Stallard, P. *Think Good-Feel Good: cognitive behavioural therapy workbook for children and young people.* John Wiley & Sons, 2002.〔下山晴彦（監訳）二〇〇六『子どもと若者のための認知行動療法ワークブック』金剛出版〕

・Stallard, P. *A Clinician's Guide to Think Good-Feel Good: Using CBT with children and young people.* John Wiley & Sons, 2005.〔下山晴彦（訳）二〇〇八『子どもと若者のための認知行動療法ガイドブック』金剛出版〕

第Ⅱ部

医療に関わる立場からの心理職への期待

医療技術の発展によって、重病の患者の命が救われるようになった半面、病いや障害を抱えて生活をしていくケースが多くなっている。その結果、患者の生活の質（ＱＯＬ）の向上とともに、患者自身の主体性の尊重が求められるようになっている。医療は、従来の医師主導型治療から、多職種がチームとして協働し、患者が主体的に生活するのを支援する活動としての面が強くなっており、患者の語りを聴き、心理的支えとなるとともに心理的な問題解決の援助をする専門職として心理職の役割は重要となってきている。第Ⅱ部では、医療に関わる、さまざまな立場から心理職への期待や要望を伝えてもらう。

第4章　児童精神医学の現場から心理職への期待

東京大学医学部附属病院
こころの発達診療部特任准教授
金生由紀子

はじめに

子どものこころの問題やこころの発達の問題は多様であるが、多面的な対応が必要であるという点では共通していると思われる。これには、子どもが発達の過程にあるということが関連しているだろう。すなわち、精神機能が未分化であると精神症状は行動症状や身体症状として表れやすく、それらを考慮した対応が望まれる。また、子どもは親をはじめとする周囲の環境に大きく影響されると同時に、周囲の人びとに大きな影響を与えるので、子ども自身と生活環境とを視野に入れることも大切である。したがって、子どものこころの問題に対しては、脳を含めた身体から家族や学校をはじめとする生活環境までを考慮することが求められ、多面的な対応とそれぞれの分野を担当する専門職が連携する多職種チームが必要となる。

このような児童精神医療の特性を前提として、本稿では多職種チームの活動の一例として筆者の実践を紹介し、さらにその経験を踏まえて心理職への期待を述べたい。

第1節　児童精神医療の実践——東京大学医学部附属病院「こころの発達」診療部の活動を中心に

1.「こころの発達」診療部の歴史

「こころの発達」診療部は、特別教育研究経費「こころの発達」臨床教育フロンティア事業による「こころの発達」臨床教育センターに対応する診療部門して二〇〇五年に東大病院内に設立されたが、それ以前に精神神経科小児部としての約四十年間の活動の歴史をもつ。

その始まりは、一九六七年の発達障害児のデイケアの発足にまで遡ることができる。この時期には、ダウン症児と自閉症児を主な対象として治療教育を行っていた。治療教育とは、教育的な方法で発達を促す、医学に基礎を置いた働きかけである。治療教育とはいえ、保育的な働きかけが中心であり、学校ですら発達障害児を受け入れていない時期に精神医療の対象として積極的に関わろうとしたことの意義が大きいのかもしれない。

一九六九年からはデイケアに行動療法の導入が始まった。世界的にも行動療法の効果が多数報告されていた時期であった。大学内の心理学専攻の研究員の協力もあり、世界的な動向から大きく遅れずに導入されたと思われる。オペラント型の行動療法が治療教育に取り入れられ、治療の標的となる行動の詳細な評価がされた。しかし、行動療法によってある程度の行動の改善はあったものの、それには限界があるのみならず、子どもがみかけ上の行動を学ぶだけで家庭などの他の場面で活用できないことが明らかになり、一九七四年頃に発達的観点からの治療教育の見直しが始まった。

そして、一九七七年に治療教育の質的転換が始まり、治療の重点が行動の改善から精神発達の促進へと変化した。自閉症児の行動観察から得られた所見やいくつかの発達心理学の理論などを総合してシンボル表象機能の発達段階が想定された。その作業のなかで児童精神科医を中心とする多職種チームが有機的に機能するようになった。言語理解に重点を置いた発達段階の評価（発案者の名を取って太田ステージ評価と呼ばれている）について、物の扱い方、指差し、言語表出、遊びなど多側面の発達の所見と照合させて検証が進められた。そして、本人の発達水準に合わせて課題を設定することによって発達の促進を目指す治療教育として認知発達治療が設定された。心理職が治療教育の実践のなかで収集したデータを児童精神科医も含めたスタッフ全員で検討してを進めた。一九八三年からはチームとしての実践と検証をさらに積み重ねて認知発達治療の開発と充実認知発達治療が練り上げられていった。課題を発達水準に合わせて組んだはずなのに期待した結果が得られないことから検討し直して、新たな発達段階の追加に至ったこともあった。この時期には、デイケアの対象はほとんど自閉症圏障害児となった。自閉症の基本障害として表象機能障害がより意識されるようになったが、治療教育のみならず、薬物療法の積極的な検討、家庭との連携も含めて総合的な治療が行われた。また、評価の視点が整理されることによってチーム内で共通の理解が得やすくなり、情報交換や検討がより容易になった。

その後、患者のニーズに対応して活動の形態は変化していった。一九九二年には幼児のデイケア終了後に治療教育の継続を望む声が強いために学童ケアとして行うことになった。一九九八年には治療教育を希望する患者の増加と多様化に対応するためにデイケアの延長線上に心理職による専門外来が開始された。さらに、二〇〇〇年には従来のデイケアが自閉症圏障害幼児の短期療育グループ（二〇〇九年度現在は十回を一クールとして半年毎に実施）に代わり、多様な発達障害児の個別療育を中心とする発達心理外来との二本立てとなった。

「こころの発達」診療部となってからも含めてほとんどの期間で、診療はもちろん臨床研究も含めて医師と心理職との協力で行われてきたことは特筆すべきであろう。発達障害を中心とする子どものこころの問題へのよりよい治療をめざして丁寧な臨床観察に基づくデータの蓄積及び検討が進められてきたのである。同時に、チームのなかで経験豊富な心理職が若手の医師や心理職の教育に重要な役割を果たしてきたことも見逃せない。そうして教育された医師がチームで中心的に活動するようになり、連携は深められ現在に至っている。

2．「こころの発達」診療部における診療

A．診療の概要とスタッフの構成

子どものこころの問題で初診すると、情報収集をして治療方針を立てるため、問診や行動観察に加えて必要に応じて各種検査が行われる。なかでも心理検査は実施されることが多く、そのねらい、さらには結果の解釈や患者側へのフィードバックについて医師と心理職で意見交換がなされる。当面の方針が立てられて、医師の外来で子どもや家族への心理教育や精神療法、薬物療法などが行われることもあれば、治療教育を行うために心理職による発達心理外来に導入されることもある。また、診療上で他機関との連携は重要であり、保護者を介してまたは保護者の了解の下に、保育園や幼稚園、学校、各種の療育機関や相談機関などと連絡をとり、さらに情報収集を進めて子どもの理解を深めると共に、治療方針の大枠を共有できるように働きかけることが多い。

発達心理外来では、医師と連携しつつ、発達の評価と個別の治療教育と親の療育指導に加えて、他機関との連携をしばしば担当する。短期療育グループは、発達心理外来通院中の自閉症圏障害幼児でグループを希望する者についてスタッフ全体で検討して、半年毎に参加者を決定している。

診療に携わっているスタッフは、医師六名（うち専任の常勤医が三名）、心理職十二名である（二〇〇九年度現在）。心理職のうち、三名が常勤（うち専任が一名）であるが、それ以外は週に一～二日勤務の非常勤である。自閉症圏幼児の短期療育グループが隔週で水曜日と木曜日に行われているので、それに携わっている場合が多い。心理職のなかでもバックグラウンドは一様ではなく、資格でみても臨床心理士または臨床発達心理

士のいずれかをもっている場合が多いが、精神保健福祉士など福祉系の資格を併せもつ場合もある。

B．診療の対象

診療の対象は、こころの発達に関する多様な問題であるが、そのなかでも発達障害の比重が比較的大きい。ここで言う発達障害とは、自閉症を中心とする自閉症圏障害、注意欠陥多動性障害（ＡＤ／ＨＤ）、学習障害、精神遅滞、さらにはチック障害やその近縁の小児強迫性障害までも含めたかなり幅広いものである。

新来患者は「こころの発達」診療部が開設した二〇〇五年度には約三百名であったが、増加を続けて二〇〇八年度には約五百名となった。その内訳をみてみると、自閉症圏障害が最も多く、学習障害を加えたＩＣＤ-10の心理的発達の障害全体で約五〇％であった。次いでチック障害、ＡＤ／ＨＤ、ストレス関連障害の順で、いずれも一〇％前後であった。これらは主診断についての統計であり、実際には複数の疾患を併発していることが多い。年齢については幼児期後期から学童期前期が最も多いものの、二〇〇八年度には幼児期前期から成人期まで幅広く受診していた。成人の患者のなかには、適応障害やうつ病などになり基盤に発達障害を疑われて受診する場合があった。また、発達障害児の親が精神的に不調をきたして受診する場合もあった。発達障害のなかで知的な遅れが重度な者が一定数受診しているが、最近では遅れが軽いまたはない者が増加する傾向にある。

再来患者も二〇〇五年度以来増加の一途をたどり、二〇〇八年度には二〇〇五年度の二倍以上となった。再来患者でも心理的発達の障害全体が約半分であった。残りはチック障害、ストレス関連障害、ＡＤ／ＨＤ、気分障害などであった。年齢としては再来患者の約半数が成人であり、特に二十歳代は約二〇％と最多で、発達障害患者の診療では長期間フォローがしばしば必要なことが示された。

C．発達障害の理解と治療・支援

発達障害の治療・支援を進めるにあたり、発達障害をもつ本人の要因とそれを取り巻く生活環境の要因とに整理して考えることが有用である。

発達障害の基盤には本人の生物学的要因があり、親の育て方は一次的な原因ではない。発達障害における認知や情緒の発達の未熟性や不均衡が脳機能障害によって生じることは確かであるが、たとえば自閉症に限っても脳の複数の部位に関する所見が報告されており、どのような自閉症についてどのような方法で測定をしたかなどを含めて検討する必要がある。また、発達障害には遺伝的要因の関与が示唆されていると同時に、生物学的な環境要因の関与も示唆されており、素因に関わる複数の遺伝子と環境要因が絡み合う多因子遺伝が想定されている。認知や情緒の問題と脳機能障害と遺伝的要因などの病因とをつなげて発達障害の本態に対応した治療を行うことは今後の目標ではあるが、このような視点で発達障害をもつ本人について理解を図ることは現在でも可能であるし重要である。

そして、このような本人の要因を前提として、それを取り巻く家庭、学校、友人をはじめとする生活環境の要因の把握に努める必要がある。発達障害では認知や情緒の問題のために、通常よりもこれらの生活環境の要因による影響を受けやすいからである。たとえば自閉症における対人的相互反応およびコミュニケーションの質的障害や興味と活動の偏りのような行動症状は、本人の要因と生活環境の要因との相互作用で明確になると考えられる。しかもこの相互作用は発達に伴って変化していくだろう。すなわち、認知や情緒の発達が進むにつれて本人から親などに働きかけることが変化すると同時に、親などの受け止め方にも変化が生じてさらに本人への働きかけも変わっていく。この間に悪循環が生じて行動症状が増悪する場合もあれば、その逆もあるだろう。もちろん生活環境の要因は家庭だけではなく学校や地域社会なども重要である。

このような枠組みの下に、本人についても生活環境についても評価を進める。本人については、発達水準やその偏りを把握することが重要である。太田ステージ評価で発達水準の概略を把握すると共に、言語理解、言語表出、遊び、描画、対人関係、身辺処理スキルなど諸側面の発達をとらえる。標準的な知能検査に加えて、本人の状態を見つつ各種の神経心理検査を行う。これらの検査では数値化された結果だけではなく、実施中の行動観察も貴重な情報源である。限定された診察場面では目立たなかった注意の転導性や対人反応の偏りなどが確認されて、診断を深める助けになることもある。また、本人を不安にしたり生活を困難にしたりするかもしれない要素として、感覚、運動などの特徴も把握しておく。不安やうつなどの情緒面の問題にも留意し、特に知的な遅れがない場合には既存の評価尺度なども活用する。なお、評価の過程を通じて、問題点がより明らかになってよりよい対応に向かっているという安心感を本人や家族が得られるように心がける。

発達障害児の行動は生活環境に影響されることが少なくないので、家庭や学校など複数の場面について同一の評価尺度を使用するなどして評価することも大切である。親と教師の評価が大きく異なることはしばしばあり、本人の行動が実際に変わり得るとの前提に立ったうえで親や教師の認識や対応の仕方について情報を収集することに努める。たとえば父親と母親とでは本人と接する時間や関わり方などが異なっており、本人に対する認識にかなりのずれを生じていることもあるので、家庭でも学校でも重要な役割を果たすと思われる一人ひとりについての情報が得られているとよりよい。

こうして本人の要因と生活環境の要因を把握したうえで、それぞれに治療的な働きかけを行っていく。本人に対する働きかけには、治療教育、認知行動療法、支持的精神療法、薬物療法などがある。治療教育のねらいは三つの次元に分けることができ、第1次元は認知・情緒の発達の促進、第2次元は社会適応能力の向上、第3次元は行動の異常と偏倚の減弱と予防、となる。第3次元については、行動の異常が生じやすい状況を分析して適切な行動の仕方が身につくように促すことに加えて、本人の思考の柔軟性や自己統制力を高めること、生活環境内でできることを増やして情緒の安定や自己評価の向上を図ることなどを通じた働きかけも含まれる。三つの次元を考慮して治療教育を組み立てていくことは常に必要であるが，年齢が低くて可塑性の高い時期には第1次元により重点が置かれ，年齢があがるにつれて第2次元に重点が移っていく。

認知発達治療では本人の認知発達の水準を把握することによって人との関わりを含めた行動の背後にある気持ちを理解して，本人なりの発達をより促すことを目指している。発達段階毎に認知発達課題が整備されているが，以下にあげる治療教育の基本的な要件を満たしていれば他の技法でも一人ひとりに合わせて適宜活用している。すなわち，①発達的観点が必要である。②積極的な働きかけと，適切な教材の系統化とほどよい物理的環境の構造化が大切である。③異常行動の減弱だけを主要な目的にせず，必ず適応行動の獲得のプログラムを用意する。④行動の変容は，原則的には普通の子どもで適応できる範囲から逸脱しないようにして，非嫌悪的接近を行う。同時に，これを前提として適切な叱り方を工夫する。

生活環境への働きかけには，家族関係を整える，教育環境を整える，社会環境を整えるなどが含まれる。特に親の影響は大きいので，親の育て方によって発達障害が発症するわけではないことを明確にしたうえで，本人への親の対応の調整を図る。その際には，子どもの育てにくさが親の負担を高めること，子どもに対する不安や期待などで親の気持ちが揺れ動きやすいことを考慮して親の気持ちに共感することも大切である。発達障害の親には本人といくらか共通する認知や情緒の特徴をもっていることが少なからずあるので，それも考慮することが望まれる。そして，できるだけ親が分かりやすく受け入れやすいことから具体的に助言や支援を行っていく。家族としては同胞への配慮も大切であり，家族全体を視野に入れて著しい歪みが生じないように気をつける。

本人と生活環境への働きかけを有機的に統合していくなかで精神医療の果たす役割としては，医学的な検査を含めた適切な評価と診断をすること，治療や支援の大枠について親をはじめとする関係者，場合によっては本人と相談しつつ構成すること，必要に応じて薬物療法を行うことが中心になると思われる。「こころの発達」診療部では治療教育が積極的に行われてきたが，病院内だけでは不十分なので，その要点を家庭や学校などに伝えて連携を図ることにより力を入れるようになっている。そして，本人と生活環境と治療・支援の目標について医師と心理職が共通の認識をもちつつ適切に役割分担をするように心がけている。薬物療法は対症療法的であるが，包括的な働きかけが全体としてよりよく機能することを助けることができる。薬物療法の効果や副作用と思われる行動の変化，薬物療法に対する親の気持ちなどについて心理職が察知して医師と連携することでより円滑に実施できることがある。

D．治療教育とチーム医療

治療教育は医師と心理職からなるチームが一人ひとりの発達障害児に合わせた治療を提供するとの枠組みで行われている。たとえば自閉症と診断された幼児ということでは共通していたとしても，認知発達の水準，感覚や運動の問題の有無や程度，こだわりや多動などの併発する症状の有無や程度などによって状態が大きく異なる。状態に加えて親の認識によっても治療教育に期待することが違う。このような個別性の高さに対応するうえで，チーム内で経験を共有して検討を深めることは有用である。

発達心理外来では心理職が発達の評価や療育相談も含めた広い意味での治療教育を原則として一対一で行うのであるが，新しく導入された患者などについて医師と複数の心理職とで検討する会を一カ月に一回行って，治療目標や課題が患者に適合するように心がけている。短期療育グループについては自閉症圏障害幼児のなかでも発達水準や年齢などが比較的近似していて対人関係の発達の促進が期待される数名ずつでグループを編成して行っている。グループ編成については心理職の間で相談したうえで，医師と常勤心理職を中心に二週間に一回行われる会議に報告して決定される。グループでの療育セッションの度に各グループに参加する心理職の間で詳細な検討が行われてプログラムの改善が図られたりすると同時に、上記の会議にも逐次経過が報告されて医師やグループに参加しない心理職を含めて検討を行っている。

このように定式的な検討の場だけでなく個々の患者について必要に応じて、医師と心理職、または心理職同士で意見交換が行われる。発達心理外来で新たに得られた情報を心理職から医師に伝えてその判断を求めることも少なくない。たとえば理由の分からないかんしゃくが続いて対応が難しい場合などには薬物療法や脳波検査などの医学的検査の可能性について医師に相談することがある。さらには、親の抑うつ気分などが強まって親自身への精神医療が必要かもしれないとの判断で相談になることもある。なお、重要な所見はカルテの記載を通して相互に確認される。

第2節　心理職への期待

1. 発達的な観点

発達障害をはじめとする子どものこころの問題に関わるうえで、当然ながら発達的な観点が重要である。一つには、子どもの発達の諸側面を的確に把握してその気持ちと行動の理解を深めることである。その際に、たとえば「こころの発達」診療部における診療実践で紹介した太田ステージ評価は定型発達で七～八歳に相当する発達段階までであれば認知発達の概要を把握するのにかなりの助けになる。年齢と発達段階との組み合わせによって人との関わりを含めた社会的認知についてうかがうこともできよう。ものや人に関する認知の発達と人への愛着や情緒の発達とは相補的であり、子どもの精神機能としては両面からみる必要がある。さらに、遊び、描画、生活スキルなどいろいろな側面の発達をみることによって子どもの姿が照らし出されてくる。著しい発達の不均衡は子どものつまずきやすさの背景にしばしばある。これらの発達の諸側面は、子どもの内的な広がりと共に、実生活での活動の場の広がりにも対応している。したがって、子どもの生活する場面の情報を収集したりそこでの活動について子どもの認知や情緒の発達を踏まえつつ推測することが大切になる。

もう一つには、発達の経過における子どもの理解を目指すということである。認知や情緒や行動についてどのような道筋をたどって現在の状態に至ったのか、経過中に停滞や急速な進展の時期、不均衡が目立った時期があったのかは重要である。また、発達の経過で、親をはじめとする周囲の人びとが子どもをどのように受け止めてどのように働きかけたかも大切である。周囲から子どもへの働きかけと子どもの反応とが齟齬をきたして、周囲は健全な発達を促すつもりであっても発達の不均衡を生来もっている子どもにとっては負荷になってしまう場合も十分にありうる。しかも子どもの発達が進むと、周囲についての受け止め方や周囲に対する自発的な働きかけも変わってくるだろう。もしもその変化が小さかったとしても年齢が上がることに伴って周囲の受け止め方の方が異なってくる場合もある。このように子どもと周囲との関係も発達の経過のなかで変遷を遂げていく。そして、これまでの経過を踏まえて将来の発達について予測を立てて治療や支援を組み立てることが必要になってくる。

さらに、ライフサイクルとして考えると、こうした経過をたどった子どもがやがて親になることもある。もしも本人が生来もつ発達の不均衡が経過のなかで助長されたうえに、同様の特徴をもつ子どもの親になった場合には、その困難はいっそう大きくなるだろう。こうして考えると、児童精神医療はもちろんのこと精神医療全般において発達的な観点は欠くことができないと言えよう。

しかし、心理職は〝いま〟〝ここ〟での状態を重視しすぎるためか、このような観点からの検討や働きかけが不十分なことが少なくないような印象がある。子どもがどのような経過をたどって〝いま〟に至ったのか、どのような生活の広がりのなかで〝ここ〟に存在しているかをより意識することで治療や支援が豊かなものになると思われる。

2．生物－心理－社会的な観点

発達ということでは認知や情緒の発達のみならずそれに対応する脳を含めた身体の発達を意識することも大切である。

　こころの発達の基盤には、たとえば不必要になった神経間の接合が整理されるとか神経線維の髄鞘《ずいしょう》化《か》が進んで情報がより早く伝達するようになったというような脳の構造と機能の発達が考えられる。脳科学の著しい進展によって新たな知見がどんどん得られており、今後書き換えられるものもあるだろうが、少なくとも脳の発達がこころの発達のために必須であることは間違いない。同時に、適切な時期に脳に適切な刺激を与えることがこころの発達のために必要である。そして、刺激を受け止める身体各部位も大切であるが、何よりも刺激を与える社会の存在を忘れてはならない。先述したように〝いま〟〝ここ〟における心理状態にのみ集中してしまうと、脳や社会への意識が希薄になりがちかもしれない。

　また、身体の状態がいかにこころに影響するか、逆に、特に発達の未熟な子どもにおいてこころの状態がいかに身体の不調として表れるかへの配慮も必要である。身体疾患を抱えて生活をしていかねばならない子どもや器質的異常がないのに身体症状を繰り返し訴えて生活に支障をきたす子どものこころの発達の問題が該当しよう。発達に伴う身体の変化を受け止めきれないために余計に問題がこじれることもあるかもしれない。これらの場合には、精神医療に限らず医療全般との連携が必要になることがある。そして、医療の側が心理職の活躍を求めている分野と言えよう。

　生物－心理－社会的な観点は子どものこころを理解するうえで大切なだけでなく、治療や支援自体にとっても有用である。生物学的な治療の代表としては薬物療法があげられる。疾患によって薬物療法の比重はいくらか異なるが、少なくとも薬物療法のみで十分ということはない。薬物療法によって治療教育や認知行動療法を含めたこころと行動に対する包括的な治療の効果を高めることが重要である。一方、薬物療法の効果を上げるには規則正しい服薬が求められるが、それには疾患と薬物療法の理解が欠かせない。たとえばＡＤ／ＨＤの子どもが自分の落ち着かなさをコントロールできるようにしていく際に補助として薬物を服用すると考えるようになるというように、こころの問題に前向きに対応するという枠組みの下で自己効力感を損なわずに一つの手段として薬物療法が受け入れられることが望ましい。このように薬物療法を位置づけて効果を引き出すうえでも心理職の果たす役割がある。薬物療法のねらい、予測される効果と副作用などの情報を医師と共有し、本人や家族の気持ちに配慮しつつ働きかけることもそれに含まれる。

社会的な支援としては、家庭、幼稚園・保育園や学校、保健所や児童相談所や教育相談所などと連携して環境調整を図ることが重要である。関係諸機関とは、電話や文書での連絡・相談、相互の見学、合同ケース検討会などを通じて本人に関する主な情報と共に基本的な視点を共有して各々の特性を生かすことが望ましい。本人と家族の気持ちを尊重しつついろいろな場面で表われる本人の行動上の問題とそれに関連する認知・情緒の特性を理解して調整を図るには、こころの機能や発達に詳しい心理職は好適である。ただし、その機能を十分に発揮するには、本人の生活場面における活動を把握することと関係者との密な連携が重要であり、フットワークよく活動の場に出かけていったり関係者との会合を設定したりすることもその一つである。

3．教育の充実に向けて

子どものこころの問題に関わる専門家の教育を充実させるうえで、チームのもつ意義は大きい。

「こころの発達」診療部の例を挙げると、短期療育グループのために複数の心理職が一緒に活動することは、専門性を高めるうえで大きな利点となっている。包括的な治療の方針を立てることから子どもに対する一つ一つの対応まで、他のスタッフの実践や意見から多くを学ぶことができる。これは若手にとって助けになるのみならず経験のある心理職にとっても新たな視点から自らの実践を振り返ったり若手への教育的対応を意識したりしてよい刺激になっていると思われる。

「こころの発達」診療部のように複数の心理職が一緒に活動しているとは限らないだろうが、他職種を含めて考えるとチームとして活動していることは少なくないだろう。所属機関内に限定せずに治療・支援する対象を中心に考えれば、緩やかであっても必ずチームが形成されているはずである。そのチームのなかでどうみたててどのように治療・支援していくかについてきちんと意見交換ができればよりよい治療・支援が望めるだけでなく、教育的な効果も高まるだろう。

先述した発達的な観点、生物‐心理‐社会的な観点については、医師をはじめとする医療職からあるいは医療の場での実践から学ぶことが多いと思われる。また、「こころの発達」の歴史で述べたようにチームの臨床研究に参加することも心理職の教育にとって意義が大きい。研究の中心的な役割を果たさなくても研究活動に接することで科学的に実践を検討する姿勢を身につけることができるであろう。こうして力量を高めた心理職がチームのなかで医師を含めた他職種に対して専門性を生かした教育的対応ができるようになることが期待される。

4．多職種連携を生かすために

多職種チームのなかで専門性を発揮するためには、チーム全体が共通の基盤に立って活動することが重要である。

「こころの発達」診療部のように職種や対象がある程度一定の範囲であればまだしも、より多職種からなるチームであったりより多様な問題に対応する場合であれば、共通の視点をもつための努力がいっそう必要となる。職種や経験による相違を尊重しつつ、みたてや治療・支援の方向性が大枠ではずれないように意見交換を重ねていく。その際に、発達的な観点、生物・心理・社会的な観点は共通の視点として重要と思われる。所属機関内のチームで、さらには関係諸機関も加えて、ケース検討会を行うことは共通の視点の形成にも大いに役立つだろう。チームで共通の視点が持てるようにするうえで、コミュニケーションが図りやすいように促すリーダーも望まれる。また、チームの内外を問わず他から学ぶ姿勢とコミュニケーション能力は常に必要だろう。コミュニケーション能力やケースワーク能力を高めて多職種チームのなかで活動しやすくすることによって、心理職としての見方や働きかけ方の特性を発揮しやすくなると期待される。

おわりに

心理職が子どものこころの問題に関わる場合に、診察室の〝いま〟〝ここ〟での状態だけしか考えないというわけにはいかない。脳を含めた身体から生活環境までの広がり、これまでとこれからの発達の経過を見渡そうと努めることは大切であろう。同時に、子どもの治療や支援に関わる多様な人びとのなかでの自分の位置づけを振り返ることも大切であろう。このチームは必ずしも医療の枠のなかにだけにとどまるわけではないし、専門家のみならず家族なども含んで考えた方がよいこともしばしばある。このような広いチームで活動するうえでも、親の育て方が疾患の一次的な原因ではないこと、親は子どもに大きな影響を与えると同時に子どもから大きな影響を受けることは忘れてはならないだろう。以上を踏まえてチームのなかでコミュニケーションを図り共通の基盤に立ちつつ、心理職としての特性を活かすことが望まれる。

参考文献

金生由紀子（二〇〇〇）「小児精神医療における多職種チームアプローチの実際」斉藤正彦（編）『臨床精神医学講座S5　精神医療におけるチームアプローチ』中山書店、五九―六八。

東京大学医学部附属病院「こころの発達」臨床教育センター、「こころの発達」診療部（二〇〇八）「こころの発達」臨床教育フロンティア活動報告書　平成十七年〜平成十九年。

金生由紀子（二〇〇九）「発達障害」『精神医学を知る――メンタルヘルス専門職のために』金生由紀子・下山晴彦（編著）東京大学出版会、一五九―一七八。

太田昌孝・永井洋子（編著）（一九九三）『認知発達治療の実践マニュアル――自閉症のStage別発達課題』日本文化科学社。

太田昌孝・永井洋子（編著）（一九九三）『自閉症治療の到達点』日本文化科学社。

第5章　がん医療の現場から心理職への期待

国立がんセンター精神腫瘍学開発部研究員
藤森麻衣子
国立がんセンター精神腫瘍学開発部部長
内富庸介

はじめに

本稿では、精神腫瘍学（サイコオンコロジー）について概説し、がん患者とその家族が経験する心理的苦痛、およびがん医療に従事する心理職に求められる役割について論じる。

第1節　がんとは

がんは一九八一年以降、わが国の死因第一位であり、「人口動態統計（二〇〇七）」によれば、年間死亡者の約三人に一人に当たる三十四万人ががんで亡くなっている。このような状況からがんは「死」を連想させ、がん、特に難治がんの診断は、患者やその家族にとって大きなストレスである。現在わが国では、このようないわゆる「がん告知」を、毎年六十四万人が経験している。厚生労働省研究班の推計によれば、男性では二人に一人、女性では三人に一人が生涯に一度はがんを経験すると言われている。

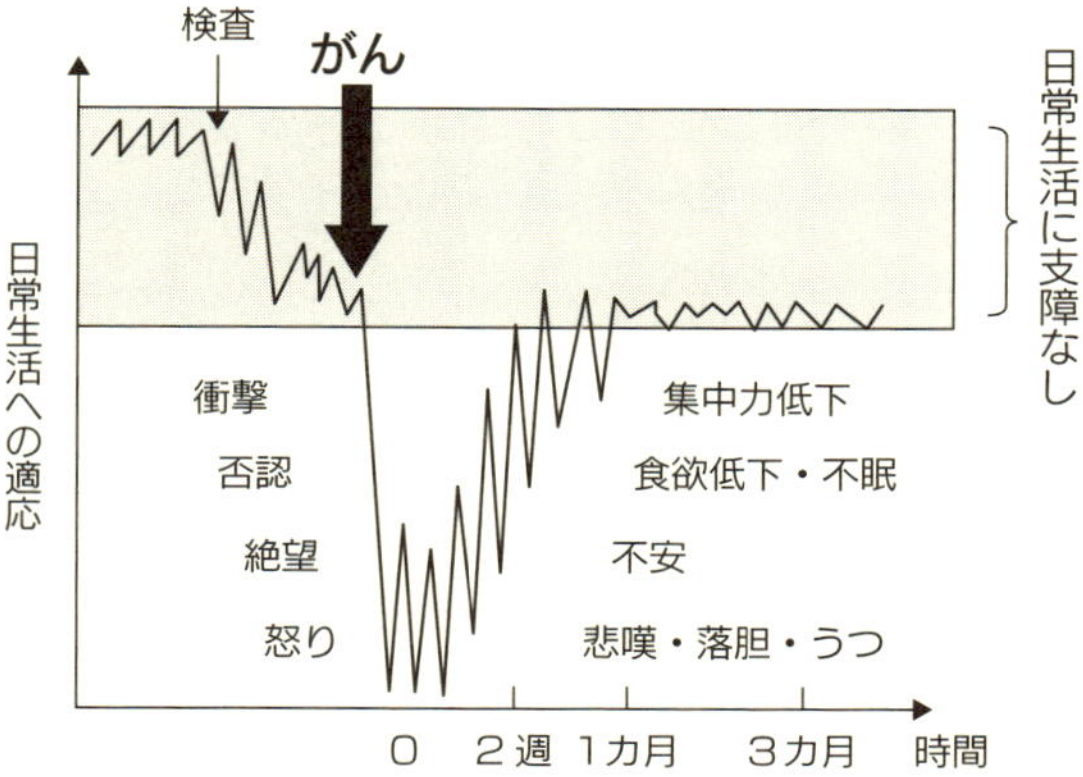

図 5–1

はじめてがんの疑いで検査を受けているときには、多くの場合、結果が気がかりで、何も手に付かないといった状態が続く。そして、検査結果が出そろい、医師からがんの診断が伝えられると非常に大きな衝撃を受ける。数カ月から数年後に、当時を振り返ってもらうと、「頭が真っ白になった」と表現する人も少なくない。その後二週間以上、生活に支障をきたすほど、悲嘆、落胆、抑うつ、不安、食欲低下、不眠、集中困難といった症状を呈する落ち込みを経験する。そして、がんを否定したり、もう駄目だと絶望したり、なぜ自分なのかと怒りがこみ上げたり、嘆きが生じたりと、さまざまな思いが頭のなかを駆け巡る（図5–1）[1]。その後も、治療や再発、仕事や人間関係などさまざまな不安を抱えながらも、以前と同じような日常生活を送れるようになるまでに三年を要すると言われる。

第2節　サイコオンコロジーとは

サイコオンコロジー（Psycho-Oncology――精神腫瘍学）は、がんという生命の危機に直面した患者とその家族ががんの診断時から治療・終末期まであらゆる時期において経験する心理的苦痛の軽減、およびクオリティ・オブ・ライフ（Quality of Life――ＱＯＬ）の向上を目指した学問である。一九七〇年代後半にインフォームド・コンセントが患者の権利として導入され、あらゆる情報が開示されるようになると共に発展してきた。

1．がん対策基本法におけるサイコオンコロジー

二〇〇七年四月に施行されたがん対策基本法は、「がん患者の置かれている状況に応じ、本人の意向を十分尊重してがんの治療方法等が選択されるようがん医療を提供する体制の整備がなされること」を基本理念として掲げている。がん対策基本法を受け、がん患者や遺族も共に協議し、二〇〇七年六月に策定されたがん対策推進基本計画は、「がんによる死亡者の減少」といったこれまでのわが国におけるがん対策で掲げられてきた目標に加えて、「すべてのがん患者と家族の苦痛の軽減と療養生活の質の維持向上」を全体目標として掲げている。重点的に取り組むべき事項として「がん患者及びその家族が可能な限り質の高い療養生活を送れるようにするため、治療初期段階からの緩和ケアの実施を推進していくこと」を挙げ、がん患者の状況に応じ、身体的な苦痛だけでなく、精神心理的な苦痛に対する心のケア等を含めた全人的な緩和ケアの提供体制を整備するとともに、より質の高い緩和ケアを実施していくため、緩和ケアに関する専門的な知識や技能を有する医療従事者を育成していく必要性を述べている。このような目標を達成するための具体的施策としては、「がん医療における告知等の際には、がん患者に対する特段の配慮が必要であることから、医師のコミュニケーション技術の向上に努める」、「告知を受けた患者の精神心理的サポートを行う人材（心理職を含む）の育成など、体制の整備に向けた研究を進めていく」ことが謳われている。そして、「より高い緩和ケアを実施していくために、精神腫瘍医の育成」を求めている。

また、がん医療の均てん化の礎となるがん診療拠点病院の要件では、緩和ケアチームが必須とされ、医療心理学に携わるものの配置も求めている。二〇〇二年より認められた緩和ケア診療加算では、加算条件として、専任

の精神科医師を必須条件としている。ここにも、がん治療を通して常に起こりうる精神症状の診断・治療と同時に、心理的苦痛の評価とケアの重要性が述べられている。WHOの提言のとおり、診断時期から支持・緩和療法と共に心のケアが求められる時代となり、あらゆる時期を通じて切れ目なく患者を支援することが求められている。これらのことから、精神腫瘍医（精神科医・心療内科医など）のみならず心理職の育成も緊急課題である。

2. 緩和ケアにおけるサイコオンコロジー

二〇〇四年にイギリスの国民医療制度（National Health Service）の国立臨床研究所（National Institute of Clinical Excellence）で作成された『緩和ケアを実践するためのガイドライン』のなかの〈心理状態のアセスメントと対応に関するガイドライン〉[2]によると、医療者は四つのレベルに分類され、それぞれの果たすべき評価と介入法が提示されている。すなわち、あらゆる医療者に求められるサイコオンコロジーの役割が専門領域ごとにまとめられている。

レベル1　すべての医療者

評価　患者や家族の心理的苦痛を評価し、必要に応じて精神保健の専門家に紹介する。また、精神保健の専門家に紹介するための基準を作り、迅速に紹介できるようにしておく。

介入　以下のコミュニケーションを実践する。がんによる影響について正直に思いやりをもって伝える。また、患者、家族に対して思いやり、尊厳、尊敬の念をもって接し、サポーティブな関係を構築、維持する。また、患者、家族が利用できる緩和ケアサービスに関する情報を提供する。

レベル1の介入が適切に行われれば、レベル2以上の介入を必要とするような心理的苦痛を予防することも可能である。

レベル2　心理的知識を有する医療者（がん専門看護師、ソーシャルワーカー）

評価　診断時、治療中、治療終了時、再発時といった、がんの経過において重要な局面で心理的苦痛のスクリーニングを行う。その際、がんが日常生活、気分、家族関係、仕事に及ぼす影響についても評価する。スクリーニングの際には、判断することなく積極的に傾聴し、心配や感情を引き出す。より深刻な苦痛を有する患者は心理的介入の専門家へ紹介する。

介入　患者が置かれたつらい状況に対処するために問題解決療法などの心理療法を含む。

レベル3　訓練と認定を受けた専門家（臨床心理士）

評価　心理的苦痛の重症度（中等度～重症）を識別し、重篤な場合には精神科医に紹介する。

介入　不安マネジメントや解決志向アプローチのような心理療法を行う。軽症から中等度の不安、抑うつ、怒りといった心理的苦痛を扱う。がんにともなう治療、対人関係、医療者との関係、実存に関する問題に対しても適切に対応する。

レベル4　精神保健専門家（精神科医、臨床心理士）

評価　重症の気分障害、人格障害、薬物乱用、精神病性障害を含む、複雑な精神的問題を評価する。

介入　抑うつ・不安、器質的脳障害、重篤な個人内の問題、アルコール・薬物関連の問題、人格障害、精神病性障害を含む中等度から重症の精神疾患に対して心理学的、精神科的介入を行う。

イギリスと日本では、医療システム、医療者の受ける教育や職務範囲など異なる点も多々あるが、大きな枠組みとしてみると、わが国におけるサイコオンコロジーの実践に応用可能であると思われる。以下の段落ではレベル1から4それぞれに求められるサイコオンコロジーの実際と心理職に求められる役割を概説する。

第3節　心理職に求められる機能――コミュニケーション

がん医療における心のケアの基本は患者やその家族、他の医療者とのコミュニケーションである。コミュニケーションの語源はラテン語で「共有する」という意味の「communicare」である。望ましいコミュニケーションの成立には、双方向で円滑な情報交換が必須である。望ましいコミュニケーションの成立のために、心理職に求められるのは心理学的知識に加え、身体医学、精神医学、および医療制度に関する知識である。一口にがんと言っても、その種類や進行の程度により、その経過は異なる。個々の患者の置かれた状況を理解するために、このような知識を有することは重要である。現在の心理学教育において、これらの知識を学習する機会を得ることは難しいが、病院内のカンファレンスや勉強会、あるいは学会や研修会等への積極的な参加を通して、知識を得ることが可能である。

心理職の役割として、患者と医療者や家族との間のコミュニケーションの橋渡しがある。忙しい医療のなかで患者‐医師間のコミュニケーションに不足が生じることがある。また、相手を思いやる気持ちから遠慮が生じ、時にそれが誤解を招くこともある。そのようなときに、両者の立場を理解し、問題を整理し、両者の間にできた溝を埋めることは、患者にとって非常に有益である。

さらに、心理職に求められる役割として、医療者へのコミュニケーション教育がある。医療者はコミュニケーションに関する学習の機会が十分ではないこともあり、患者や家族の感情表出時の対処法に自信がなく、

表 5-1　基本的なコミュニケーション技術

コミュニケーションの準備		
・身だしなみを整える ・静かで快適な部屋を設定する ・座る位置に配慮する	・挨拶をする ・名前を確認する ・礼儀正しく接する	・時間を守る ・ことわりを入れて電話に出る
話を聞くスキル		
・目や顔を見る ・目線は同じ高さに保つ	・患者に話すよう促す ・相槌を打つ	・患者の言葉を自分の言葉で反復する
質問するスキル		
・Yes ／ No で答えられない質問（オープン・クエスチョン）を用いる	・病気だけではなく患者自身への関心を示す ・わかりやすい言葉を用いる	
共感するスキル		
・患者の気持ちを繰り返す 例：「死にたいぐらいつらい」のですね ・沈黙（5—10 秒）を積極的に使う 例：患者が発言するのを待つ	・患者の気持ちを探索し理解する 例：どのようにお感じなっているか教えていただけますか？	
応答するスキル		
・患者が言いたいことを探索し理解する ・説明的な応答をする	・患者の言葉を言い替えて理解したことを伝える	

そのため感情について話題にすることを避けてしまったり、実際に患者や家族が感情を表出した際に適切な対応ができなかったりする。また、患者や家族と医療者とのコミュニケーションでは言語的な情報提供に注意が向きがちである。基本的なコミュニケーション技術（表5-1）は患者や家族との良好なコミュニケーションには非常に有効であるため、心理職として医療者にこのような知識を提供することは患者や家族のみならず、医療者にとっても有益である。

1．がん医療における悪い知らせの際の効果的なコミュニケーション

がん医療において、患者にとって大きな心理的負担となるのが、医療者から伝えられるがんに関する「悪い知らせ」である。悪い知らせとは、「患者の将来への見通しを根底から否定的に変えてしまう知らせ」

表5-2　患者が望むコミュニケーションの4要素：SHARE

支持的な環境（Supportive environment）
・十分な時間を設定する ・プライバシーが保たれた，落ち着いた環境を設定する ・面談が中断しないように配慮する ・家族を同席を勧める
悪い知らせの伝え方（How to deliver the bad news）
・正直に，わかりやすく，丁寧に伝える ・患者の納得が得られるように説明をする ・はっきりと伝えるが「がん」という言葉を繰り返し用いない ・言葉は注意深く選択し，適切に婉曲的な表現を用いる ・質問を促し，その質問に答える
付加的な情報（Additional information）
・今後の治療方針を話し合う ・患者個人の日常生活への病気の影響について話し合う ・患者が相談や気がかりを話すよう促す ・患者の希望があれば，代替療法やセカンド・オピニオン，予命などの話題を取り上げる
再保証と情緒的サポート（Reassurance and Emotional support）
・優しさと思いやりを示す ・患者に感情表出を促し，患者が感情を表出したら受け止める （例：沈黙，「どのようなお気持ちですか？」，うなずく） ・家族に対しても患者同様配慮する ・患者の希望を維持する ・「一緒に取り組みましょうね」と言葉をかける

と定義されている。[3] がん医療においては、患者・家族の将来を大きく揺るがす難治がんの診断や再発、抗がん治療の中止といった知らせが含まれる。[4]

わが国のがん患者が悪い知らせを伝えられる際に医療者に対してどのようなコミュニケーションを望んでいるのか検討した結果、「支持的な環境設定」（Supportive environment）、「悪い知らせの伝え方」（How to deliver the bad news）、「付加的な情報」（Additional information）、「再保証と情緒的サポート」（Reassurance and Emotional support）という四つの要因が抽出され（表5-2）[5]〜[7]、それぞれの頭文字からSHAREとまとめた。SHAREの各要素を実際の面談でどのように使用するかに関して時間軸に沿って面談を起承転結に分けて簡単にまとめる（表5-3）[8]。

表 5-3　悪い知らせを伝えるコミュニケーション技術

起	**面談までに準備する** ・事前に重要な面談であることを伝えておく ・面談の重要性に対する患者の認識を高めるために家族の同席を促す。 ・プライバシーが保たれた部屋，十分な時間を確保する ・面談の中断を避けるために電話が鳴らないように配慮する ・面談中に電話に出る場合には患者や家族に一言断りを述べる ・身だしなみや時間遵守など基本的態度に留意する
	面談を開始する ・重要な面談に際して患者は緊張しているため，面談の始めからいきなり悪い知らせを伝えない ・患者の気持ちを和らげる言葉をかける ・経過を振り返り病気の認識を確認する（悪い知らせを伝えられる患者の精神的ストレスの大きさは，患者の理解や期待と医学的現実とのギャップの大きさにも影響を受ける） ・患者が使う語彙に注意を向け，現実とのギャップの埋め方や何をどの程度伝えるかという戦略を立てる ・聴くスキル（オープンクエスチョン，アイコンタクト，患者の話を遮らない，患者の言葉を繰り返すなど）を使用して患者の気がかりを聞き出す ・家族にも同様に配慮する ・他の医療者を同席させるときは患者の了承を得る
承	**悪い知らせを伝える** ・心の準備のための言葉をかける ・わかりやすく明確に伝える（がんを伝える際にはあいまいにせず「がん」という言葉を用いる） ・感情を受け止め，気持ちをいたわる言葉をかける（沈黙，探索，保証，共感の言葉） ・写真や検査データを用いる，紙に書く ・患者の理解度を確認し，速すぎないか尋ねる ・質問や相談があるかどうか尋ねる
転	**治療を含め今後のことについて話し合う** ・標準的な治療，とりうる選択肢について説明する ・推奨する治療法を伝える ・がんの治る見込みを伝える ・セカンドオピニオンについて説明する ・患者が希望を持てる情報も伝える ・患者の日常生活や仕事，利用できるサポートについて話し合う
結	**面談をまとめる** ・要点をまとめる ・説明に用いた紙を渡す ・今後も責任を持って診療にあたること，決して見捨てないことを伝える ・患者の気持ちを支える言葉をかける

※SHARE を時系列に並べ替えたもの

起――面談を準備する（患者が面談室に入るまで）

診断や治療効果の判定といった明らかにストレスとなる検査に加え、普段の検査の際にもその都度、がん患者、家族は緊張や不安を募らせている。そのため、検査の目的を説明するときから、悪い知らせの準備は始まっている。検査目的を明確に伝えることが何より大事なことではあるが、不必要に不安をあおることなく、基本的なコミュニケーション技術を使って、患者の不安な気持ちを受け止めながら、検査を行うことが重要である。

検査結果を伝える重要な面談の前にはまず患者にとっても医療者にとっても、心構えや心の準備が必要である。少なくとも、悪い知らせを伝える（可能性のある）面談の前には、通常の面談とは異なり、次回は家族の同伴が必要なほど重要な面談であることを伝える。電話ではなく、直接会って伝えることは大前提である。面談の場の設定として、プライバシーが保たれる場所（たとえば、大部屋のベッド・サイドやカーテンで仕切られているだけの外来はできるだけ避け、面談室を使う）や十分な時間（たとえば、検査結果が出るような診察は外来のなかでも遅い時間にする）を確保する。電話が鳴らないように他の医療者に院内ＰＨＳを預けるなど面談が中断しないように配慮する。もし面談中に電話に出る際には、患者や家族に一言断りを述べる。患者の医師に対する信頼感は医学的専門性だけではなく日常診療での挨拶、身だしなみ、時間遵守といった基本的なコミュニケーションの影響も大きいため、日ごろから心がける。

また、悪い知らせを患者に伝えることを家族が反対する場合もある。その場合には、まず、家族が患者に悪い知らせを聞かせたくない理由（多くは悪い知らせの後の患者の気持ちを気遣って、あるいは患者への対処に自信がもてないという家族の心配や不安があると思われる）に対して十分共感を示す。そして、患者に伝えることで想定される利益と不利益について話し合う。患者の意向という点から考えると、家族と一緒に伝えられたいという意向が多く、次いで一人で聞きたいという意見が多かった。家族だけに伝えてほしいと考えている患者は極めて少ない。もちろん難渋する場合もあるが、あきらめずに話し合いを重ね、患者と家族一緒の場で情報を共有できるように、あらかじめ場を設定する準備をしていく努力が大切である。

面談の準備に際しては、医師のみならず、看護師、薬剤師、検査技師をはじめとするコ・メディカルも、上記コミュニケーション技術を駆使し、患者や家族の状態を把握し、連絡を密にして役割分担することによって、スムーズな面談を促進することが可能となる。

起――面談を開始する（患者が面談室に入ってから悪い知らせを伝えるまで）

重要な面談に際して患者は緊張しているため、面談のはじめからいきなり悪い知らせを伝えるのではなく、時候の挨拶や聴くスキル（オープン・クエスチョン、アイコンタクト、患者の話を遮らない、患者の言葉を繰り返すなど）を使用して、患者の話を促進し、気がかりなことを聞き出す。患者の気がかりは病気そのものについてかもしれないし、病気によって変化した日常生活についてかもしれない。患者の気がかりをまず話題にすることによって、信頼関係を築く助けとなり、治療計画を立てる際にも有益な参考材料となる。

また、悪い知らせを伝えられる患者の精神的ストレスの大きさは知らせの内容だけで決まるのではなく、患者の理解や期待と医学的現実とのギャップの大きさにも影響を受けるため、この段階で、患者が自身の病気に関する現在の状態ついてどのように認識しているのか把握する。また、感情的に悪い知らせを聞く準備ができているのか把握し、患者が使う語彙に注意を向けることにより、現実とのギャップの埋め方、何をどの程度伝えるかという戦略を立てる。

他の医療者が同席する際には、まず、同席する理由（例――「○○さん（患者）と今後一緒に治療に取り組む看護師の△△です。同席させていただいてもよろしいでしょうか？　面談後にわからないことや相談があれば、どんなことでも結構ですので、私か△△にお話ください」を患者、家族に伝え、同意が得られた後に、面談室に入室する。いったん同席したら、途中で退席することは望ましくないため、あらかじめ退席することが予想される場合には、同席は控えて、面談後に担当医師から十分情報を得ることが期待される。

承——悪い知らせを伝える

悪い知らせを伝える直前には、「警告」（Warning sign）となる言葉をかけることによって悪い知らせの衝撃を緩和するための心の準備を患者に促す。不意に伝えられるとそれだけ心の衝撃は大きくなる。そのため、間を計りながら「それでは検査の結果をお伝えします。非常に残念なのですが……（沈黙）……」など十分な前置きをする。そして、悪い知らせは明確に伝えることが大切である。たとえば、がんを伝える際には、はじめにきちんと「がん」という言葉を用いて伝える。あいまいに伝えられることを望んでいる患者は少ない。ただし、一回の面談のなかで何度も「がん」という言葉を繰り返すことは適切ではない。患者がもし「病気」や「腫瘍」など「がん」以外の言葉を用いていたら、二回目以降は、「あなたの病気」や「この腫瘍」など言葉を置き換えることが望まれている。「悪性腫瘍」などの言葉では「がん」と捉えられない場合も少なからずある一方で、患者にとって「がん」という言葉は、未だに「死」を連想されることもあり、侵襲的であることから、一度明確に悪い知らせを伝えた後には、適切に婉曲的な表現を用いる。

悪い知らせを伝えられると、多くの場合ネガティブな感情が惹起されるため、気持ちをいたわることもまた重要である。悪い知らせの衝撃が強い場合には、患者は頭が真っ白になり、その後の説明を何一つ覚えていないこともある。そのため、まずはしっかりと気持ちを落ち着ける時間をとることが大切であり、結果的に時間の節約にもなることもある。気持ちへの配慮としては、沈黙の時間をとり、患者の言葉を待つだけでも十分それを示すことが可能である。目の前の患者の人となりや家族構成などから患者の人生や置かれた立場を考慮し、患者の気持ちを想像することが期待される。共感的な態度は、患者‐医師間の信頼関係を促進する。信頼関係が構築されると、以降、さまざまな困難な局面に直面しても、円滑なコミュニケーションが期待できる。また、のちに怒りなどの激しい感情を患者が表出するときは、信頼関係の構築が不十分なことが原因のケースもある。

転――今後のことを話し合う

悪い知らせを伝えた後には、必然的に今後の方針が話し合われるが、ここで重要なことは、患者の視点で考えることである。病気を治すことが真の目的地（アウトカム）ではない。治療する最終的な目的は、自分らしく人生を全うすることであろう。その点を常に心に留め、治療について、そして、仕事などの日常生活への病気の影響について話し合う。病気の進行にともない、ますますこの点は重要となる。

患者は医師とさまざまな話をしたいと考えている。しかし現実に難しい場合には、チーム医療を説明し、適切に薬剤師や栄養士といった専門家を紹介することも有効である。その際には、紹介する専門家と十分に情報を共有しあい、患者、家族に提供される情報が食い違わないように心がける。また、患者、家族に担当医師と情報を共有していることを伝えることも重要である。可能であれば、担当医師と専門家が同席し、患者、家族と話し合える場が設定されることが期待される。

余命に関する情報提供は未だコンセンサスが得られていない領域ではあるが、ここでも大切なことは、どれくらい生きられるかということよりも、その質問の背景を探ることである。先の見通しが立たないことによる漠然とした不安かもしれない。そのような場合には、不安な気持ちに対応することが求められる。あるいは、娘の結婚式に出席できるかどうか、田舎に墓参りに行けるかどうか、いつまでに会社を片付けなければならないかなど、やらなければならないことができるかどうかを知りたいのかもしれない。そのような疑問への回答は、限られた体力や時間の中で目的が達成可能かどうかであろう。

結――面談をまとめる

最後に、伝えた内容の要点をまとめ、伝えた内容への患者の理解を確認する。書いて説明した場合にはその用紙を患者に手渡す。そして何より責任を持って診療にあたること、患者、家族、医療者が一丸となり病気に取り組むことを伝えることが大切である。

面談後には、プライマリー・ナースなど患者と長く安定した関わりを継続できる医療者が面談内容についての理解の確認や、気がかりをオープン・クエスチョンで尋ねて（例――「先生のお話を聞いて、ご心配なことがありましたらどんなことでも結構ですから教えていただけませんか？」）、気持ちのサポートを行うと患者や家族にとってはさらに安心感につながる。

以上、悪い知らせを伝える際のコミュニケーション技術について非常に簡単に述べた。難治がんの診断を伝える面談、再発を伝える面談、抗がん治療中止を伝える面談とそれぞれの面談で強調されるコミュニケーションは異なる。また、すべての患者が望むコミュニケーションが存在する一方で、患者ごとに意向が異なるコミュニケーションが存在するため、すべてを把握することは困難である。しかし心理職は、このような悪い知らせの際のコミュニケーションを理解し、悪い知らせを伝えられた後の患者や家族の心理的サポート、医療者へのフィードバックを行うことが求められる。

第4節　がん患者の心理的苦痛と心理職の役割

がん患者は治療全般を通してさまざまな精神症状を呈する。主な症状の一つは抑うつ状態（大うつ病、適応障害）である。抑うつ状態は治療のあらゆる時期に出現し、わが国における有病率調査では、大うつ病四〜七％、適応障害五〜三五％と報告されている。[9]〜[17] 一般的にがんの進行にともない、有病率は上昇する（図5-2）。[18]

がん医療において、抑うつの診断・治療の重要性が強調されるのには、いくつかの理由がある。第一に、有病率が高いにもかかわらず見落とされがちなことである。がん患者の場合、身体治療中であることから、患者自身も医療者も抑うつにともなう身体症状をがんに付随する症状や治療にともなう有害事象として捉えがちであることが指摘されている。また、医療者側の知識不足により、心理的な症状を軽視しがちであること、精神症状を評価することにためらいがあることにより、抑うつ状態が過小評価され、誤った対応をされがちである。

第二に、自殺やＱＯＬの低下を招くことが挙げられる。がん患者の自殺率は一般人口に比べて男性一・六倍、女性二・一倍と高く、がん診断後三〜五カ月に限ると四・三倍と非常に高いことが報告されている。[19] がん患者が訴える自殺企図や希死念慮の背景には、抑うつ状態や疼痛、ソーシャル・サポートが乏しいことが指摘されている。特に絶望感は抑うつ状態とは独立した要因となる。自殺に至らない場合にも、無価値感や自責念慮により積極的抗がん治療を拒否する可能性も示唆され、身体治療にも影響する。また、患者が抑うつ状態であること自体が家族の精神的苦痛を悪化させる。

第三に、がんにともなう器質的因子関連することである。たとえば、脳転移や腫瘍随伴症候群、高カルシウ

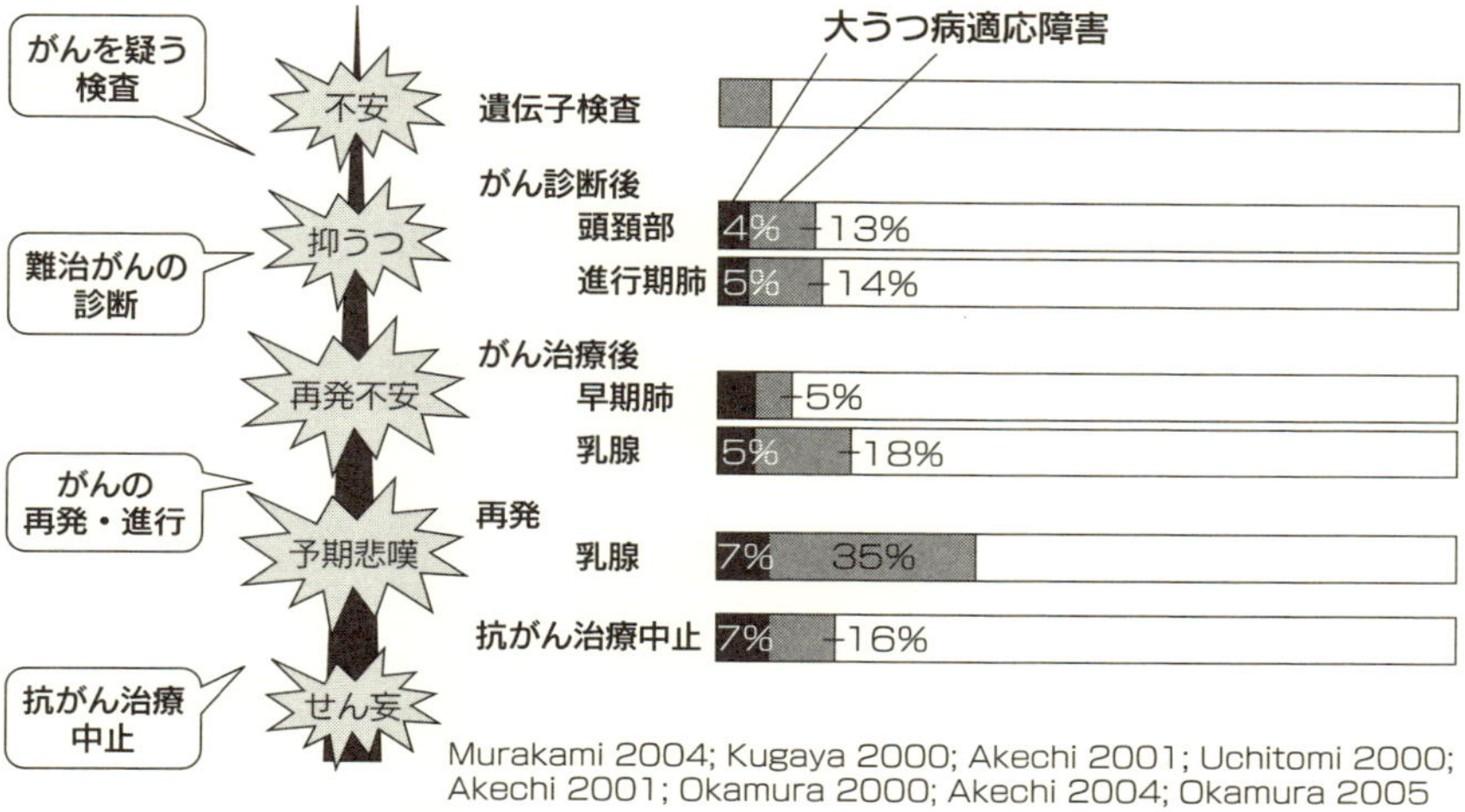

Murakami 2004; Kugaya 2000; Akechi 2001; Uchitomi 2000; Akechi 2001; Okamura 2000; Akechi 2004; Okamura 2005

図 5-2　がんの経過と精神的反応

ム血症、医原的要因（たとえば、ステロイド、インターフェロン、抗悪性腫瘍薬、抗圧薬、全脳照射）、疼痛が適切に緩和されていないことなどが抑うつ状態を引き起こすことが示唆されている。

最後に、リスク因子として加齢が挙げられる。加齢は発がんのリスクであるが、同時に大うつ病や自殺のリスク因子でもある。高齢者の抑うつの場合、若年者と異なり、抑うつ気分を自覚することが少なく、代わりに興味の喪失や認知機能の低下（記憶力の低下、集中困難）、身体不定愁訴を訴えることが多い。

1．抑うつのスクリーニング

前述したように抑うつ症状は有病率が高く、過小評価されがちな点から、診断のほかにスクリーニングの有用性が指摘されている。また、そのほかにも不安や認知機能のスクリーニングはがん医療において有用である。このような患者や家族への心理的問題へのスクリーニングは、心理職の役割として重要である。日本語版で妥当性が示されている代表的な抑うつのスクリーニングツールには「Hospital Anxiety and Depression Scale（ＨＡＤＳ——十六項目）」

や「Beck Depression Inventory（ＢＤＩ――二十項目）」などがあるが、がん患者は身体的に重篤であることも多く、簡便なスクリーニングが望ましい。このような観点から、つらさと支障の寒暖計が開発され、臨床で用いられている[20]。清水ら（Shimizu, et al., 2005）は、つらさと支障の寒暖計を用いて、看護師がスクリーニングを行い、カットオフポイント（つらさ四点、支障三点）を超えた患者に精神科受診を推奨するという介入を実施すると実施しないよりも精神科受診率（介入未実施時二・五％、実施後一一・五％）が高いことを報告している[21]。このような結果からも、スクリーニングが重要であることが伺える。

2．抑うつの診断

抑うつの精神科診断は、アメリカ精神医学会の精神疾患の診断・統計マニュアル（ＤＳＭ-Ⅳ-ＴＲ――Diagnostic and Statistical Manual of Mental Disorders, Fourth Edition, Text Revision）[22]によれば、大きく適応障害と大うつ病に分けられる。適応障害や大うつ病エピソードの診断基準項目には、不眠や易疲労感、食欲の減退といった身体症状が含まれる。これらはがんにともなう症状や抗がん治療にともなう有害事象としても出現しうるが、一般に抑うつが過小評価されることを考慮すると、身体症状の原因に関わらず、診断項目に含めることが推奨される。

3．抑うつの治療

抑うつに対する治療として代表的なものは薬物療法と心理療法である。薬物療法では、適応障害に対しては、抗不安薬アルプラゾラムが用いられることが多く、大うつ病では、選択的セロトニン再取込阻害薬（ＳＳＲＩ）やセロトニン・ノルアドレナリン再取込阻害薬（ＳＮＲＩ）を少量から用いることが多い。希死念慮の存在など症状が重篤な場合には、三環系抗うつ薬を用いることもあり、副作用プロフィールに配慮した薬剤選択が望まれる。薬物療法は効果が表れるまでに時間を有することもあり、予後が短い場合には十分な治療が困難な場合もあるが、投与経路や予後の推定、身体状態を総合的に評価し、QOLを損ねない治療計画が求められる。

一方、心理療法は支持的精神療法や認知行動療法がある。がん患者への抑うつ・不安に対する精神療法のレビューによると、有用性は強く支持されるとはいえないものの、その施行が考慮されうる治療であることが示されている。[23]抑うつが重篤ではなく薬物療法が必要ない場合や薬物療法を望まない場合、あるいは薬物療法が行えない場合には心理療法単独で、あるいは抑うつが重篤な場合には薬物療法と組み合わせることにより、抑うつを軽減することが可能であると考えられる。また、がん患者調査によると医療者に頼らず自ら抑うつを軽減したいとの希望が第一に挙げられており、心理職が問題解決技法や認知行動療法の自己学習を支援することも重要な役割であろう。

心理職は心理療法のみならず、精神症状に対する薬物療法、がんや症状緩和に対する薬物療法に関する知識を有し、精神科医やオンコロジストと協力し、身体症状を繰り返し評価しながら、慎重に介入を行うことが求められる。

第5節　がん医療における心理職の立ち位置

以上、がん医療において、心理職に期待される役割を述べてきた。

がん患者や家族は、がん治療のみならず、心のケアも含め、あらゆることを担当医に行ってほしいと願っている。しかし同時に忙しい医療者に遠慮して、心の問題を含め、言いたいことを言い出せずいることも多い。

一方で、医療者も患者の心理的ケアへの重要性を認識しつつもアプローチできずにいることもある。そこで心理職が、面談室での患者へのカウンセリングに加え、外来や病棟をラウンドし、患者や家族、あるいは医療者の声に耳を傾け、必要に応じて、コミュニケーションを促進するための橋渡し、専門家へのトリアージ、精神症状の早期発見、病棟内の潜在的な問題の発見、適切な心理的ケアを実践することが、がん医療のみならず、すべての医療にわたって求められている。

がん患者とその家族はがんの検査、診断時から治療・終末期、喪の仕事まであらゆる時期において抑うつ、不安といった心理的苦痛を経験する。日本の風土にあった心理的ケアが行なわれれば、それは患者にとって大きな助けとなるだろう。心理職のがん医療への積極的参画と活躍が期待される。

引用文献

（1）山脇成人（監）、内富庸介（編）（一九九七）『サイコオンコロジー』診療新社。
（2）The National Institute for Clinical Excellence: Guidance on Cancer Services. Improving Supportive and Palliative Care for Adults with Cancer. The Manual. 2004.
（3）Buckman, R.: Breaking bad news: why is it still so difficult? *British Medical Journal*, 288:1597-9, 1984.
（4）Fallowfield, L., & Jenkins, V.: Communicating sad, bad, and difficult news in medicine. *Lancet*, 363312-9, 2004.
（5）Fujimori, M., et al.: Good communication with patients receiving bad news about cancer in Japan. *Psychooncology*, 14:1043-51, 2005.
（6）Fujimori, M., et al.: Preferences of cancer patients regarding the disclosure of bad news. *Psychooncology*, 16:573-81, 2007.
（7）Fujimori, M., et al.: Japanese cancer patients' communication style preferences when receiving bad news. *Psychooncology*,

16:617-25, 2007.

（８）内富庸介・藤森麻衣子（編）（二〇〇七）『がん医療におけるコミュニケーション・スキル――悪い知らせをどう伝えるか』医学書院。

（９）Kugaya, A., et al.: Prevalence, predictive factors, and screening for psychologic distress in patients with newly diagnosed head and neck cancer. *Cancer,* 88: 2817-23, 2000.

（10）Okamura, H., et al.: Psychological distress following first recurrence of disease in patients with breast cancer; prevalence and risk factors. *Breast Cancer Research and Treatment,* 61: 131-7, 2000.

（11）Uchitomi Y, Mikami I, Kugaya A, Akizuki N, Nagai K, Nishiwaki Y, Akechi T, Okamura H. Depression after successful treatment for nonsmall cell lung carcinoma; a 3-month follow-up study. *Cancer,* 89: 1172-9, 2000.

（12）Akechi, T., et al.: Psychiatric disorders and associated and predictive factors in patients with unresectable nonsmall cell lung carcinoma; a longitudinal study. *Cancer,* 92: 2609-22, 2001.

（13）Akechi, T., et al.: Biomedical and psychosocial determinants of psychiatric morbidity among postoperative ambulatory breast cancer patients. *Breast Cancer Research and Treatment,* 65: 195-202, 2001.

（14）Uchitomi, Y., et al.: Depression and psychological distress in patients during the year after curative resection of non-small-cell lung cancer. *Journal of Clinical Oncology,* 21: 69-77, 2003.

（15）Murakami, Y., et al.: Psychologic distress after disclosure of genetic test results regarding hereditary nonpolyposis colorectal carcinoma. *Cancer,* 101: 395-403, 2004.

（16）Akechi, T., et al.: Major depression, adjustment disorders, and post-traumatic stress disorder in terminally ill cancer patients: associated and predictive factors. *Journal of Clinical Oncology,* 22: 1957-65, 2004.

（17）Okamura, M., et al.: Psychiatric disorders following first breast cancer recurrence: prevalence, associated factors and relationship to quality of life. *Japanese Journal of Clinical Oncology,* 35:302-9, 2005.

（18）厚生労働省がん研究助成金９-31「がん患者の精神症状発現要因の解析とその対応に関する研究」平成一二年度研究報告書。

（19）Tanaka, H., et al.: Suicide risk among cancer patients: experience at one medical center in Japan, 1978-1994. Japanese *Journal of Cancer Research,* 90:812-7, 1999.

(20) Akizuki, N., et al.: Development of an Impact Thermometer for use in combination with the Distress Thermometer as a brief screening tool for adjustment disorders and/or major depression in cancer patients. *Journal of Pain and Symptom Management*, 29:91-9, 2005.

(21) Shimizu, K., et al.: Usefulness of the nurse-assisted screening and psychiatric referral program. *Cancer*, 103:1949-56, 2005.

(22) American Psychiatric Association: *Diagnostic and Statistical Manual of Mental Disorders, Fourth Edition, Text Revision*; *DSM-IV-TR*. American Psychiatric Publishing, Washington, DC and London, 2000.

(23) Newell, S.A., et al.: Systematic Review of psychological Therapies for Cancer Patients: Overview and Recommendations for Future. *Journal of the National Cancer Institute*, 94: 558-84, 2002.

第6章　リエゾン医療の立場から心理職への期待

三井記念病院精神科部長
中嶋義文

第1節　医療の現場と心理職への期待

心理職との協働は総合病院を救うとわれわれは考えている。リエゾン医療の現場で働く心理職が望まれている。ただし、そのためには適切な教育・研修が必要である。

1. 医療サービスの特性

ノーベル経済学賞受賞者であるアロー（Arrow）は医療サービスの特性として生命財的性格（生命に直接関与していること）を第一に挙げている。コーヒーショップの店員が顧客にコーヒーをこぼした場合は謝ればすむことかもしれない、クリーニングで洋服の汚れはとれるだろう。だが、医療の場合は生命に直接関与しているため、とりかえしがつかないことが存在する。そのため、医療従事者は高いモラルと責任とを要求される。医療安全の基準が厳しいのもこの理由による。医療従事者は常時の緊張状態に置かれている。

アローは情報の非対称性を次に指摘している。医療情報に関しては送り手と受け手の間に圧倒的な情報格差が存在している。医療の高度専門化は、いかに患者が学習しようとも、専門家である医師と情報に関して対等な関係になることを不可能とする。そこには医師の患者に対する態度とは関係なく構造的な支配–応諾関係が存在する。消費者保護と自己決定の原則からインフォームド・コンセント（説明と同意）に基づく医療は当然となったが、正確に説明しようとすればするほど高度で複雑な医療内容は伝わらなくなる。さまざまな手続きが医療従事者の時間を割き、本来の診療業務に加えて事務作業が医療者の負担となっている。

アローは医療の不確実性も指摘している。実践科学である医療は科学の本質として不確実性を内在している。医療者と患者の期待が不確実性に対する選択的無視を引き出し、医療に対する過剰な期待や不満、不安を生み出している。裏切られたと感じる患者は当然の権利のごとくモンスター・ペイシェント化し、理不尽な訴えを医療者にぶつける場合がある。このような体験は医療従事者を消耗させる。

2. 医師の疲弊

われわれは日本医師会の勤務医の健康支援に関するプロジェクト委員会として、一万人（男性八千人、女性二千人）の勤務医を無作為に抽出してアンケート調査を行った。四〇・六％の有効回答があり、回答者の年齢は四十代と五十代がそれぞれ約三割であった。勤務している医療機関は百–四百九十九床が五七％、五百床以上が二六％であった。結果をまとめると、次のようになる。

・二人に一人が、休日が月に四日以下であった。月に八日以上の休みが取れていたのは、男性で一八％、女性で三二％であった。二十歳代では七六％が月に四日以下の休日であった。五百床以上の施設では、六一％が月に四日以下の休日しか確保できていなかった。病床数が多くなるほど月の休日四日以下と回答した者が多くなる傾向がみられた。

・平均睡眠時間は六時間未満が四一％を占めた。二十歳代では睡眠時間六時間未満が六三％を占めた。病床数が増えるにつれ、睡眠時間六時間未満の回答者の数が増加、平均睡眠時間が減る傾向があり、休日も少ない傾向があった。

・二人に一人は半年以内に一回以上患者からの不当なクレームの経験があった。病床数が多いほど経験した人の割合が増えた。

・二人に一人は自身の体調不良を他人に相談しないと答えた。

・六％が一週間に数回以上、死や自殺について考えていた。

・九％の回答者がメンタルヘルス面でのサポートが必要と考えられた。二％は治療が必要なレベルと判断された。

これに対してわれわれは次に示すような、勤務医の健康を守る病院七カ条を作成した。

1. 医師の休息が、医師のためにも患者のためにも大事と考える病院
2. 挨拶や「ありがとう」などと笑顔で声をかけあえる病院
3. 暴力や不当なクレームを予防したり、組織として対応する病院
4. 医療過誤に組織として対応する病院
5. 診療に専念できるように配慮してくれる病院
6. 子育て・介護をしながらの仕事を応援してくれる病院
7. より快適な職場になるような工夫をしてくれる病院

また互助体制を強調すると同時に，医師が元気に働くための7ヵ条を作成し，自助努力も求める活動を行っている。

1. 睡眠時間を充分確保しよう
2. 週に1日は休日をとろう
3. 頑張りすぎないようにしよう
4. 「うつ」は他人事ではありません
5. 体調が悪ければためらわず受診しよう
6. ストレスを健康的に発散しよう
7. 自分，そして家族やパートナーを大切にしよう

総合病院の勤務医は疲弊している。今の状況が続くと，それが医療の崩壊につながることは間違いない。その一方で医療におけるメンタルケアへのニーズは高まっている。

3．高まるメンタルケアのニーズ

図6-1は二〇〇二年の日本における疾病負担の割合を示したものである（WHOの推計に基づく）。男女別，年齢別に病気のために死亡したり生活できなくなる年数（DALY疾病負担）で表示すると，精神・神経疾患面積が一番広いことが分かる。このように精神疾患自体ががん，循環器疾患とともに国民への疾病負担が最も大きい三大疾患の一つである。

自殺者は年間三万人を超える状況が続いており，一般救急，精神科救急ともに救急入院患者のメンタルケア

はその後のフォローアップも含めて必要である。

また、がんや循環器疾患やその他の身体疾患において、うつ状態やうつ病、強い苦悩などＱＯＬ（生活の質）に影響する精神状態が取り扱われる必要があることは当然である。緩和ケアの領域でも心身両面のケアが必要とされている。これらは自殺対策基本法（二〇〇六年成立）、がん対策基本法（二〇〇六年成立）という形で国策として推し進められている。

一方で先に述べたように現場である医師は疲弊している。総合病院に勤務する精神科医である総合病院精神科医の数も減少している。このような背景から、医師以外のメンタルケアのプロバイダーとして、心理職の必要性が強調されているのである。

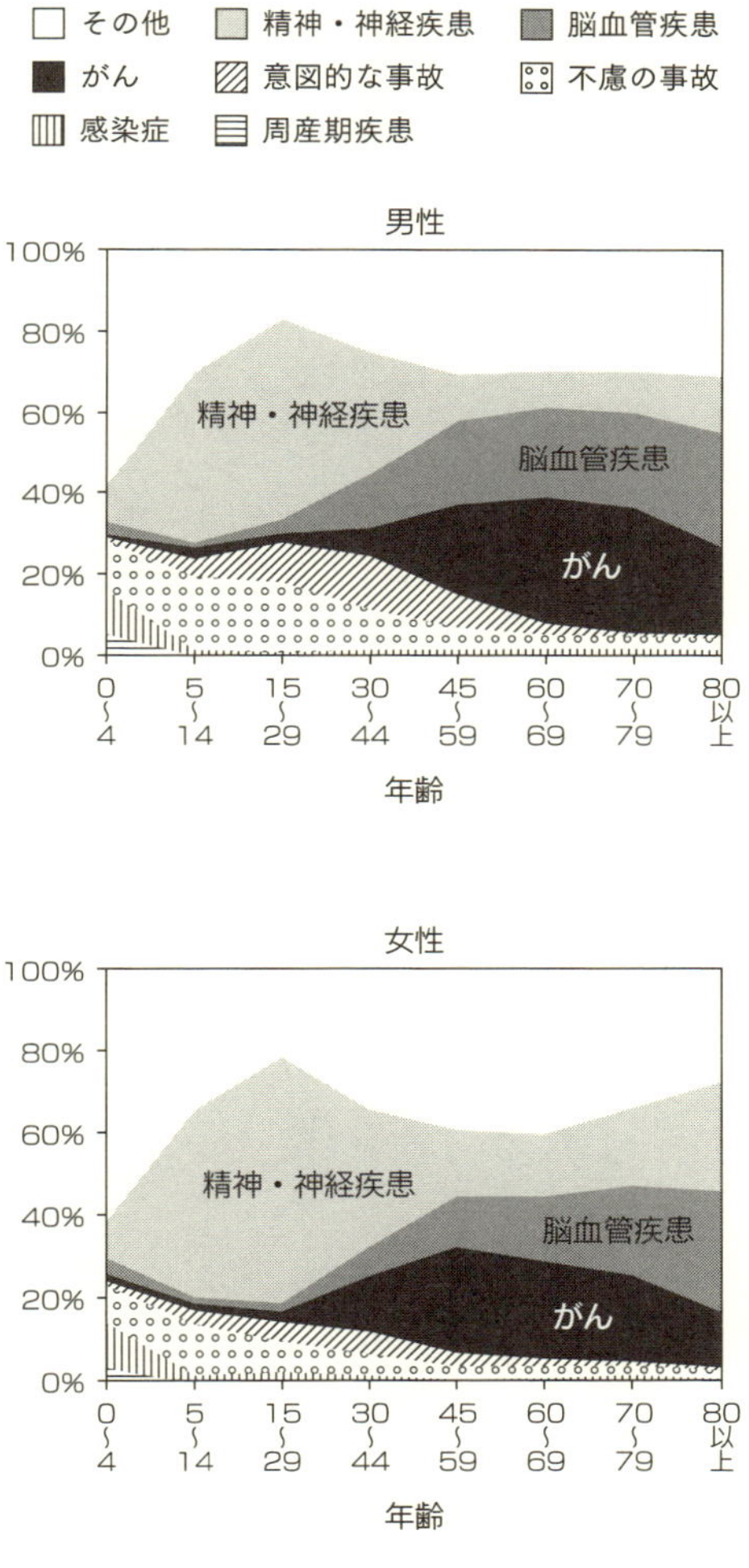

図 6-1 〔出典　WHO〕

第2節　リエゾン医療の現場と心理職

1．コンサルテーション・リエゾン・サービス（CLS）の定義

コンサルテーション・リエゾン・サービスとは、綜合病院において身体科に入院している患者のメンタルケアを行うことをいう。コンサルテーションとは依頼（リファー）により専門知識を用いて相談に応じることをいう。リエゾン（liaison【仏】――関係、連携）とは、多職種連携によってケアを行うことをいう。このようにコンサルテーションとリエゾンの定義は異なるが、実際には両者を併せてコンサルテーション・リエゾンまたは単にリエゾンと呼ぶことが多い。

コンサルテーション・リエゾン医療（リエゾン医療）の対象となるのは、次に示すA～Cのような事象である。

A．身体疾患にともなう精神症状

たとえば心筋梗塞などの虚血性心疾患では、うつ病・うつ状態になる割合が三割に上昇する。また、ステロイドのような治療薬でうつ状態になる場合もある。このような身体疾患にともなう精神症状を見立てて取り扱うことはリエゾン医療の役割である。

B．疾病をもつこと、入院生活そのものにともなう心理的問題

健康な状態から闘病生活に入ることは強いストレスである。自分、家族、仕事に関する将来の不安、現実的な不安があまりにも強く、うつ状態に陥る場合もある。このような状態は適応障害と見立てられることが多

く、リエゾン医療の関与が必要となることもある。

C. 精神状態による身体治療の修飾

手術後安静を保たなければならない患者が、せん妄と呼ばれる悪性の寝ぼけの状態となる。あるいは先の例のように心筋梗塞にうつ状態がともなうことで、本来の治療が進まなくなるなど、精神状態によって身体治療が妨げられることがある。これらの精神状態に介入することによって治療をスムースに進むように協力することがリエゾン医療の目的である。

コンサルテーション・リエゾン・サービスの対象は、患者のみならず、患者をとりまく治療環境（医師・看護師など医療スタッフ、患者家族）となる。また多職種によるチームアプローチ（multidisciplinary approach）が基本となる。コンサルテーション・リエゾン・サービスによって、医療サービスの質を上げ、治療効果を上げることが目標になっている。

2. リエゾン医療における心理士の役割

われわれの病院では心理職を中心としたコンサルテーション・リエゾン・サービスを提供している。五百床足らずの都市型総合病院には、百五十名程度の医師と六百名程度の看護師を含む約千人のスタッフが勤務している。常勤精神科医二名と非常勤臨床心理士二名がリエゾン医療に携わっている。常時入院患者の二十例前後がサービス対象となっており、年間では平均千二百ビジット（一人の患者の元に一回訪れることを一ビジットとカウントし、一人の患者の入院期間中に四回訪問した場合は四ビジットとカウントする）となっている。通常電子カルテ上のリエゾンサービスという予約枠に依頼が医師経由で投げ込まれると、医師（研修医を含む）、心理士（インターンも含む）のチームは病棟に赴いて情報収集と見立てを行い、その場で病棟スタッフ（担当医師、担当看護師）と相談して現実的な解決策を提案するよう努力する。その後毎日のミーティングでは上級医を含む全スタッフでその日のすべての事例を検討し、情報共有すると共に方針を決定していく。このサービスの特徴は、心理士中心となっていることと共に、面談室型ではなく巡回訪問型／チャプレン（Chaplen——従軍牧師）型と呼ぶ形式をとっていることにある。

図6-2に中嶋のコンサルテーション・リエゾン・サービスの四象限モデルを示す。

全体は病院の病床とそこに入院している患者を表す。すべての事例は医学的複雑さ（治療内容や病気の取り扱いにおいてより医学的専門判断が要求される）と心理・社会的複雑さ（心理状態や病院内外の生活状況の問題がより医療の妨げになる）の高低によって四象限に分かれる。医学的複雑さと心理・社会的複雑さが共に高い第一象限（医学的専門判断が要求され治療の妨げとなる心理・社会的問題がある）の事例は一般に困難度が高く、どのような病院でもある一定割合（われわれは全入院患者の二％と見積もっている）で出現する。この第一象限をハードリエゾンと呼んでいる。このような事例への対処は医学的専門判断が要求されるため、医師でなければ取り扱うことはできない。

次にニーズがあるのは医学的複雑さは低いが心理・社会的複雑さは高い第二象限（医学的専門判断よりも治療の妨げとなる心理・社会的問題への対処が要請される）である。この象限の事例は医師のみの場合は医師が対応しなければならない。第一象限の事例に対応して、余力がある場合は第二象限も取り扱っている、というのがリエゾン医療の実情であろう。医師の立場からは何も医師である必要はなく、適正な医学的知識を有した心理・看護・医療福祉の専門職によって取り扱われた方がよい場合も多い。緩和ケアやＨＩＶ、移植関連の心理的問題やがん患者の心理的問題（サイコオンコロジー）などのような国によって取り組みが後押しされてい

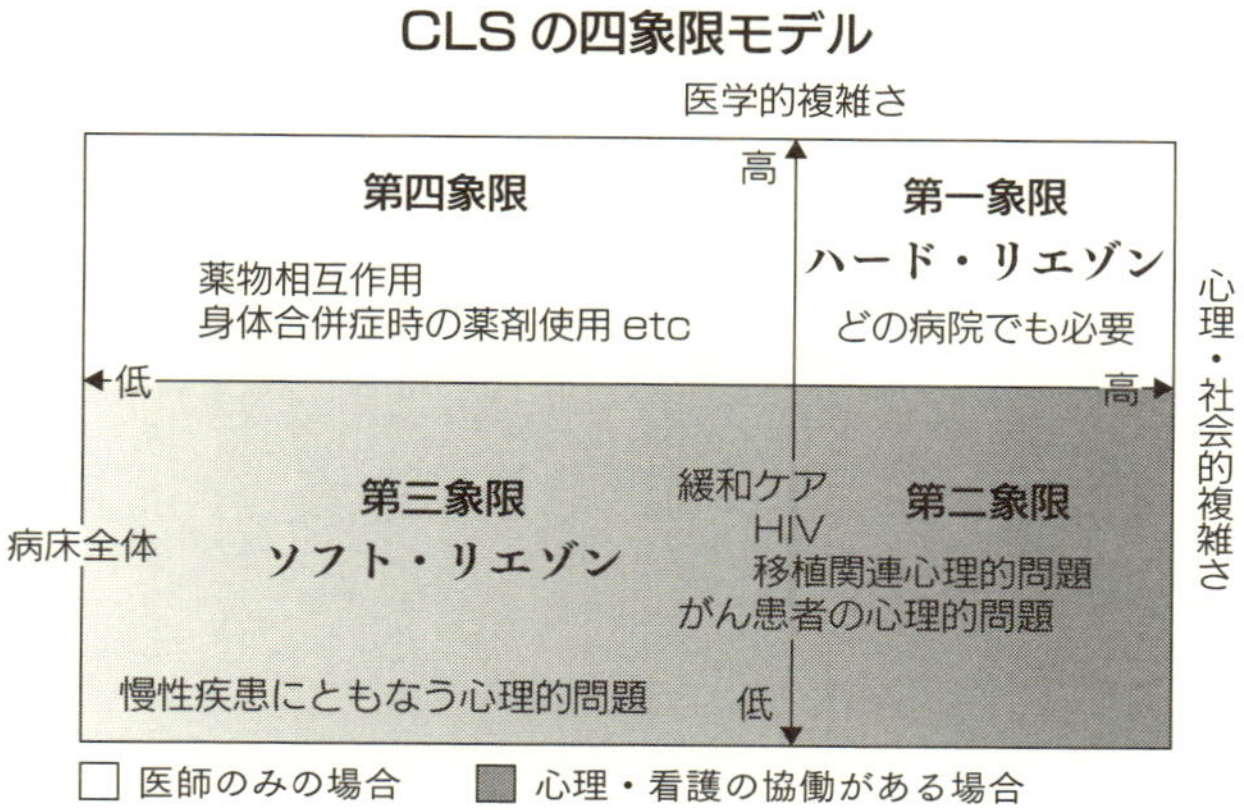

図 6-2

る医療領域（政策医療とよばれる領域）のほとんどはこの第二象限に属すると考えられる。したがって、このような領域での活動には、医師だけでは不十分であり、心理・看護・福祉の協働があることが必要である。

第三象限は医学的複雑さも心理・社会的複雑さも共に低い事例である。大多数の患者はつつがなく入院生活を終える。慢性疾患にともなう心理的問題などはこの領域にあり、心理・看護・福祉の専門職によって取り扱われるべきニーズがある。ハード・リエゾンに対比してソフト・リエゾンと呼んでいる。

最後の第四象限は医学的複雑さは高いが心理・社会的複雑さは低い領域である。ここでは純粋に医学的専門判断が要求される。薬物総合作用や身体合併時の薬剤使用法などは医師の専門領域であり、この領域は医師でなければ取り扱うことはできない。

リエゾン医療の実践であるコンサルテーション・リエゾン・サービスの展開は第一象限から第二象限へと進展するが、心理・看護・福祉の協働がなければ拡大しない。心理・看護・福祉の協働があることによって、サービスの質が向上し、医師は本来医師のやるべきことに専念できるようになるのである。

それでは、リエゾン医療の現場で働く心理職にどのような研修が必要なのであろうか。

第3節　リエゾン医療の現場で働くために心理職に求められること

1. 心理職のコンサルテーション・リエゾン・サービス（CLS）の研修の必要性

心理職が綜合病院におけるＣＬＳに取り組むうえでは、心理学、精神医学のみならず、より幅広い知識が要求される。臨床系大学院においては、医学・医療への教育は現状では不足している。また、医療現場の心理職への研修プログラムは未整備である。実習形態が見学のみであったり、心理職にどこまで裁量を持たせるかによって研修内容が異なり、その内容は現場のスタッフ任せになっているのが実情であろう。また、ケースの状況によって、学習・指導内容に差異が生じるなどの実態もある。医療分野で働くことを志向する心理職の数は少なくないため、われわれ[1]は施設の差異にとらわれない研修プログラムについて論じている。

A. ＣＬＳにおける研修の特徴

ＣＬＳは多職種協働作業であるため、各職種の役割の理解が求められる。また、クライアントのみならず、クライアントの家族、病院スタッフへの対応が必要となるため、幅広い知識や技能の習得が求められる。医学・医療への全般的理解が求められることはいうまでもない。

B. ＣＬＳにおける研修の前準備

研修におけるスーパーバイジーの発達を示した有名なモデルであるストルテンバーグとマクニール（Stoltenberg & McNeil）らのＩＤＭ（統合発達モデル）を示す[2]。

レベル1（初心者の段階）

・高い不安
・高いモチベーション
・スーパーバイザーに依存
・自分自身に注意が集中する
・評価されることをおそれる

レベル2（試行錯誤と試練の段階）

・「施行と苦難」の時期をくぐりぬける
・モチベーションが揺れ動く
・依存と自立で葛藤
・治療的自己を用いる
・自らの限界への理解が増す

レベル3（チャレンジと成長の段階）

・職業的自我を保つ
・安定的なモチベーション
・安定的な自立性
・高い共感性と理解
・自らの強み、弱みを受け入れる

このモデルは一般的な心理職の発達について示したものであるが、ＣＬＳはそれ自体が応用的な活動であるため、研修開始時点でレベル2の段階にあることが望まれる。

2. 達成目標

われわれは達成目標を七つの領域で設定している。その七つとは、

Ⅰ　対人能力
Ⅱ　知識
Ⅲ　心理学的評価の能力
Ⅳ　介入のスキル
Ⅴ　コンサルテーションのスキル／多職種との協働
Ⅵ　倫理
Ⅶ　研究を活用する能力

である。CLS研修において一般的な心理職の研修と比較してどのような能力が重要かについて検討した結果、三つの能力にまとめられた。

一つは問題を多角的に理解する能力である。心理学的評価の能力はCLS研修によって向上した。心因に限らず、身体因、社会的因子も含めて統合的に理解する能力はリエゾン医療で重要である。医学的知識は最大の問題である。医学の高度専門化の現代においては医師であっても自分の専門科以外の知識を十分に獲得することは困難である。医師でない専門職にあってはさらに困難であろう。われわれは作業仮説として看護職の国家試験問題レベルの医学知識が最高要求水準であろうと考えている。

二つ目の重要な能力は、患者や家族を含め、問題を取り巻くチームを力動的に理解する能力と多職種チームの一員として有効に機能する能力である。心理学的評価の能力においても力動関係理解の能力が向上し、コンサルテーションのスキル／多職種との協働の能力が向上している。

最後の重要な能力はコミュニケーション困難な患者とコミュニケーションをとる能力である。対人能力においては、特に重症、終末期患者とのコミュニケーション能力が向上した。

ＣＬＳ研修においては、これらの重要な点に主眼を置いたプログラム作成が必要である。

3．研修方略

一般的な心理職の研修においては、面接や検査などクライアントとの関わりが中心となり、相談室内における臨床が基本となっている。研修機関により内容は異なり、医療機関における研修は必修ではない。これに対してＣＬＳ研修はより専門性の高い研修であるため、参加には前提条件が必要である。われわれは一定数以上の予診の経験と向精神薬に関する最低限（薬剤名とカテゴリーが一致する、カテゴリー別の副作用）の知識を含んだ精神科臨床の経験がある方が望ましいと考えており、コミュニティ援助技法を学ぶ意欲と素質も重要であると見なしている。研修の構成要素は知識、技能、態度の三つであるが、態度は対人援助を行ううえの基本であるため、研修においては知識と技能に対するものが中心となる。施設の状況や研修者のレベルに応じて、知識と技能のバランスは個別に設定されるべきであろう。知識と技能に関する研修はスーパービジョンをベースに、知識に対しては症例に関するレポート作成や推薦図書の定時などの方法、技能に対しては観察学習、ロールプレイやＡＶ機器を用いた内容分析などがある。

リガテリ（Rigatelli）らは、ＣＬＳにおける教育の例として次のような内容を提案している(3)。

講義要素

- 選択したテーマについての講義（毎週）
- 文献レビュー（隔月）
- リフレッシャー・コース（オプション）

臨床活動

- 病棟におけるコンサルテーション活動
- 外来診察
- リエゾン・ミーティング

スーパービジョン

- グループ・スーパービジョン（毎日）
- ケース・カンファレンス（毎週）

研究活動

ＣＬＳにおいては、相談室内でそつなく活動出来る心理職が病棟に出るといきなり自らのペースで面接を進められなくなることがよく見られる。いくつかの理由が考えられるが、当該の事例の医療状況についての理解が不足していることも大きな理由の一つである。入院中に行われる予定である医療の流れや、予定されていた医療を妨げている現在の問題が理解されていれば、面接の深さや長さをコントロールすることができる。医療に対する苦手意識が患者理解の足かせとならないように、医療に関する知識習得に力点を置いた研修方略が必要である。

特にスーパービジョンは重要であり、日常のスーパービジョンと定期的なスーパービジョンを相補的に行うことが望ましい。日常のスーパービジョンにおいては事例毎の理解の確認や事例に即したレポート作成や推薦図書の提示を行う。定期的なスーパービジョンは定期的な構造そのものが研修者に安心を与える。月一回程度で一回三十分から一時間程度の頻度がいいだろう。

4. 評価方法

評価は研修において重要であるが、一般の心理臨床ではクライアントの限界を認め、各自の目標を尊重する態度が基本であるため、指導者にとっても苦手意識をもつことが多い。キャンベル（Campbell）は正当な評価の条件として、次のようなことを挙げている。[4]

・研修開始時より研修の達成目標が明示されていること
・評価基準と評価様式があればそれを受け取っていること
・特定の行動目標に関して望ましい行動などについて例示されていること
・事前目標に対する進捗状況についてフィードバックを受けること
・成功する機会を十分に与えられ改善のための提案を得られること

評価方法には形成的評価と達成的評価の二種類がある。形成的評価はいまここで行われ、指導者から研修者へのフィードバックを重ねることによって成長を促す。この方法は評価よりもコミュニケーションのニュアンスが強くより自然な形式となる。一方、達成的評価は一定期間後に行われ、基準に照らして研修者の達成度を評価する。この方法は評価のニュアンスがコミュニケーションよりも強くよりストレスフルとなる。構造と基準と協働関係はどちらの方法においても基本となる。

ストレスフルな達成的評価の際に侵襲性を下げる方法について、バーナードとグッドイヤー（Bernard & Goodyear）は、次のようなことを勧めている。[(5)]

- 評価者と被評価者は対等ではあり得ないことを認識すること
- 評価者からポジティブな点を明白にフィードバックすること
- 被評価者の防衛が言明されやすいように配慮すること
- 個別性を強調すること
- 評価を一方的でその場限りのものにしないこと
- 予断をもった中途半端な評価をしないこと
- 評価者が被評価者から学んでいる所をみせること
- 評価者と被評価者の関係性の変化に敏感になること
- 評価のプロセスを楽しむこと

評価の手法としては、次のようなことが実行される。

- 自己評価
- 内省（レポート）
- チェックリスト（ログブック）
- 第三者評価（同僚、上司、協働する他職種、クライアント）
- 形成的評価（コミュニケーション）

・達成的評価（形式的評価）
・面接場面のＡＶ記録

ＣＬＳ研修においては医学的知識の獲得機会を増やし，他職種とのコミュニケーションを強化する目的から他職種による第三者評価の機会を相互レクチャーという形式で行うことも望ましい。

われわれは，ＣＬＳの日常業務に習熟しており，上級業務での現場での指導が必要であるが，時に自発的に遂行することも可能であるレベルをインターンシップの達成目標として掲げている。

第4節　リエゾン医療の現場からの期待

現場の総合病院精神科医として，また心理職の研修指導者として私が強く思うことは，心理職に自信をもってほしい，一緒に働く人や患者さんたちに自信を与えてほしいということである。自らの専門性を磨き，それを現場に織り込んでいく方法について提案をしていってほしい。応用心理学のさまざまな手法は，まだ医療へ応用されていないように思う。ＥＢＭ（Evidence-Based Medicine――実証に基づく医療）が基本となっている現代の医療において，さまざまな手法をもちいて実証していってほしいと思う。

医療が本質的に病を得た人たちを取り扱うのに対し，大多数の健康な人たちを取り扱う心理学のポジティブな側面をもっと強調してほしい。医療従事者ははじめに述べたように生命財産性に対して萎縮し疲弊しがちである。心理学の立場からは生命財産性のかけがえのなさ，生きとし生けるもののもつ輝きをポジティブに伝えることで萎縮し疲弊している医療関係者を力づけてほしい。すべての医療従事者は人を救う，人を癒すことを希望して生業（なりわい）としてこの職業を選んだはずである。それがいつの間にそのやりがいや使命感を見失いがちになってしまっている。心理職の基本的な姿勢が接するひとを力づけることは優秀な心理職の人と接するたびに感じることである。

急性期医療の一秒たりとも息を抜けない緊迫感と、緩和ケアにみるようなあまりにもゆったりとしかし確実に終結へといいたるじりじりとした緩慢との間で、「時間の魔術師」の面目躍如で時間をコントロールしてほしい。医療、病院は大多数の健康な人たちにとってみると非日常である。医療従事者にとってみると日常である。非日常と日常の間を行ったり来たりしながら、医療従事者と患者との間をとりもち、どちらにもコモンセンスを示せるような、そんな存在であってほしいと願っている。

引用文献

（1）冨岡直・満田大・井上雅之・中嶋義文（二〇〇九）『心理士のコンサルテーション・リエゾン・サービス研修プログラム』総合病院精神医学　21（Supplement）。

（2）Stoltenberg, C. A. & McNeil, B. W.: *IDM supervision: An integrative developmental model for supervising counselors and therapists* (3rd. Ed.). NY, Routledge, 2009.

（3）Rigatelli, M., Ferrari, S., & Uguzzoni, U., et al.: Teaching and training in the psychiatric-psychosomatic consultation-liaison setting. *Psychother Psychosom.* 69: 221-228, 2000.

（4）Campbell, J. M.: *Essentials of Clinical Supervision.* Hoboken, NJ: Wiley, 2000.

（5）Bernard, J. M. & Goodyear, R. K.: *Fundamentals of Clinical Supervision* (4th Ed.). Upper Saddle River, NJ: Pearson, 2009.

第7章† 患者と医療者のコミュニケーション支援の現場から心理職への期待

NPO法人
ささえあい医療人権センターCOML
山口育子

はじめに

一九九〇年から十九年間、電話相談を活動の柱として、〝カウンセリングマインド〟を大切にしながら、多くの患者・家族の声に耳を傾けてきました。NPO法人ささえあい医療人権センターCOML（以下、COML）に届いた電話相談の総数は四万七千件を超えています（二〇一〇年一月末現在）。患者を取り巻く医療に関する環境や周辺事情、情報は、この約二十年間で大きく変化しました。それに合わせて、患者の意識や関心も変遷を遂げてきました。

そのような〝変化〟とともに見えてきたもの、医療現場で必要とされていること、患者の気持ちを支援するとはどういうことか、何が必要か。そして心理職の皆さんへの期待と課題――そのような内容について、これまでの活動の経験から述べてみたいと思います。

†註　本章は著者の希望により「です・ます」調で記述する。

第1節　COMLが大切にしてきたスタンス

COMLは一九九〇年九月、患者の自立と主体的な医療参加を目指して活動をスタートしました。当時は、「医療のような専門性の高い内容を私たち患者が理解できるわけがない。先生にお任せして、治してもらうしかない」と受け身の姿勢の患者がほとんどでした。そのなかで、少しずつ米国の「患者の権利運動」などが新聞紙面で紹介されるようになり、いわゆる「がん告知」問題も取りあげられ、〝お任せ〟の空気が少し変化し始めたころです。〝インフォームド・コンセント〟が日本医師会第Ⅱ次生命倫理懇談会によって「説明と同意」と訳されて発表され、新聞紙上で紹介されたのも同じく一九九〇年のことでした。つまり、「専門的な内容でも、これからは患者にきちんと説明しなければならない」「患者も自分に起きている事実を受け止める必要がある」という機運のスタートラインが、COMLのスタートと重なったと言っても過言ではありません。

その当時、患者側のグループと言えば、セルフヘルプ活動の患者会か薬害や医療訴訟原告などの被害者団体がほとんどでした。しかし、COMLは特定の疾患を対象にしたグループでもなければ、被害者の集まりでもありません。それだけに、医療者と対立するのではなく、協働しながらよりよい医療を追求していきたいという思いで活動を展開してきました。

そのためには、患者側にどっぷり浸かるのではなく、患者と医療者の架け橋として、いずれにも偏らないバランス感覚を大切にしてきました。必要と感じる医療側への変化の要求や提言は毅然と行なうけれども、あくまで冷静に、〝追及〟ではなく〝対話〟を重視する。一方、患者側にも「受け身に甘んじていないで自立（自律）しましょう」「〝いのちの主人公〟〝からだの責任者〟としての自覚をもち、成熟して主体的に医療参加する賢い患者になりましょう」と呼びかけ続けてきたのです。

受け身の患者から脱するためには、〝医療消費者〟としての意識をもつことを、あえてキーワードとし、グループの名称にも冠しました（COMLの〝C〟はConsumer〈消費者〉の頭文字）。それは「対価を支払っているから、相応の要求をしよう」という意識ではなく、「自ら選ぶ目と責任を担いましょう」という意味を込めたものです。たとえば、高価な買い物をするとき、私たちは売り手の言いなりにお任せして購入はしません。パンフレットを取り寄せたり、商品について調べたり、時には詳しい知人のアドバイスを得たうえで懐具合と相談し、十分吟味したうえで選択、購入します。

病気になり、医療を受けるということは、いのちや人生に関わることもあり得る問題です。それは、どれほど高価な買い物よりも大切な問題のはずです。それだけに医療者任せにせず、自分の病気や治療方法について理解する努力をしたうえで、どのような医療を受けたいのかをしっかりと自分で考え、自己決定によって医療を受けたい。そういう意識をもった〝医療消費者〟を目指そうと考えてきました。

そして、不満やトラブルに陥らないためにも、患者と医療者双方のコミュニケーション能力を高める必要があると、その時代、時期に応じた活動を展開し、いまではその内容は十四種類に拡がっています（http://www.coml.gr.jp 参照）。

1．専門家ではない相談スタッフ

なかでも活動のスタート当初から地道に取り組み、大切にしてきた活動が電話相談です。現在、常勤職員とボランティアによる相談スタッフは十名ですが、専門家は一人もいません。医療者ではない〝非専門家〟にこだわって相談活動を続けてきました。

その最大の理由は、相談とは〝答える〟ことではなく〝聴く〟ことと考えているからです。医療における専門家は、とても豊富な知識を有しています。それだけに質問されると、即回答することが役割と任じています。もちろん、相談者のなかには具体的な〝回答〟を求め、期待して電話をかけてくる人もいます。しかし、やはり多くは、「胸に溜まった思いを受け止めてほしい」「感情的にならざるを得ない事情や経過を聴いてほしい」というニーズです。それに、相談の冒頭に発せられる質問が、必ずしもその人の「ほんとうに聞きたいこと」とは限りません。長い時間話した最後のほうになって、ようやく電話をかけてきたほんとうの思いが発せられることもしばしばです。それだけに、ＣＯＭＬでは同じ患者の立場だからこそできること、つまり「思いを受け止めて聴き切る」ことを信条に、これまで多くの相談に耳を傾けてきました。

ＣＯＭＬが相談活動をおこなっていることは、マスメディアや雑誌などで紹介されたり、インターネットで検索したりして知る方もいます。しかし年々増えているのは、他の機関からの紹介です。全国の都道府県や保健所に設置されている医療安全支援センターという相談窓口、健康ダイヤルや消費者センター、新聞社やテレビ・ラジオ局などのマスメディア、法テラス（さまざまな法律相談に応じる国が設立した公的な法人）や弁護士、警察などの公的機関などからの紹介です。なかには「主治医から相談してみたらと勧められた」「医療ソーシャルワーカーから紹介されて」といった紹介もあります。特にトラブルや医療費に関する相談は「対応できないから」と、ＣＯＭＬを紹介してくださるようです。

2．COMLの相談の基本姿勢

ＣＯＭＬの相談スタッフになりたいという希望者には、独自の研修を受けてもらいます。専門家でないとはいえ、相談者の話す病名や検査・治療内容について、まったくイメージできないのでは話になりません。そこで、まずは最低百件の相談を相談スタッフの横で聴きます。そして、その都度、相談内容の要旨をまとめ、ＣＯＭＬの対応のポイント、ＣＯＭＬの基本姿勢の特徴が表れていた点をリポートにまとめます。そうした研修を通して、相談内容を正確に理解できているか、ポイントをずらさず聴けているか、COMLとして大切にしている基本姿勢を理解してくれる人かを判断しています。そのほかにも、他の活動に参加し、COMLの活動趣旨や基本姿勢を理解する努力も研修の一環です。

これまで十九年間の相談活動のなかで貫き、築いてきた基本姿勢があります。まず、相談者の年齢を問わず、丁寧なことばで対応するということです。電話相談はほとんどが初めて話す相手であり、当然ながら相手が見えません。なかには「ざっくばらんに話してもらったほうが、気楽に話せる」という人はいるかもしれません。しかし、タメ口で問いかければ「初めて電話で話すのに、馴れ馴れしい……」と気分を害する人もいるはずです。「それならば、どんな人にでも失礼にならないように、丁寧なことばを心がけよう」と統一しています。精神疾患の方からの相談が約一割強ありますが、「汚いことばで罵られた」「見下したような物言いをされた」と〝ことば〟に傷ついている人を多く見受けます。やはり、相手を人間として尊重する第一歩がことば遣い。そう肝に銘じて、相談者がたとえ十代の少年少女であっても、丁寧なことばに徹してきました。すると不思議なことに、最初はタメ口だった若い相談者も途中から敬語を使い始めるようになり、精神疾患の方がこちらのことばに感情的に反応することもまずありません。いかにコミュニケーションをとるうえでことばが大切な働きをするかを痛感させられています。

後からCOMLの対応方法について詳しく述べますが、基本姿勢として、相手の話を遮《さえぎ》らず、気持ちを受け止めながら十分に話を聴き、一段落したところでこちらからも補足するための質問をして問題整理のお手伝いをします。そして、相談者自身に問題解決の主役になってもらうため、相談者が「どうしたいのか」という気持ちを引き出します。そして、相談者の思いを少しでも実現するために必要な情報提供やアドバイスを行なうのが、COMLの相談対応です。もちろん、自分の価値観を押しつけず、方向づけや誘導は一切しません。できるだけ丁寧な対応を心がけたいと考えているため、一件の相談に要する時間は平均四十分に及びます。なかには、一時間半から二時間を要する相談も、けっして珍しくはありません。

第2節　患者の意識の変遷

十九年間電話相談に対応していると、相談者の意識が社会を映す鏡のように変遷することを感じさせられます。特に、COMLが活動を始めた一九九〇年ごろは、受け身の患者の意識を反映し、悩みや不満を「ともかく聴いてくれさえすればいい」という相談が主流を占めていました。同じ話が何度も繰り返され、「問題解決のためには、主治医と話し合うことが必要では？」「あなたが一歩足を踏み出さないと」と伝えると、「私が先生に物申すなんてとんでもない」「聴いてもらっただけで気持ちが楽になったから、もういいんです」という方が多かったのです。

そのうち、病気や問題の経過を詳しく伝える相談者が増え始め、「副作用を知りたい」「こういう場合の解決法はあるのか」と相談が具体化してきました。また、一九九三年には抗がん剤と皮膚薬を併用したことによる副作用死が複数発生するという〝ソリブジン事件〟が起こりました。いくつかある原因の一つとして、自らががんであると知らされていなかった患者が、皮膚科で抗がん剤を服用していることを伝えることができなかったことも挙げられています。がんである事実を受け止める厳しさと、ある日突然副作用で死亡することの恐ろしさを天秤に測り、「どちらを選ぶか」という選択肢が患者側に突きつけられた事件でもありました。

そして一九九五年には阪神・淡路大震災が発生しました。COMLにも「通院していた病院が潰れてしまった。薬がないと血圧が安定しないのだが、どうすればいいか」といった相談が寄せられました。どのような薬を服用していたかを尋ねると、「白い錠剤」「オレンジ色のカプセル」……。これが当時の実態だったのです。

さらに同じころ、薬害エイズ事件の報道が高まりを見せ、一九九六年には東京と大阪で和解が成立しました。これらの一連の事件の裏側で、患者の心理のなかに「自分の身は自分で守らなければ」「いつ何が起こるかわからないだけに、せめて自分の受けている医療は理解しておきたい」「専門家が情報操作をしていることもあるのなら、情報を鵜呑みにしてはいけない」と、徐々に患者の権利意識が高まりを見せ始めました。

そして一九九七年の第三次医療法改正で、患者の自己負担が増えました。社会保険本人の医療費負担が一割から二割に増率、薬剤の一部負担金も始まった年です。前年からは、薬の情報提供にも診療報酬が点数化されていました。さらに不況も相俟《あいま》ってか、そのころからCOMLには、それまで皆無に近かった医療費の相談が寄せられるようになりました。つまり、権利意識に加え、コスト意識も高まってきたのです。

つぎに、決定的な患者の意識の変化のきっかけになったのが、一九九九年一月十一日に起きた横浜市立大学医学部附属病院における患者取り違え事件（心臓と肺の手術を間違えて施行）、その一カ月後の二月十一日に起きた都立広尾病院誤薬点滴事件（消毒薬を点滴に入れ患者死亡）です。これらの事件を契機に、医療事故・ミスに関する報道が一気に過熱しました。それまで密室に閉じ込められてきた暗闇の部分が、一気に国民の前に晒されたのです。

連日繰り返される報道に、患者・国民は「最近の病院は信用ならない」「しっかり監視しないとごまかされる」と漠然とした不信の目を向け始めました。それまでは「ドクターに求めても十分に説明してくれない」と寄せられた相談が、「求めても説明してくれないのは、何か隠したいことがあるからではないか」という訴えに、「家族が入院しているが、どんどん病状が悪化して不安で……」と語られていた相談が、「入院したのによくならないのは、ミスがあったに違いない」という訴えへと変化してきたのです。そして、相談件数もうなぎのぼりに増加しました。「医療ミスに遭った」「裁判に訴えるにはどうすればいいか」という相談が連日届き、多いときは月五百件を超える勢いでした。

医療事故に関する報道記事件数

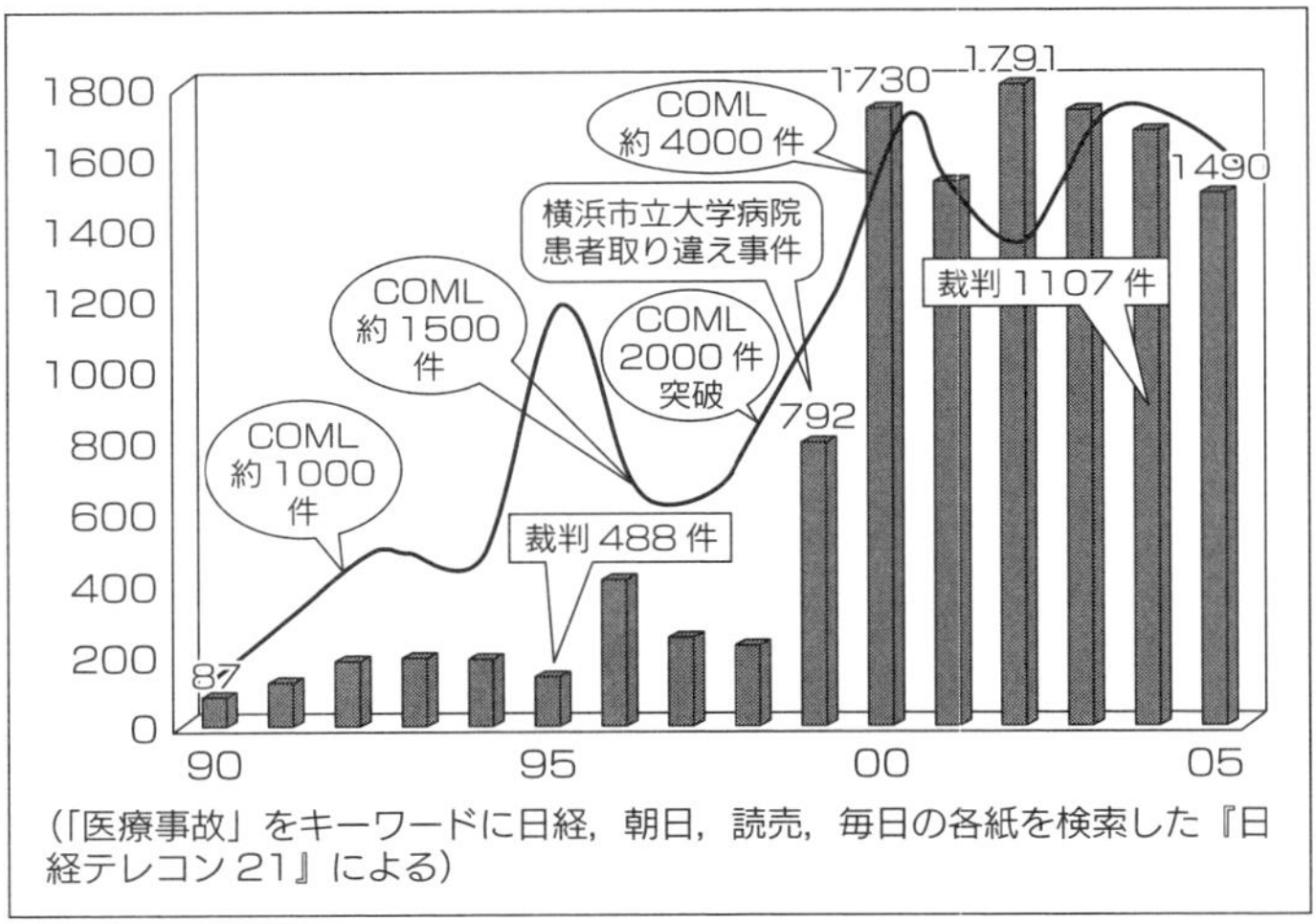

（「医療事故」をキーワードに日経，朝日，読売，毎日の各紙を検索した『日経テレコン21』による）

図7-1

相談者の意識とマスメディアとの相関を強く感じていたころ、ある医療系雑誌の取材を受けてその思いを伝えたことがあります。記者は私の話の根拠を求め、「日経テレコン21」で日経、朝日、毎日、読売新聞で「医療事故」をキーワードに検索し、医療事故報道の件数を調べました。それが図7-1です。一九九〇年から一九九八年まで年間二百件前後で推移していた件数が、一九九九年には七百九十二件と約四倍に増え、翌二〇〇〇年には千七百件を超えています。二〇〇二年をピークに五年間ほど千七百件前後の報道が続いたのです。このグラフにCOMLの相談件数のグラフを重ねると、傾きに見事な相関関係が見られます。いかに患者の意識がマスメディアによって左右されるのかを、恐ろしいほどに感じさせられました。

患者の医療不信感が爆発したころからです、徐々に医療者からの相談が寄せられるようになりました。「ある患者さんへの対応に苦慮している。COMLならどう対応するか参考にさせてほしい」「複数のナースが困った患者さんへの対応に憔悴《しょうすい》し、うつ病を発症してしまった。どう対応したらいいと思うか」「医療費の未収金が増えて困っているのだが、有効な回収方法を知らないか」「意識がなく意思表示できず、身寄りのない患者に手術をしないと助からないのだが、誰からの同意もなく手術をしても大丈夫だろうか」——。なかには「医療事故を起こしてしまった患者の夫から、〈もし妻がいのちを落とすようなことがあれば同じ目に遭わせてやる〉と脅されている。身の危険を感じる日々だ」と非常に深刻なドクターからの相談を一時間以上かけて聴いたこともあります。

このような医療現場の悲鳴は、福島県立大野病院事件（産婦人科医が逮捕）、奈良の町立大淀病院事件（妊産婦が脳内出血で受け入れ先病院がなかなか見つからず死亡）などを受けて一気に高まりました。そうして、「医療崩壊」「医師不足」「救急医療の危機」などが顕在化していったのです。それを受けて、マスメディアの姿勢が医療者バッシングから厚生労働省バッシングへと矛先を変えました。すると不思議なことに、ＣＯＭＬに届く電話相談から漠然とした医療不信が激減しました。いまは、相談件数も医療不信のピーク時から見ると半減しています。

第3節　最近の相談の傾向

このような変遷を経て、現在、患者の意識は非常に二極化してきています。納得いかないと徹底的に追及しないと気がすまない人がいる一方で、いまも必要以上の遠慮や我慢を自らに強いている患者・家族がいます。また情報収集にも同じ傾向が見られ、インターネットで欧米の文献まで手に入れて自ら翻訳し、国際的な情報を入手する人がいる一方、いまだに自分が服用している薬すら把握していない人もいます。

そして、約二十年前の〝お任せ〟とは少し形を変えた依存と言うべき現象なのか、相談というより判断を求め、あたかも〝医療ナビゲーション〟のような役割をCOMLに求めてくる相談者が増えてきたのです。一人の相談者が「このような症状の場合、受診すべきか？」「受診するならどのような病院の何科に行けばいいか？」「受診してきたけれど、検査が必要と言われた。受けるべきか？」「検査の結果、○○病と診断された。どんな病気か。セカンドオピニオンは受けたほうがいいか？」といった具合です。さまざまな便利な機器に囲まれた生活に慣れ、自分で考えようとしない姿勢に憂慮することも増えています。

漠然とした医療不信が影を潜めたとはいえ、やはり「納得できない」という訴えが相談の多くを占めます。事前に説明された検査や治療の合併症、薬の副作用であっても、予期せぬことがわが身に起こると「ミス」ということばで語られます。そして、そのような納得できない結果に対して、賠償金や補償を求めたいという相談は後を絶ちません。ただ、弁護士に依頼したり、訴訟を起こしたりするには多額の費用がかかるという認識は患者・市民に広まってきています。そうすると、「直接交渉でいくら請求できるか」「費用をかけずに補償を得るにはどうしたらいいか」という相談になる傾向があります。また、なかには医療に成功報酬型の思考を取り入れ、「受けた検査で病気が特定できなかった。それなのに検査費用が請求された。おかしいではないか」といった相談もあり、私たちも呆然としたものです。最近は同様の相談が珍しくなくなってきています。

〝情報化の時代〟とあちこちで言われ、インターネットの普及で患者も簡単に専門的な情報が手に入るようになりました。すると、どのような情報でも入手可能と過度な期待を抱く人も当然ながら出てきます。たとえば「すべての医療機関のすべての疾患における治療成績はどうすれば手に入るのか」「○○病について最も治療成績のいいドクターはどこにいるのか」という相談です。次に多いのが、「対応の悪いドクターを指導する機関はどこか」「被害を受けたので、COMLが代わりに病院に苦情を言って行ってくれ」という相談。ただ、医療者の言動が気に入らないというだけでは、調停にかけることも、裁判に訴えることもできません。ましてや、ドクターのマナーを指導する機関など、現実問題として存在しないのです。もちろん、COMLが相談者の代わりに苦情を伝えたり、指導したりすることもできません。そうしたＣＯＭＬの〝限界〟をいかにして理解してもらうかも、相談対応のなかでは大切な役割になってきます。

さらには、「治療方法について、複数の選択肢を示された。私にとって最もいい選択肢はどれか」「セカンドオピニオンを求めたところ、ドクターによって意見が異なるのだが、正しい意見はどれか」という相談も少なくありません。しかし、医療は答えが必ずしも一つと限らず、〝絶対〟や〝正解〟を求められないことのほうが多いのです。それでも、患者・家族の期待は膨らむばかり。百歳近い高齢の親であっても「入院したのに亡くなるなんて、おかしいじゃないか」「施設に預けたのに転倒や窒息させられるなんて許せない」と医療機関や施設に対しての〝安全神話〟を信じて疑わない人たちも増えています。

そして、ＣＯＭＬの対応で期待した答えが得られない、期待通りに動いてくれないと分かると、感情的になり、キレる、怒鳴る、なじる……。一時このような相談者が増えた時期がありました。これは必ずしも相談者に問題があるとはいえず、その後の相談対応の工夫や努力によって、相談者が感情的になることはほとんどなくなりました。つまり、相談の受け手である私たちの対応次第で、互いに無用な感情の消耗をすることが減らせると分かったのです。

第４節　心理職の活動と共通する相談対応の課題

ＣＯＭＬでは、月に一度、相談スタッフが集まって勉強会を実施しています。二〇〇三年をピークに漠然とした医療不信の訴えが減ってきたとはいえ、相談対応の難しさは逆に高まっています。ＣＯＭＬの相談対応や情報提供に納得できない相談者から罵声を浴びることも増え、相談スタッフのなかに疲労感が漂うようになりました。勉強会でも「どう対応したらいいか」を繰り返し話し合ってきたのですが，二〇〇七年の後半から，もう一度相談対応の見直しをしてみようということになりました。そこで相談対応を客観的に振り返り，問題点の抽出をはかりました。そして，見えてきたのが，次のような五つの課題です。

1．課題①「あいづちの重要性」

ＣＯＭＬの場合，電話による相談が中心なので，非言語コミュニケーションを活用することができません。そうすると，「話を聴いていますよ」というメッセージを送り，気持ちを受け止めていることを伝えるには言語が欠かせません。そのなかでも，あいづちは重要な役割を果たし，時には共感をも示すことができます。

当然ながら，〝あいづちの表情〟は多種多様です。もともと持っているその人の特性として声の明るさ，暗さ，トーンによっても異なってきます。また，機械的で硬いあいづちもあれば，偉そうなあいづち，柔らかく気持ちのこもったあいづちなどさまざまです。まずは相談スタッフそれぞれが，自分はどのようなあいづちを打っているのか，場面に応じて〝あいづちの表情〟を豊かに変化させることができているかを認識することが大切です。

また，あいづちのタイミングがずれてしまうと，相談者から「きちんと聴いてくれているの？」といった不安や不信の雰囲気が伝わってきます。特に最近では相談対応中にパソコンで検索することも増え，ついついパソコンに意識が移行していると，あいづちのタイミングがずれがちです。検索に集中してしまってあいづちが途絶えると，相談者に明らかに不安や不信が芽生えることが，客観的に聴いていると伝わってきます。

2．課題②「共感の重要性」

医療に関する相談は「つらい思いをした」「腹が立った」「嫌な経験だった」というマイナス感情が語られる

だけに、そのような感情を受け止める共感はとても大きな働きをします。共感があって、初めて相談者は「分かってくれたんだ」という気持ちになり、その積み重ねで冷静さを取り戻されます。逆に、共感のことばがないと、相談者は「分かってもらえていない」という感情が無意識に働くのでしょう、延々と訴えが続き、話は堂々巡りになってしまいます。

それだけに、相談者が話している間はタイミングよくあいづちを打つことで共感の気持ちを伝え、話が一段落したところでさらに具体的なことばで共感をおこなうことが大切だと思っています。特に不安感が強い相談者の場合、機械的なあいづちだけではかえって不安を高め、「理解してもらえないんだ」という気持ちが不信感に発展することもあります。

ただ、最も難しいのが「共感できないことを言われた場合」です。たとえば、「こんなひどいことを言う医者は、徹底的に制裁を受けるべきですよね!?」「これって医療ミスに間違いないから、裁判に訴える価値はありますよね!?」と言われた場合、相談スタッフのなかに「共感＝煽る」ことになってはいけないという感情が芽生えます。すると、グッとことばに詰まってしまったり、もごもごとことばを濁したりしてしまいがちです。それが伝わると相談者に不信感が芽生え、対応がギクシャクしてくるのです。やはり、黙ってしまわないこと、煽ることにならない共感のことばを伝えることが必要になります。たとえば「そう思ってしまうぐらい傷つかれたんですね」「裁判に訴えたいという気持ちにまでなってしまわれたわけですね」、あるいは相談の冒頭で同様のことを問いかけられた場合には、「そこまでのお気持ちになられたご事情を詳しく話していただけますか？」と話を深めることもできます。

3．課題③「〈聴く〉ことの重要性」

ただひたすらに相談者の話に耳を傾けるだけというのも、たしかに「聴く」ことです。もちろん、ひたすら傾聴するしかない相談もなかにはありますが、やはり相談ですから、今後どうしたらいいかを相談者と話し合う必要があります。そのためには、相談者が発信する情報だけではなく、相談者の置かれている状況を把握するために必要なことが聴き出せているかどうかも問われます。

なかには、相談スタッフの思い込みや価値観によって、相談者の状況を想像で判断してしまうこともあります。それを避けるためには、疑問に思ったことは質問し、不確かなことは確認する対応が求められます。特に相談中に「話が食い違っている」と感じるときは、必ずと言っていいほど、相談者が十分話せていないか、相談スタッフが相談者の話を誤解している場合です。相談者の考え方、物事の把握の仕方を知るためにも、「聴く」ことは大切です。

4. 課題④「難しい相談者の対応」

対応に苦慮する相談者にも、「なぜ苦慮するのか」という理由を認識することは必要です。たとえば、「非常に攻撃的、感情的で、誰が対応しても難しい人」なのか、相談スタッフ自身が苦手とする人なのかは分けて考える必要があります。誰が対応しても難しい人の場合は、組織内で対応方法を明確にし、たとえば責任者に対応を一本化するという方法をとることもできます。

一方、どういうタイプが苦手なのかを相談スタッフ自身が自覚していなければ、知らず知らずに「早く電話を切りたい」「対応できないことを言われたらどうしよう」と逃げ腰になってしまいます。そうした気持ちは、必ず相談者に伝わり、トラブルに発展しかねません。苦手なタイプを自覚するだけで、自分を律することもでき、無理だと思えば対応を交代してもらうこともできます。苦手なタイプに遭遇した場合の対応方法を、十分に組織で話し合っておく必要があると思います。

さらに、妄想や精神疾患をもつ相談者には、聴き込むことが症状悪化につながる場合もあるだけに、「気をつけて聴く必要がある」と、どの段階で気づくことができるかも重要なポイントです。神経質な相談者は、相談スタッフが「そんな些細なことで」と思っただけでも、微妙なことばのニュアンスとなって伝わることで傷つきます。一定のこだわりのある相談者の場合も、その人の価値観を尊重する努力が大切です。

5．課題⑤「注意すること」

まず、相談スタッフの話すテンポです。暗く落ち込んでいたり、傷ついていたりしてスローテンポで話される場合、同じテンポに合わせないと、相談者は落ち着いて話すことができません。逆に、攻撃的、感情的になっている相談者の場合は、意識して少しテンポを落とさないと、同じレベルで会話しては相乗効果で相談者を興奮状態に煽ってしまいます。

つぎに、情報提供をする場合、相談者が理解できるようなことばを用い、時にはかみ砕いて説明する必要もあります。どうしても医療は難しい用語が多く、病気の内容や治療方法など容易に理解できないことも多いので、注意して伝えることが大切です。

人は、誰かから質問されると、咄嗟《とっさ》に「答えなければ」という心理状態になります。しかし、相談の早い段階での質問に答えようとすることは禁物です。まず十分に相談者の状況を聴かなければなりません。それだけに、相談の冒頭で質問されたときは、逆に相談スタッフから質問をして相談内容を深めるチャンスととらえるべきだと思っています。

そして、相談スタッフが自分の価値観を知っておくことも大切なポイントです。無意識に価値観が働くと、誘導的な言葉を発してしまいかねません。たとえば、「人工妊娠中絶なんて、とんでもない」という価値観をもっている相談スタッフが、相談者から「人工妊娠中絶をしたいのだが、どうしたらいいか」と聞かれたとき、無意識だと「あなたはどうして中絶しようなんて考えているんですか」と批判的なことばを投げかけてしまうのです。自分の価値観をしっかり認識できていれば，それを前面に出さないようにコントロールすることができます。

電話相談では，相談の最終場面で「○○については，もう一度主治医から説明を求めてみてはいかがですか？」といった具合に提案することも少なくありません。このような場合，必ず理由や目的を伝えることが必要です。たとえば「○○については，一般論で判断できる問題ではなく，あなたの検査データや病状を把握している主治医でないとわからないと思います」と理由を伝え，どのように尋ねるかを一緒に考えることも少なくありません。

このように，相談対応の見直しをしたことによって，非常に具体的に相談対応の課題が見えてきました。さらに相談対応でトラブルに発展しないように気をつけていることがあります。まず，いったん相談対応が始まれば，早く切ろうと思わず，しっかりと相談者と向き合って，じっくりと耳を傾けること。前述したことでもありますが，相談スタッフの気持ちは，見事に相談者に伝わってしまいます。

そして，相談者が無理難題を言っていたり，実現不可能なことを言ったりしても，頭ごなしに否定しないこと。まずは思いに耳を傾け，じっくり話を聴いたうえで，できないことは理由や根拠を明確にして伝え，わかる範囲で医療現場の現状などを話すこともあります。また，過去に相談者から「そんなこともできないで，何が相談機関だ！」と責められた経験があるスタッフは，相手が十分に相談内容を話す前から「こちらは医療者ではないので，医学的な判断はできないし，代わりに苦情を言うわけにもいかないことをご理解ください」と「できない」言い訳を先回りして言ってしまうことがあります。しかし，いまから相談しようという人が，「あれもできない」「これもできない」と言われてしまうと，気がそがれてしまいます。やはり同じ伝えるにも，タイミングが大切だと思います。

そして、対応が難しい相談者ほど、積極的に聴くようにしています。自発的に電話をかけてきている人ですから、基本的には「聴いてほしい」思いは間違いなくあるはずなのです。しかし、攻撃的だから、感情的だから、無理な要求ばかりするから、とマイナス感情が働くと聴く気持ちが萎えてしまう。それが伝わって、相談者が怒り出す。かつての相談者が「キレる、怒鳴る、なじる」元凶は、私たち相談スタッフ側の〝腹の据え具合〟にもあったのです。難しいとされている人は声が大きく、早口で話されることも多いので、ただ静かなあいづちでは聴いていることが伝わりません。そこで、具体的に言語化したあいづちを多くし、「聴いていますよ」というメッセージを積極的に送るようにしました。すると、感情をぶつけられることがほとんどなくなったのです。たしかに一回に要する時間は長く、こちら側のエネルギーも相当量必要です。しかし、何度も何度も苦情の尾が引かず、結果的に相談者の満足度も高まり、相談に要する時間も結果的には短くなりました。私はこの対応方法を〝積極的傾聴〟と名づけ、徹することにしています。

相談対応ということばを繰り返し用いてきましたが、あまり「相談」と肩に力を入れすぎると、「相談者が何を言っても我慢」と身が竦《すく》んでしまいがちです。私はできるだけ、相談の電話をかけてきた人とは「話をする」横並びのスタンスを自らに言い聞かせています。そして、相談者より少し多く持っている情報を提供し、培ってきた経験からその人に必要と思うアドバイスする。そうすることで、必要に応じて相談者に苦言を呈することもできるようになりました。

このように私たちＣＯＭＬにおける電話相談対応の課題を見ていただくと、心理職の方々がクライアントに対応されるときの課題と共通する点があるのではないかと思います。ただ、医療の場合、心理面以外にも、病気や治療に関する問題が加わり、さらに家族関係も絡んできます。特に病気や治療に関する問題の場合は、聞いた内容からイメージをいだけるぐらいの医学的な知識が必要になります。また、社会面からみる〝医療問題〟（医療費、医療制度、医療における問題・課題など）も幅広く存在するのが医療分野です。それだけに、心理職が医療現場に進出する場合には、ある程度の事前の情報収集は欠かせないのではないかと思います。

第5節　心理職に期待することと課題

十九年にわたって電話相談に携わり、医療におけるさまざまな問題に向き合ってきた経験から、いまの医療に心理職の方に期待できることとは何だろうと考えてみました。

まず、患者や家族が病気という現実を目の前にしたとき、あるいは病気が進行していく厳しい現状を受け止めなければならないとき、その思いに寄り添い、じっくりと話を聴いてくれる存在が、いまの医療現場には十分ではありません。入院期間の短縮化や外来治療への移行などで、医療者に話を聴いてもらう機会はむしろ減っていると言っても過言ではないでしょう。また救急医療の現場では、突然、家族の誰かがいのちの危機にさらされるわけですから、右往左往する家族をサポートする役割はほとんど存在しません。分野ごとに分かれた専門看護師や認定看護師も登場し始めていますが、まだまだ人数は少なく、ごく一部の医療機関でしか活躍していません。

一方、医療者をサポートする体制も十分ではなく、忙しいだけでなく、患者からの高い要求に応えきれず疲弊している現状もあります。患者から無理難題を言われたり、暴言・暴力を受けたりしても同僚に愚痴を言うぐらいで我慢する。どうにも我慢ができなくなれば、職場を換えるということで対処するのが、哀しいかな、一般的な医療者の状況です。

そのような、患者・家族と医療者の実情を考えるとき、医療現場に「話を聴く」という役割を担うサポート体制があれば、どれほど両者ともに心強いかと思います。しかし、だからと言って、心理職の方が医療現場に進出するための課題はそう簡単に解決できません。医療費の削減を大きな課題にしている国にあって、心理職の配置が診療報酬化されることはかなり困難を要するでしょう。点数として評価されなければ、苦しい経営を余儀なくされている医療機関が雇用の対象にするかは疑問です。医療ソーシャルワーカーですら、まだまだすべての医療機関に配置されているわけではないのですから。

さらに、臨床の専門職以外の人がチーム医療に参画していくためには、役割をどう理解してもらうかという課題もあると思います。医療ソーシャルワーカーの役割ですら、ドクターやナースが正しく理解していない現状があります。そのようななかで、いかに心理職の必要性について理解を得て、どういうときに役に立つ存在であるかを認識してもらえるのかが問われるでしょう。

さらに、医療機関で働く専門職のそれぞれの役割をきちんと理解している患者はほとんどいません。そういうなかで、もし患者・家族の心理的サポートをする役割として参画する機会が訪れるならば、明確に「何を期待していい人か」を伝えていただく必要があると思います。

私たちCOMLが携わってきた電話相談は、形は異なるかもしれませんが、心理職の方々が医療に参画した場合に、役割として非常に交わる部分があるように思います。そういう視点から考えたとき、心理職の方々に必要になってくるのは、まず「医療を知る」ということではないでしょうか。医療がどのような変遷を遂げてきたか、そのなかで患者の意識はどう変化したのか、いま医療現場で問題になっていること、課題は何か。それらを知る努力をすることが、医療現場に踏み出すために必要な第一歩ではないかと思います。

付録資料　相談内容（内容はすべて個人が特定されないよう、一部を変更してあります）

ここでは、具体的にどのような相談が届いているのかを知っていただくため、ほんの六例ですが〝相談者の声〟を聴いていただく形でまとめてあります。

誤診で症状の改善が不可能に

六十七歳の妻が、今年一月下旬の夜半、突然めまいを訴え、激しい嘔吐を繰り返しました。明け方まで嘔吐は続き、まったく眠れないまま朝を迎えました。そこで、ふらつく妻を抱えるようにして、近くのかかりつけの内科医院を受診しました。

内科医院で夕方までかけて点滴による治療を受けたのですが、妻は点滴が終わっても足がもつれてフラフラの状態でした。私が付き添って帰宅し、その後四〜五日同じように点滴に通いました。しかし、いつまで経ってもよくなりません。内科医院では、「様子を見ていたけれど、脳卒中の疑いがないことは確か。メニエール病の疑いもあるから、耳鼻科を受診してみてはどうか」と言われ、紹介状を書いてもらいました。

そのとき嘔吐は治まっていましたが、耳鳴りとめまい、足のふらつきはほとんど発症当初と同じで、改善されていませんでした。とても一人で受診できる状態ではなかったので、私が再び付き添って、耳鼻科クリニックを受診したのです。そのころ耳鼻科の待合室は、花粉症の患者で溢れていました。受付や看護師さんは妻のフラフラしてつらそうな様子を見ても診察の順序を早めてくれる配慮もなく、長い時間待たされました。

ようやく診察の順番がきたのですが、妻の診察をしたドクターは「メニエール病のようですね。来週検査をしましょう」と言うなり、もうつぎの患者の準備を始めました。まだこのうえ待たされるのかと思いましたが、私が住んでいる地域は医療機関が少ないので、我慢するしかありませんでした。

　翌週まで待って受けた検査の結果、鼓膜に異常はなく、左の耳はほとんど聞こえていないことがわかりました。ドクターから「メニエール病です」と診断を聞かされ、ゼリー状の薬を一週間ごとに受け取りに来るように指示されました。そして、そのまま一週間ごと二カ月にわたって通院したのです。

　しかし、いつまで経ってもふらつきがひどく、耳鳴りが治まりません。耳鼻科のドクターに「どうしたらよくなるのでしょうか？」と聞くと、ほかの患者さんに聞こえるほどの大きな声で、「奥さんの年齢では、もう治りません」と言われ、妻は大きなショックを受けてしまいました。

　私は途方に暮れ、医者をしている親友に電話で相談しました。「僕は整形外科医だから耳鼻科のことは詳しくないが、一度総合病院の耳鼻科を受診してみてはどうか」と勧められ、「耳鼻科医から紹介状はもらいにくいだろう」と、紹介状も書いてくれました。

　そして、三月末に妻を伴って総合病院を訪ねたのです。すると、対応してくれた耳鼻科医は「私の診立てでは突発性難聴だと思います。メニエール病なら、足のふらつきがいつまでも残らないはずです。ただ、突発性難聴は少しでも早くステロイドによる治療を開始しなければなりません。それでも必ず改善するとは言えない病気なだけに、発症から二カ月も経つと、ちょっと手立てはありません。せっかく遠方から来ていただいて申し訳ないけれど、もう治療をしても改善の見込みはないと考えてください」と言われてしまい、妻とともに落ち込みました。

　耳鼻科医院のドクターが、なぜ左耳が聞こえていないのに突発性難聴の疑いすら抱かなかったのかと、腹わたが煮え繰り返るような思いです。でも、苦情を言っていくと、お金を要求しているのかと思われるのではないかと躊躇《ちゅうちょ》しているのです。かといって、このまま耳鼻科医院のドクターに黙っているのも癪《しゃく》です。いったいどうすればいいのか……。何かいい方法はないでしょうか。

セカンドオピニオンに迷いが……

　私（七十六歳・男性）は一年三カ月前、ある大学病院で前立腺がんが見つかり、しばらくホルモン治療をしました。しかし、なかなか腫瘍マーカーの数値が下がらなかったので、半年後に小線源という前立腺に直接埋め込む放射線治療を受けました。

　腫瘍マーカーの値は安定していたのですが、治療から半年後、原因不明の下血が始まったのです。放射線治療をしてくれた主治医に何度も下血のことを相談したのですが、いつも「様子をみましょう」と言われるばかりでした。

下血が続くなか、とうとう激しい腹痛に見舞われました。検査の結果、放射線治療によって弱くなった大腸が破れ、大腸潰瘍を起こしていることがわかりました。入院し、内科で内視鏡による治療を受けたのですが改善せず、結局、消化器外科に転科して手術を受けることになり、人工肛門がつけられました。

四カ月の入院の後、ようやく退院したのですが、退院から一カ月経つ最近になって肛門から尿が出るようになったのです。驚いて主治医に伝えると、またもや「様子をみましょう」と言われました。私は、また悪化してから治療を受けるのは避けたかったので、頼み込んで検査をしてもらいました。すると、大腸と膀胱、尿管がつながってしまっていることが原因とわかったのです。ドクターから「しばらく膀胱を休ませて様子をみましょう」と言われ、それ以上「様子をみましょう」を繰り返されることに耐えきれず「セカンドオピニオンを受けたいので、紹介状を書いてください」と頼みました。

来週、セカンドオピニオンのための紹介状を受け取りに行くことになっているのですが、どの病院にセカンドオピニオンを求めるか迷っています。主治医には、同じ大学の系列病院宛ての紹介状を頼んだのですが、すぐさま「別の病院でもいいんですよ」と躊躇《ちゅうちょ》するような返事が返ってきました。やはり、同じ大学の系列病院だと主治医は嫌なのでしょうか。妻が「また入院治療が必要になったら、系列病院のほうが近いし、設備もいいので、この際転院したら」と言っています。最近では長い時間椅子に腰掛けていることすらできず、ほんとうに困っています。どうすればいいのでしょうか。

こんなミスをしでかす病院は信用できない

私（五十八歳・女性）は三年前に乳がんになり、手術と抗がん剤治療を受けました。その後も定期的に通院していたのですが、三カ月前に胸と首のリンパ節に転移が見つかりました。担当医は質問したことに明確に答えてくれないし、気に入らないとすぐに感情的になります。再発して不安を抱えながら、そのようなドクターと向き合っていくのはつらいと思い、転院することにしました。担当医には、とても正直に言えないので、引越しすると嘘をついて紹介状を書いてもらいました。

先日、転院先に選んだ病院に受診しました。対応してくれたドクターはとても誠実な印象で、これまで別の病院で治療を受けてきたと伝えても、嫌な顔ひとつされませんでした。それに、今後は抗がん剤治療になること、その内容についても詳しく説明がありました。私はとても納得できたので、「それでは、こちらでお世話になります」とお願いしたのです。するとドクターから「では、今日は基本的な検査だけ受けて帰ってください。看護師があとで説明します」と言われました。

いったん診察室を出て待っていると、ナースが廊下に出てきて説明し、採血室と生態検査室、放射線検査室の順番に回るようにとのことでした。私は、指示されたとおり、まずは採血室に向かいました。一般的な採血のあと、耳に少し傷をつけて血液が固まる検査をすると言われたので、少し疑問に思い「どうしてですか？」と尋ねました。すると「手術のために必要な検査ですから」と言われたのです。おかしなことを言われるなと思いながら検査を受け、つぎの生態検査室に行くと、肺活量を測られました。そして最後の放射線検査室では、胸のX線写真を撮ったのですが、立って撮影する以外に、横になって胸部を撮影すると言われました。驚いて「何のためにですか？」と聞くと、「胸の手術をするときは、寝て撮った写真を撮影してほしいという麻酔科医の希望なのです」と言われるので、「私は手術なんて聞いていません」と否定すると、「いいえ、すべて全身麻酔を想定した検査のオーダーが出ていますよ」と言われて、驚いてしまいました。

再び乳腺科に戻り、外来ナースに手術を前提とする検査だったと伝えると、うっすらと額に汗を浮かべながら「いいえ、手術をすることにはなっていません」と否定するばかりで間違いを認めないのです。たとえドクターが納得できる説明であっても、このようなミスをする病院に治療を頼む気持ちになれません。前の病院からもらってきた紹介状や資料を返してもらいたいのですが、どうすればいいでしょうか。

病院との関係がギクシャクして……

半年前、八十五歳の父が熱を出し近くの病院を受診したところ、胸のX線写真で肺にカゲが見つかりました。ドクターから「肺がんの可能性は高いのですが、カゲはとても小さいので、もう少し様子をみましょう」と言われました。同居している兄が心配して、がんセンターに父を連れて行きました。がんセンターでは、検査の結果、やはり肺がんと診断されました。しかしドクターは「高齢のからだに負担がかかる治療はしなくてもいいと私は思います」と、積極的な治療は勧めてくれませんでした。

そこで兄は、新幹線を利用すれば一時間ほどで行ける東京の大学病院に父を連れて行きました。そして、高齢でも負担がかからない治療はないかと相談しました。最終的に放射線科に回され、「治療を受けるのなら、やはり地元のほうが何かと便利でしょう。肺がんと診断されたがんセンターの放射線科に紹介状を書きましょう」と言われ、結局、がんセンターに戻って外来で放射線治療を受けることになりました。

ところが、治療が始まって数日が経ったころ、突然父が左足を動かせなくなりました。兄が心配してがんセンターに電話をかけると、「脊髄に転移したのかもしれません。明朝受診してください」と言われました。そこで言われたとおりに翌朝受診すると、脳のＣＴ検査で脳梗塞を起こしているとわかったのです。がんセンターでは脳梗塞の治療はできないということで、とりあえず別の急性期病院を紹介されて転院することになりました。

　ところが転院先の急性期病院では、入院したその日に、病棟師長から「当院は急性期病院なので、長く入院していただくわけにいきません。転院するか自宅療養するか、いまからよく考えておいてください」と言われました。私（女性）は三人きょうだいで、兄のほかに姉がいるのですが、師長の言葉を聞いた姉の夫が「入院初日にもう追い出すようなことを言うなんてけしからん！」と怒り、病棟に乗り込んで行きました。義兄は市役所に勤務している公務員なのですが、とても強引なところがあり、いったん怒ると家族でも抑えることができないのです。そのときも、かなり師長に強い口調で迫ったらしく、大きなトラブルへと発展してしまいました。その結果、何かのつながりがあったのか、病院の院長から副市長に連絡が入り、義兄は副市長に呼び出されてかなりお叱りと圧力をかけられたようです。

　それ以来、病院とはギクシャクしてしまい、病棟師長は逃げるようにされるので転院に向けての話し合いができません。いったいどうしたらいいのでしょうか。

症状もないのに風邪と決めつけるなんて

七十歳の妻は、以前から心臓病、高血圧症、脂質異常症（旧高脂血症）などの持病があり、近くの診療所をかかりつけ医にしていました。

　半年ほど前、妻がいつになくボーとしていました。聞くと、「よくわからないけれど、何かいつもとからだの感じが違う」と言います。ともかく横にさせたのですが、一度だけ嘔吐はしたものの、熱が出ている様子もありませんでした。

　夕方まで様子をみたのですが、いつまで経ってもからだに力が入らないようでした。そこでタクシーを呼び、私と息子が付き添って診療所に向かいました。

　症状を伝えたところ、念のために胸のＸ線写真を撮ることになったのですが、妻は足に力が入らないのか、Ｘ線撮影機の前でもまっすぐ立っていられず、すぐにしゃがみこんでしまいます。私が見ていても、やはり何かおかしいと思ったのですが、ドクターからは「肺に異常はないし、ただの風邪でしょう」とあっさり言われただけでした。妻は熱もなければ、鼻水も出ていないし、咳もしていませんでした。どこが風邪なんだろうと訝《いぶ》かしく思いましたが、反論することもできず帰宅しました。

　翌日になっても妻は言葉数が極端に少なく、全身に力が入らないようでした。私は心配になって、近くの総合病院に電話をかけて症状を相談しました。すると、電話がドクターに回され、私の話を聞いたドクターは「いまからすぐに奥さんを連れてきてください」と言ってくれました。そこで、またタクシーを呼んで妻を病院に連れて行ったところ、すぐに脳のCT検査となり、脳梗塞を起こしていると診断されたのです。

その後の精密検査で、血栓が飛ぶタイプの脳梗塞ではなく、血管のなかが詰まったことによって起こった脳梗塞と言われ、薬で溶かす治療になりました。

結局、その総合病院に一カ月入院し、その後、回復期リハビリテーション病棟のある病院に転院し、三カ月間リハビリを受けました。退院した後は、デイケアに通っています。発症当時はスプーンを持つこともできなかったのですが、その後のリハビリで手の麻痺は随分よくなりました。ただ、言語障害が残っていて、うまく言葉が発せられず、湯のみを見ても〝ノート〟と言うなど、正しく物の名前が言えません。そのため、いまも言語聴覚士によるリハビリは続けています。

妻が脳梗塞を起こして以来、ほかの患者さんや理学療法士、作業療法士、言語聴覚士などから、さまざまな情報を得ました。特に、妻のような脳梗塞のタイプは、発症からできるだけ早い段階で治療をおこなうことが大事だとも聞きました。それを知って以来、妻の様子が最初におかしいと思ってから一日以上のロスタイムがあったことが悔やまれてなりません。

最初の診療所で、もう少し慎重に診察してくれるか、もう少し詳しい検査が必要と判断してほかの病院を紹介してくれていたら、もっと早くに診断がついたはずです。それなのに、まったく風邪の症状など出ていないにもかかわらず、安易に風邪と決めつけたのは杜撰《ずさん》な診察だったのではないかと思うのです。裁判など大事にするつもりはありませんが、このままでは腹の虫が納まりません。

薬漬けの治療と冷たい対応に疑問

私（三十八歳・女性）は二年前にうつ病と診断され、いくつかの心療内科クリニックを転々としました。いまの主治医と出会うまでは、私の話に耳を傾けようとしたドクターはいませんでした。

二年前、気分が沈みがちで、やる気が出ず、集中力がなくなるといった自分の変調に気づき、心療内科クリニックを受診しました。その心療内科でうつ病と診断され、ドクターから「うつ病は治らないんだよ」と強い調子で言われてショックを受けました。そして、出された抗うつ剤を飲み始めたのですが、徐々に体重が増え始めたのです。私は抗うつ剤の副作用ではないかと思い、ドクターに尋ねてみました。すると「薬のせいで体重が増えたって？　薬にはカロリーはないよ」と吐き捨てるように言われ、あまりの不誠実な対応に転院することにしました。

つぎにかかったクリニックでは、体重の増加は薬の影響だとドクターが判断してくれ、別の薬に変わりました。しかし、何か症状を訴えるたびに薬が追加され、とうとう一日十種類以上の薬を服用する薬漬けの状態になってしまったのです。そこで、いくつか別のクリニックを転々としてみましたが、どこも同じような対応で、患者のこころを癒すより症状を薬で抑え込むことしか考えていないようでした。

そうこうしているうちに、次第に仕事にも支障を来たし始めました。そもそもうつ病になったきっかけは、五年前に中間管理職になったことが原因だったのです。上司と部下の間に入って人間関係に悩み、誰にも言えずに我慢していたので、とうとうこころが悲鳴をあげたのだと思います。薬を服用しながらの勤務はきつく、ミスが目立つようになりました。そうするとさらに自己嫌悪に陥り、気持ちはどん底まで沈みました。

そして、気がついたら自殺未遂を起こしていたのです。そのとき運ばれた病院で、いまの主治医と出会いました。女性のドクターなのですが、じっくりと話を聴いて、私を理解しようとしてくれます。薬のことや病気のことも丁寧にわかりやすく説明してくれ、初めてこころが癒される思いでした。結局半年にわたって入院し、現在は月一回のペースで通院しています。

できれば職場復帰を果たしたいのですが、焦らないほうがいいと主治医に言われ、障害年金の申請をすることにしました。役所で申請書類をもらってきたのですが、手続きすれば発症した二年前に遡って障害年金を受け取ることができると教えてもらいました。そのためには、最初に受診したクリニックの受診日と診断名の確認、そして診断書が必要なのだそうです。

そこで、勇気を出して最初にかかったクリニックに電話をかけ、診断書を書いてもらえるかどうかを聞いてみました。すると受付の女性が「申請用紙を持参して、前金として一万円払ってもらえたら書けると思います」と言うのです。「前金一万円とは、何の費用ですか？」と聞くと、「診断書代です。きちんとお支払いいただけない場合があるので、前払いでいただいています」と木で鼻をくくったような答えが返ってきました。傷病手当だけで生活している人間にとって、一万円はすぐに準備できる金額ではありません。心療内科なら、病気で仕事に就けない人もたくさん通っているはずなのに、何て冷たいのだろうと、またもや落ち込んでしまいました。患者のこころを傷つけるような対応ばかりするクリニックが心療内科を標榜していていいのでしょうか。

第Ⅲ部
児童福祉に関わる立場からの心理職への期待

近年、不登校やいじめに加えて、発達障害や虐待といった問題が重要なテーマとなっている。これらの問題は、広範な生活領域に関わるものであり、医療や福祉の領域はもとより国の政策や行政とも密接に関連してくる。そこで、行政職を含めた多職種の協働チームによる支援、しかもコミュニティにしっかりとした足場をもつ、総合的な支援が強く求められるようになる。心理職も、教育領域中心の、しかも個人心理療法の従来モデルから、コミュニティモデルに基づく活動を新たに構成していかなければならない。第Ⅲ部では、児童福祉に関わる、さまざまな立場から、心理職への期待や要望を伝えてもらう。

第8章　児童相談所の現場から心理職への期待

千葉県市川児童相談所所長
竹下利枝子

第1節　児童相談所における心理職の活動

1．児童相談所とは

第二次世界大戦敗戦後の混乱期、戦災孤児や引き揚げ孤児、町にあふれる浮浪児対策が緊急課題であった昭和二十二年に児童福祉法が制定された。児童福祉法においては、浮浪児対策のためだけではなく、次代を担うすべての児童の幸せを願うという理念のもと、児童の健全育成と保護を国と地方公共団体の責務とした。同法第十二条（制定当時は同法第十五条）により自治体に児童相談所の設置が義務付けられている。

児童相談所は相談・判定・指導のいわゆるクリニック機能、一時保護機能、行政措置機能の三機能を併せもつ「世界に類のない」わが国独特の機関である。「チームアプローチと合議制」を原則として活動を展開している。

児童相談所は平成二十年四月一日現在で全国に百九十七カ所あり、児童福祉司の数は二千三百五十八名だが、児童心理司の数は千十三名と児童福祉司の半分にも達しておらず、その傾向は千葉県でも同様である。児童心理司については児童福祉司のように配置基準が決まっていないが、児童福祉司とチームとして対応する必要から児童相談所の児童福祉司と児童心理司の割合を当面三対二、将来的には一対一まで配置されるのを求めているところである（「今後の児童家庭相談体制のあり方に関する研究会報告書」）。

2．時代と社会の要請に応じて

児童相談所は十八歳未満の子どものあらゆる相談に応じるところであるが、筆者が就職した昭和五十年当時の児童相談所では、知的障害児や自閉症児の療育相談が多く、児童心理司（当時は心理判定員という名称）が中心となって母子の集団指導をさかんに実施していた。障害が発見される幼児期から数年以上にわたって継続して相談を受け、子どもの発達診断をするだけでなく、保護者（主としてお母さん）と養育の仕方や集団生活の場選びについて話し合うという関わりも多く経験した。

子どもの成長の経過を追い、また保護者の障害受容のプロセスに寄り添い、新米の児童心理司として保護者や子どもから多くのことを学んだ。たとえば、保護者に子どもの障害を客観的に理解してもらうことが、必ずしもその家族にとって、もっとも幸せに結びつくこととは限らず、児童心理司の役割は保護者や子どもたちがその人らしく居心地よく地域で生活していくためのお手伝いをすることでもあると気づかされたことである。

その後、健診や療育の主体が市町村になったり障害児保育が定着したりすることで、平成に入ってからは、千葉県の児童相談所では集団通所指導も姿を消した。ただし現在でも、集団不適応を主訴とするＡＤ／ＨＤや広汎性発達障害の相談はもち込まれており、障害児相談における心理職の役割の重要性は減じていない。

昭和五十年代なかばから不登校の相談が徐々に増加してきた。これも児童心理司が担当することが多く、性格や知的能力の心理検査等による心理診断を実施し、プレイセラピーや箱庭療法、面接を組み合わせるなどした個別相談、個別通所指導はもとより不登校の子どもたちの集団指導（不登校児サロン、教育分野と協働しての不登校児キャンプ）も実施した。

保護者が子どもを登校させることに躍起になっている限りはなかなか登校に結びつかないこと、保護者が不登校状態を許容する時期と子どもが引きこもり状態から脱して外界へ関心をもち出す時期が相前後する事例を多く経験した。児童相談所における不登校の相談も教育分野での相談体制整備やフリースクールや適応指導教室の出現により激減した。

もちろん、昭和五十年代も養護相談と言って、家庭で養育できなくなったという保護者からの相談に応じての里親委託、乳児院や児童養護施設への措置、警察からの通告を端緒とする非行相談、その一部には児童自立支援施設（当時は教護院）に措置する事例もあった。

千葉県の児童相談所では、これらの相談は児童福祉司が保護者や関係機関との対応および調整、支援を主として担い、児童心理司は子どもの心理検査や面接、行動観察により援助方針を立て、在宅指導や施設入所の要否判断、ケア方針策定などを担ってきた。

社会の要請に応じることは行政機関としての役割なので、こと子どもに関わる社会的問題であれば児童相談所に何らかの対応を求められる。

「阪神・淡路大震災時には、厚生省の要請も受けて、全国すべての児童相談所から職員が現地に派遣され、子どものケアにあたった。（中略）オウム事件の際には、信者の居所に住まわされていた子どもたちが要保護児童として急遽、児童相談所に身柄を伴って通告された。」（川崎二三彦「児童虐待―現場からの提言」一一頁）

ということもあった。

まさに「戦後六十年間、わが国で発生するさまざまな児童問題は、解決策のあるなしに関わらず、その都度児童相談所に持ち込まれ、児童相談所は未踏の道を歩むがごとくに、それらの問題にぶつかっていったのである」（同一〇頁）。

3．相談援助機能と介入機能

児童福祉法第二十八条においては「保護者が、その児童を虐待し、著しく監護を怠り、その他保護者に監護させることが著しく当該児童の福祉を害する場合、児童の親権を行う者又は未成年後見人の意に反するとき」、児童相談所長は家庭裁判所の承認を得て里親委託や施設入所させることができると規定されている。さらに第三十三条の七では親権喪失の宣告の請求もおこなうことができる。これらは司法の判断を仰ぐものだが、第二十九条における立入調査、第三十三条一時保護にいたっては都道府県知事から委任を受けた児童相談所長の判断でおこなうことができることになっており、児童相談所の権限は、保護者からみればはなはだ強力なものである。

それら介入機能は、児童福祉法が制定された時点から児童相談所に備わっていたものであるが、高度成長期にはほとんど行使されることはなく、筆者自身の経験のなかでは、立入調査や保護者の同意が得られない一時保護や二十八条の申立をしたのは平成十二年の児童虐待の防止等に関する法律が制定された後のことである。

児童相談所の相談内容が障害児の療育相談、性格行動上の問題に関わる相談、不登校相談といった保護者に相談意欲がある相談を中心に応じてきた時期は児童相談所の相談・診断・支援のいわゆる相談援助機能を活用することでよかったわけである。しかし、虐待や非行相談では保護者に相談意欲なく、周囲の支援を拒否する

表 8-1　児童相談所の機能と相談内容

相談援助機能		介入機能
障害相談		虐待相談
性格行動相談	⇒	非行相談
不登校相談		

ような事例もしばしばある。そのような場合、児童相談所は子どもの安全や福祉を守るためには介入機能を行使しなければならない。

虐待、不適切な子育て、養育機能低下の増加とともに児童相談所に求められる機能は、これまでの経験の蓄積が大きい相談援助機能ではなく、保護者との対決を含む介入機能へとシフトしている（表8－1）。

4．児童虐待相談の増加による変化

現在の児童相談所は、相談受付件数の約半数は障害児相談だが、援助活動の実態を見ると児童相談所というよりももっぱら虐待相談所という様相を呈している。

通告後の緊急会議や安全確認、関係機関との連絡調整などに職員は日夜奔走している。それは、子どもの福祉にとって前提の安心と安全を守る役割が社会から児童相談所に付与されているからである。したがって、児童相談所が関わっていたにもかかわらず、虐待により子どもの命が奪われるということがあると、児童相談所の対応を巡ってマスコミや一般の方から厳しい批判を受けることになる。

児童相談所が何度も訪問しながら子どもに会えず、結果的に子どもを救えなかったという事態を防ぐために、近年、児童虐待防止法、児童福祉法の度重なる改正がはかられている。児童相談所の権限強化、たとえば出頭要求、面会通信制限、裁判所の許可状を得ての臨検・捜索などいわゆる〝福祉警察〟とも言われる介入が可能となるような法整備が進められてきた。

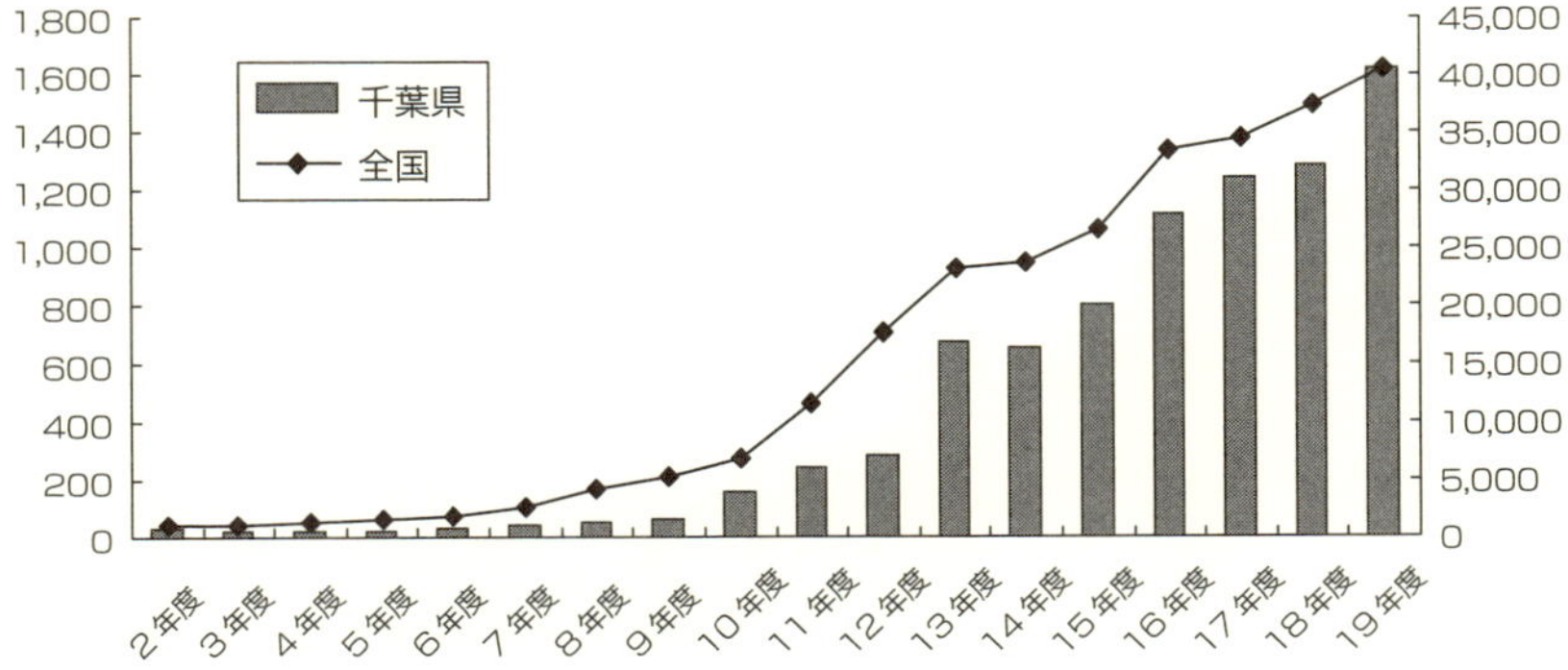

図8-1

児童虐待の通告や相談を受け児童相談所で対応した件数のグラフ（図8-1）を示す。平成十九年度は全国で四万件を超え、過去最高の件数となっている。統計を取り始めた平成二年度千百一件と比べると三十七倍になっている。千葉県でも平成二年度二十九件と比べると平成十九年度は千六百十六件で五十六倍増となっており、平成二十年度はさらに前年度を上回る勢いである。

児童虐待には家族全体を含めた、長期的、多面的、重層的な切れ目のない支援が必要である。年々、児童福祉司や児童心理司の担当する虐待事例が増え、一人当たり数十ケースになるという非常事態になっている。千葉県では虐待相談のうち一時保護する事例が二割、里親委託・施設入所する事例が一割である。つまり九割は子どもが在宅の状態で、児童相談所が中心となって援助を継続してモニタリングや再発防止策を講じていかなければならない。当然、市町村や地域の関係機関と常日頃の連絡調整を欠かさず、危機的状況時の対処について情報・認識の共有をはかり、役割分担を決めておく必要がある。

時には保護者と対決してでも子どもを家庭から分離し子どもの安全を守ることを決断しなければならない。当然ながら、介入的手法においては保護者の意向と相反することも多くなる。子どもの保護に際して、時間や相手の都合かまわず児童相談所に押しかけて子どもの引き取りのみを要求し、長時間居座り、大声で職員を威嚇し、暴力的なふるまいをする保護者もなかにはいる。

児童相談所の立場からは時間や空間、社会規範などの枠組みをずらさない対応が重要になり、時にはその枠組みを守るために警察の協力を求めざるを得ない事態も生じる。そのような場合の職場の緊迫感はなんともストレスフルなものである。

一方、虐待や非行を理由として子どもたちが入所する児童養護施設や児童自立支援施設も都市部では常に超満員である。それとともに児童相談所の一時保護所も常に満員か定員を超えている状況である。なおかつ、子どもたちもさまざまな問題行動や症状を示すため、直接子どものケアにあたっている職員は入所後のケアに苦慮し疲れきっている。施設入所後、施設から児童相談所にもち込まれる子どもの問題行動への対応についての相談が引きも切らない。

5．児童心理司のしごと（表8-2）

児童相談所の児童心理司のしごとには言うまでもなく、心理アセスメントがある。心理検査、面接や行動観察（生活場面での観察だけでなく、プレイルームで遊ぶなかで観察することも）により行っている。

盗みを繰り返すという相談があるとすると、どのような背景で盗みが行われるのか、なぜ他の問題行動でなくて盗みなのか、児童福祉司と連携して生育歴や家庭・学校での情報を突合せて、いわば「事例の見立て」をする。子どもの状態を単に網羅的に評価するだけでは不十分である。

そのうえで盗みをしないためにどのような援助が必要かという視点はもちろんだが、その子どもの健全な成

表 8-2　児童心理司のしごと内容

(1)	心理臨床的援助活動
	・心理アセスメント，援助方針立案
	・助言指導，コンサルテーション
	・心理療法，カウンセリング，心理教育等
(2)	ソーシャルワーク
	・個別事例ソーシャルワーク
	・ネットワークのコーディネート活動
(3)	危機介入
	・立入調査
	・保護者対応

長を助けていくには何が必要かという視点も併せて援助方針を立て、必要ならば心理教育や心理療法などの援助をする、その援助が必要なくなるまで関わっていくことになる。関わりながらアセスメントや援助方針を修正していくことも求められる。

子ども、特に乳幼児の場合は心理的側面だけでなく体格、栄養状態、身体的健康など、からだへの着目も忘れないことが重要である。虐待による低身長なども見逃してはならないことの一つである。

援助の過程においては、子どもにとってキーパーソンとなる保護者や関係者とも関わりをもつ。保護者への助言や関係者へのコンサルテーションは子どもにとって何がもっとも大切かという視点でおこなう必要があり、保護者や関係者の意向に引きずられないことが重要になる。

虐待の場合、子どもの安全確認や一時保護の要否を判断するための面接、時には保護者や子どもに心理教育的な関わりのために児童福祉司と一緒に働くこともある。

また、虐待の防止、再発防止には地域のネットワーク力がものを言うので、要保護児童対策地域協議会などにおいて児童心理司として発言をし、コーディネートする場面も増加している。心理アセスメントによる子どもの理解を関係者に深め、適切な援助の方向性を示すことにより、子どもの自立まで切れ目のない支援を考えたネットワークを推進するためである。

6．児童心理司の動き方

千葉県の児童相談所では、安全確認のために児童心理司も児童福祉司と一緒に家庭訪問し、時には夜、戸外で子どもや保護者の帰りを待つ「張り込み」のようなこともしている。

学校訪問を行ない、先生方やスクールカウンセラーと協議をすることもある。面接室で見せる姿と家庭内や学校内で見せる姿に違いがあることもあり、子どもが生活する場に児童心理司が実際に足を運んでこそ見えてくることもある。

性的虐待事例などでは「虐待を止められなかった」無力感におそわれ、「他の子どもとは違ってしまった」という思いでいる子どもに、「あなたを守る必要がある」と児童心理司が粘り強く一時保護を説得することもある。

立入調査などの場合、児童相談所の決定とその理由を保護者に説明して主導的に動くのは児童福祉司が担う。一方、児童心理司は子どもに寄り添い安全を配慮した保護をするという役割を分担することが多い。抵抗する保護者の傍らで身動き取れないでいる子どもに話しかけ、徐々に保護者との距離が離れたところで児童相談所の役割や一時保護について簡単に説明する。スムーズに安全を確保できることが望ましいが、立入調査の現場では、どのような展開が生じるか分からないことがほとんどなので、大変な緊張を強いられるなかで与えられた職務を遂行する。

また、一時保護した子どもたちは不安定な家庭環境や被虐待による影響から気持ちや行動が落ち着かないことをはじめ、人や物への攻撃的な言動、さまざまな問題行動やＰＴＳＤ症状を示すことも多い。子どもたちに必要なケアを提供するために、ケースカンファレンスを開いて児童福祉司や一時保護所職員とともに問題行動を示す子どもへの理解を深めること、時には生活場面に入って子どものケア方法を一緒に探っていくこともある。必要に応じて心理治療を実施したり、医療的ケアが必要な場合には児童精神科医に橋渡ししたりする。

また介入機能を果たすといっても、保護者との対決が目的ではない。行政権限行使による介入一辺倒では保護者の対決姿勢が強まって、児童相談所への協力が得られず事態が進展しないことにもなりかねない。「子どもの安全を確保するために保護者の話に耳を傾け、その家族のもつ健康な側面、可能性などのプラス要因（強み）に関心を払うことにも力を注がなければならない」（「千葉県児童相談所子ども虐待対応マニュアルｖｅｒ．２」二頁）として、千葉県の児童相談所でもサインズ・オブ・セイフティ・アプローチを取り入れ、必要であれば権限発動を辞さない児童相談所がその役割を保護者に明示しつつも、子どもの安全というゴールに向かって保護者との協力関係を築くことを目指す取り組みを行なっている。

家族には家族の歴史、家族が大切にしてきたことなど、こちらが理解しようという姿勢で聞いてみなければ分からないことがたくさんある。家族に積極的に話してもらうためには、聞く職員のほうも柔軟で多角的な視点が有用であり、児童福祉司と児童心理司、一時保護所職員、場合によっては関係機関の職員、家族の支援者が相互の役割の違いを認識しながら協働作業することもある。

第2節　心理職に期待すること

1．ソーシャルワークの視点

子どもの最善の利益を図ることを使命とする児童相談所である。常に子どもにとって何が大切かという視点で援助方針や援助方法を考えている。

子どもが不適切な環境で生活しているとすれば、その環境を改善するために必要な社会資源を開発したり、他の専門機関へつなげたり、ネットワークを構築したり、場合によっては一時保護や施設入所により子どもが生活する環境を家庭から分離することもする。福祉分野ではそれらソーシャルワークがベースになり、児童相談所においてはソーシャルワークを本務とする児童福祉司の仕事が重要になるが、児童心理司にもソーシャルワークを担う姿勢が求められる。

実際の事例では一つの家庭にいくつもの問題があることがしばしばである。児童相談所で扱う家庭には子どもの問題だけでなく、ＤＶ、薬物・アルコール、疾病、障害、介護の問題をはじめ、とくに経済的問題を抱えている家庭も大変多くある。

たとえば、経済的問題を解決するしごとはソーシャルワークの範疇になるが、児童心理司は児童福祉司に単にバトンタッチするのではなく、心理臨床を行うものの立場からソーシャルワークへ効果的に橋渡しすることと、場合によっては重層的に関わることが重要になる。

心の内面を扱う、寄り添う、子ども自身の成長を待つという心理臨床の基本は大切にしつつ、児童相談所という行政機関のなかで働く心理職として、柔軟に、あるいは視野やフィールドを広げて活動することが望まれる。「児童心理司は面接室内での子どもとの一対一関係のなかのこころの部分に関心が高く、カネ（経済的問題）・イエ（生活環境）・カラダ（生理的要因）に疎い」という他職種からの批判を素直に省みることが必要である。

児童福祉司と児童心理司の割合からいって同じように動くには限界があるが、チームの一員として主体的に働くことが望まれる。

保護者が児童相談所の対応に不満を抱いて職員を大声で怒鳴ったり長時間の面接になったりする場合などは職場全体に緊張感が走る。矢面に立って対応する児童福祉司は権限行使の判断の根拠を説明することに懸命にならざるを得ない。しかし、子どもが一時保護されても反応の乏しい保護者と比べると、児童相談所に苦情を言ってくる保護者の場合、話し合いに移行できる可能性が高いとも言える。

児童相談所は「子どもの安全を第一に考えるのが私たちの仕事です。保護者の気持ちへの配慮が足りなかったところがあるとすれば申し訳ありません。でも児童相談所としては譲れるところと譲れないところがあります。怒鳴ることをやめていただけないと話し合いに応じられません。子どもさんのために冷静に話し合いましょう」というスタンスで保護者に臨む。そこで、子どもの福祉を守るというゴールに向けて児童相談所と協力する意義を保護者に理解してもらうために、児童心理司も保護者や子どもの心理状態・特性、家族力動を理解した上でそのような場面に参加していくこともチームアプローチの醍醐味ではないだろうか。

最近は虐待や非行など当事者に相談意欲が乏しい事例が増えていることは先ほど述べた。相談意欲の高い事例では従来の援助関係による治療契約に基づいて時間や空間の枠組みをずらさないことを原則としているが、介入的手法で関わる必要がある事例については、児童心理司のほうから家族のフィールドに出向くこと、糸口を作ることにも参画する必要がある。

子どもや保護者が求めていなくても、「児童相談所は子どもの福祉のために子どもや家庭と関わる必要があるのです」と介入的手法をとるなかで、子どもや保護者がいやいやでも児童相談所の関わりを受け入れていくうちに相談援助関係に移行する事例もある。

職種の異なるメンバーが、それぞれの専門性を生かした対応をすることにより、相談援助関係に移行するチャンネルが増えるのではないだろうか。増員が図られればなおのこと、面接室で待っているよりも、児童心理司のほうから出向いていくアウトリーチの手法が今後ますます求められると思う。

2. 保護者や関係者との協働

児童心理司は子どもに会っている時間も多いが、たぶんそれ以上に大人（子どもと日常接している保護者、学校、里親や施設職員、一時保護所職員、児童福祉司、児童心理司ら）と話しをしている時間が多いのではないだろうか。

先ほど、「事例の見立て」と述べたが、その見立てを職員同士、あるいは子どもや保護者と共有することが欠かせない。

その際、話しをする相手によりどこを強調して伝えるのがよいか、また相手のどんな力を借りることが子どものためになるのか、聞き方伝え方にも児童心理司は十分配慮しなければならない。心理学の専門用語をできるだけ避け、分かりやすいことばで伝える必要がある。子どもの了解をとっておくことが必要だが、子どもが描いた一枚の絵を示すことで、子どもの心理状態が的確に伝わることもある。

保護者はもちろん学校，里親，施設職員の方々は児童心理司に対して「こころの専門家」としての期待をしている。特に，施設の子どもたちが示す荒んだ言動や深刻な症状に日々振り回され，子どものケアに疲れてバーンアウトする施設職員も最近は目に見えて増加しており，特効薬を望まれることもある。

しかし，いくら整ったアセスメント結果でも，直接子どもと関わる人びとに実行可能なヒントや具体的手立てを提供することなしでは役に立たない。と同時に，保護者や職員の苦労をねぎらいながら，子どもの行動・心情について「なるほど」という理解をしてもらうことが大切である。

問題解決のために必要以上に力んでいる方に「これはこれでいいんだ」「これは無駄ではなかったんだ」という安心感をもっていただいたうえで，「これからもその子どもの成長を助けよう」「今度こんな工夫をしてみよう」と思っていただけるような伝え方が望まれる。いわば子どもの幸せを願って日々努力されている方々に，すでにもっている支援力に気づいていただけるような，元気を失わないような配慮が重要である。

それから，虐待事例では保護者支援，保護者指導も児童相談所の大きな役割である。しかしその方法論についてはまだまだ未開拓な部分でもある。日本では保護者と対立しやすい親子分離判断と，その後の子どものケアと自立支援，そして保護者指導もふくめ，児童相談所が一手に引き受けざるを得ないところに法制度上の問題を感じる。

保護者の権利・心情と正面からぶつかる児童相談所の指導に保護者がそうそう従うはずもない。日本においても欧米のように親子分離判断については司法が関与することにより，児童相談所は相談援助機能を活かした保護者支援や指導がやりやすくなるのではないかとも考える。

しかしながら，現在は児童相談所が行なうべき大切な仕事なので，どこの児童相談所も保護者支援，指導については知恵を絞っている。保護者との関わりについては，児童心理司は相談援助関係で蓄積したノウハウを多くもっていると思う。保護者に理解してもらうためのツール作り（図表などを用いて視覚に訴える方法）も得意とするところではないかと感じている。今のところ，児童心理司は子どものアセスメントやケアで手一杯な状況があるが，今後は家族関係のアセスメント，家族関係を調整するための支援の分野についても心理職の力が十二分に発揮できるような児童相談所の組織体制の整備が必要である。

3．専門性の根拠

児童相談所に配属されたばかりの児童心理司は，学んできた心理臨床の原則と児童相談所の現場での応用において戸惑う場面がある。

その一つは，一時保護した子どもが「家に帰りたい」と強く言う場面である。子どもの意思は尊重しなければならないが，それが子どもの安全を脅かし子どもの健全な成長発達を阻害するなど，子どもの最善の福祉につながらないとしたら，そのときは児童心理司は「あなたの安全を守るためには，あなたを家には帰せないよ」と伝え，子どもに分かってもらう努力をする。と同時に，職員同士で話し合って子どもへの手立てを講じなければならない。

子どもの意見を尊重し，「帰りたいと思うのは，何が気になるからかな」と聞くことは大切である。でも，大人は子どもを保護する役割を持っているので，意見を尊重することと本人の言うままにさせることとは意味が違う。子どもに判断を委ねるのではなく，責任ある大人たちが「あなたのためにこうしたほうがいいと思うよ」と判断しなければならない。

ちなみに，児童相談所の施設入所等の措置については，保護者や子どもの同意が得られない場合，妥当性，透明性，客観性を担保する意味で，都道府県児童福祉審議会の意見を聞く制度が設けられている。

もう一つは、子どもから「このことは誰にも言わないで」と言われる場面である。この場合「あなたを守るためにはこれからどうしていったらよいか、児童相談所の職員同士で話し合って考えていくよ」「それ以外の人に話したほうがいいと思うときは前もってあなたに話すよ」と伝えなければならない。

当然ながら、児童相談所のしごとは個人プレイでは成立しない。何事も公的責任を有する行政機関としての判断になるからである。また、虐待を受けた子どもたちに対して最も避けなければいけない大人の対応は嘘をつくことだからでもある。「できない約束はしない」誠実で真摯な姿勢が求められる。

虐待事例では子どもの里親委託・施設入所について保護者の同意が得られない場合、法的対応の必要性が生じることがある。

児童相談所が家庭裁判所に申立をする際には、子どもの福祉が侵害されていることを司法の場でも納得してもらえるよう周到な準備をする。申立書を書く場合は弁護士にアドバイスをもらうことが多いが、その際、弁護士から注文されることの一つは客観的事実の重要性である。

たとえば、保護してすぐ行なった知能検査のＩＱと比べて一か月後に行なったときのＩＱが一〇以上伸長したこと、身長や体重が大きく伸びたこと、また児童心理司が「おうちにいたときはどんな遊びしてたの？」と聞いたときに「お外で遊んじゃいけないって言われてたから、一日中ビデオを見ていた」と答えたことばも、子どもが夜寝るところとして脱衣所を示して描いた間取り図も、事実として大きな意味をもつので、申立に添付する心理診断所見のなかに明確に記すことが重要である。

もう一つは、子どもに表れている言動や対人関係のもち方、心理的な特徴が、虐待環境によるものだという「見立て」の妥当性についてである。

もともと子どもに備わっていた特性ではなく、このような虐待環境で生育されてきたから身についたということを、子どもの姿を生き生きと表現しながら、児童福祉の専門家以外の方に納得していただけるよう説明できることが必要である。ああも言える、こうも言えると仮説を列挙したのでは、説得力に欠けることになる。今後の子どもの安全と健全な成長発達に大きく影響するので、そこは児童心理司の責任として専門家以外の方にも理解していただけるよう、分かりやすく説明することをことさらに重要視しなければならない。

「子どもの安全と安心を守り、健全な成長発達を保障し、子どもの最善の利益を図る」ことが児童相談所職員として与えられた使命であり、それがわたしたち児童相談所職員の専門性を発揮する根拠である。

おわりに

児童心理司に求められることとして虐待相談事例に基づき述べたが、児童心理司総体として求められることと理解していただきたい。誰しも得手不得手があって当たり前で、一人でこれらすべてを兼ね備えることは難しい。むしろ自分は何が得意で何が苦手かを心得て、チームの一員として業務にあたることがよりよいチームワークにつながると思う。

と同時に、これらが身に付いて児童心理司として一人前になるには、多様な相談に応じたり、困難な場面を経験したりして研鑽を積むことが必要であり、少なくとも十年はかかることを他職種の方にも理解していただきたい。

児童福祉分野はあらゆるところで足りないものばかりで、児童相談所の現場は過酷である。組織体制、人員配置、研修システム、サポート体制、根本的な法制度など不十分なままである。それでも、子どもたちのために職員は夜遅くまで保護者との対応や記録作成に勤しんでいる。

虐待対応に取り組む児童福祉の最前線で働く児童相談所職員を、ピークの見えない険しい山を登る登山家にたとえた仕事仲間がいる。

「未整備の登山道（政策）を、他の支援者（関係機関）と重い荷物を分けもったりしながら、家族と一緒に山（虐待状況）越えをする。家族の状況や天候（社会状況）を見て、時には保護者と意見がぶつかっても子どもだけを避難小屋に避難させるし、けがをしていれば手当てもする。家族が目指すのは頂上なのか、お花畑なのか、休憩できる日陰か、昼食場所か、それに応じて家族全体のペースや登山技術に配慮しながら無事な山越えを手伝うのが私たち（児童相談所職員）の仕事である」と。

文献および資料

柏女霊峰（二〇〇八）『子ども家庭福祉サービス供給体制――切れめのない支援をめざして』中央法規出版。

山縣文治他（二〇〇六）「今後の児童家庭相談体制のあり方に関する研究会報告書」。

平成二十年度全国児童福祉主幹課長・児童相談所長会議「厚生労働省行政説明資料」。

木野内由美子・越川直枝・石井桂子・竹下利枝子・加藤優子・田中康雄（二〇〇七）「ＡＤ／ＨＤから広汎性発達障害へ診断変更に至った症例に関する一考察――児童相談所での医学診断の課題と展望」『児童青年精神医学とその近接領域』（四八）三四四―三五一。

川崎二三彦（二〇〇六）『児童虐待――現場からの提言』岩波新書、一〇―一一。

川畑隆（二〇〇二）「福祉領域における活動モデル」下山晴彦・丹野義彦（編）『講座臨床心理学6　社会臨床心理学』東京大学出版会。

井上薫・井上直美他（二〇〇七）「児童虐待対応の最前線――サインズ・オブ・セイフティ・アプローチ（ＳｏＳＡ）を日本でどう実践するか」『そだちと臨床』（二）一二四－一三九。

犬塚峰子他（二〇〇七）「虐待を受けた子どもの心理診断の手引き――回復への支援に向けて」東京都児童相談所。

千葉県（二〇〇八）「児童相談所子ども虐待対応マニュアルｖｅｒ．２」。

村瀬嘉代子他（二〇〇八）「この子を受け止めて、育むために――育てる・育ちあういとなみ」『児童養護における養育のあり方に関する特別委員会報告書』社会福祉法人全国社会福祉協議会全国児童養護施設協議会。

第9章

児童福祉行政の立場から心理職への期待

厚生労働省雇用均等・児童家庭局
家庭福祉課課長補佐
宮腰奏子

はじめに

「心理療法」を医療や介護などの福祉の現場で活用しようという考え方が近年、高まってきている。たとえば、児童養護施設[*1]においては、心理療法を担当する職員を配置し、被虐対児童に対する心のケアや、医療の現場でも病気によるストレスを感じる患者への心のケアを担うなどの役割が注目されている。特に、近年、高齢者福祉や、障害者福祉においては、いままでの、入所施設に利用者が入所すれば施設がすべてのサービスを提供するという支援から、在宅で生活を送ることを可能とするような支援へと、支援の質が変わってきている。「施設」から「地域」へといわれる変化である。

このようななかで、さまざまな専門職種がチームで一つの方針の下、地域で生活するクライアントの支援を進め、そのチームの一員として、心理が果たす役割も注目されるようになった。しかし、その一方で「心理」に携わる者が具体的に福祉や医療の現場でどのような関わり方が必要なのか、「心理療法」をどのように取り

＊1　保護者の死亡や虐待など、さまざまな理由により保護者とともに暮らせない子どもが生活を送り、養育を受ける施設。

入れていくべきなのか，心理に携わる者も，また，心理以外の職種の者も，双方が理解できていないのではないかと感じられる。その理由として，福祉や医療の現場における心理のアプローチの方策がまだ標準化されていない，今後まだ研究・検証が求められているまさに発展途上のものであるということが挙げられるであろう。さらには，たとえば，医師やケアワーカーなどであればその職種に応じた仕事内容のイメージがある程度思い浮かぶものだが，「心理」について言えば，イメージが十分つかめず，「不思議なもの」ととらえられている傾向にあるようである。

どの領域においても，新たな専門分野からのアプローチが行われるときは，同じチームを組んで行う仲間やクライアントとコミュニケーションを図りながら，各人の役割や目的を明確に位置づける作業を行う。特に心理は今後，臨床的なアプローチ方法の研究と検証を積み重ねていくことが求められている分野と思われる。

そこで第1節では，制度論の流れも踏まえつつ，特に福祉の現場を念頭におき，①現場において心理職に期待されている役割，②クライアントへの支援を行うチームの一員として求められる力，③「心理療法」として求められる点，について整理を試みる。なお，ここでの整理は，「心理療法」のなかのどの療法が最も効果的かについて論じるものではなく，あくまで他職種との関わりのなかで心理職に求められること，そして福祉の現場で求められることに焦点を当てたものである。

まず第1節において福祉における支援の在り方の簡単な歴史的な変化に触れたあと，第2節において福祉の現場の特色と心理職に求められるものを考察し，第3節で心理療法そのものに求められる事柄について述べたい。第2節は，筆者が実際に心理職として福祉・医療の現場で働いている方からインタビューした内容を元に記載してある。児童相談所や病院において実際に心理職として働いていた方から，今後の心理職の活躍の場としてどのようなことが考えられるか，現在の傾向と今後の方向性について，現場での体験を踏まえた今後のあり方を整理した。なお，インタビュー形式で記載しているが，インタビュー内容は筆者の責任において，まとめて整理したものを記載した。

第1節　福祉の制度的な流れと特色を踏まえた心理職のあり方について

1．福祉の流れとその特色

A．福祉における支援のあり方の流れ

日本における福祉制度の考え方の流れは、大まかに言うと、「施設」から「地域へ」、「措置」から「契約」へ、という流れを経てきている。戦後策定された児童福祉法や身体障害者福祉法においては、社会福祉制度は、地方自治体が福祉を提供されるべき対象者や提供されるべき支援の内容を行政処分として決定する「措置制度」として位置づけられていた。また昭和三十年代から四十年代においては、福祉サービスの提供方法は、「施設収容」が主たるものとして考えられており、たとえば障害者の入所施設における大規模コロニーが象徴的であろう。当時は、福祉を必要とする人は施設に入所し、そこで保護されながら人生を送れるようにすることが福祉の役割とされていた。

その後、昭和六十年代から平成にかけ、急速な少子高齢化の進展などの影響も受け、障害があっても誰もが身近な地域で生活を送ることの重要性、また、それを可能とするための在宅サービスを含めた福祉サービスの重要性が認識されはじめた（平成二年にいわゆる「福祉八法改正」により在宅サービスの積極的な推進が図られる）。特に、障害者福祉の分野においては、北欧においてすでに始まっていた「ノーマライゼーション」（障害者を特別視するのではなく、一般の社会のなかで普通に生活できるように環境を整備すべきという考え方）の考え方が普及しはじめ、平成五年には、障害者基本法が策定され、平成七年には障害者プランが策定され

た。平成九年には介護保険法が成立（平成十二年に施行）し、従来の行政が福祉サービスを決定する「措置」から「契約」へ見直され、また、障害者福祉についても、平成十二年（支援費制度は平成十五年に施行）には「措置」から「契約」へ見直され、障害者は行政から福祉を与えられるべき存在から、支援を自ら選択して利用する存在へ政策的にも転換が行われた。

このような流れのなかで、現在では高齢者福祉の分野においても、障害者福祉の分野においても、在宅で生活を送りながら支援を受けるという考え方が自然となっている。支援方法についても、一人の人のみ、一つの機関のみが担うのではなく、さまざまな機関がそれぞれの専門分野の役割を果たしながら、チームで支援する方法が求められてきている。たとえば、障害者福祉のなかでは地域のなかの関係者が会議を設置し、個々のクライアントに対する支援を検討する場である「地域自立支援協議会」の役割の重要性がますます認識されている。また、児童福祉の分野でいえば、児童虐待の増加などに伴い、地域において児童を見守り、さまざまな立場の者がアプローチできる「要保護児童対策地域協議会」の役割の重要性が高まっており、平成二十年の児童福祉法の改正でも、その専門性を強化するための改正が行われている。仮に、現在入所施設で生活を送っていたとしても、そのまま施設で生涯を終えるのではなく、本人の状態や希望を確認しながら在宅で生活を送ることが可能となるように支援していくことが求められている。

福祉サービスについてこのような考え方の転換が図られるなかで、「地域」での生活を支えるためのさまざまな関係者の「連携」「ネットワーク作り」が今後の重要なキーワードとなっている。

B．福祉の現場の特色

次に、前述した流れを踏まえ、福祉の現場におけるクライアントとの関わり方や支援方法などに関する特色を整理する。

a．他職種がさまざまに関わり合いながら行う支援

現在の福祉の現場では、クライアントの生活のなかで、さまざまな職種や関係者がチームを組んで連携を図りながら支援を行うことが求められている。特に、在宅で生活を送るクライアントの場合、さまざまなサービスを組み合わせて（たとえば、介護保険で言えば、デイケアとホームヘルプと訪問看護など）利用することが多く、これらの事業者が連携のみならず、異なる職種の者や関係機関が統一的な方針や目標をもって、サービスを提供することによってより質の高い支援を行うことが可能となる。いわゆる「チームケア」や「チームアプローチ」と呼ばれているものである。

クライアントに生活の場を提供しながら支援を行う入所施設の場合も同様であり、児童養護施設で言えば、生活面全般の支援を行う児童指導員（ケアワーカー）のほか、家庭支援専門相談員（ファミリー・ソーシャルワーカー）、心理療法担当職員（心理職）や嘱託の医師、児童相談所の職員などが子どもの支援の方針（「自立支援計画」）に基づき、それぞれが専門的な見地から支援を行うこととなる。このため、職員は、クライアントに対し、それぞれの専門的な立場から支援を行うだけではなく、同僚である同じチームの異職種の職員に対し、自らの専門性を生かして意見を述べ、共通認識を作るのも重要な仕事となっている。

b．日常のなかでの支援

福祉の現場における支援の特徴として、支援が「日常の場」で行われていることが挙げられるかと思う。心理療法においても、クライアントの日常生活をいかに快適にするかを、最終的な目標にしていることには変わりはない。しかし、心理療法ではクライアントがカウンセリングを受けるときに、日常の場面そのままではなく、心理療法室など一定の「非日常」の世界へ身をおき、それにより、さまざまな気づきを得ており、これは

福祉の現場とは異なる一つの特徴である。クライアントは「日常」とは違う世界に身を置くことで、初めて日常では語り得なかったことを語ることができるのである。これに比べ、福祉の現場ではクライアントの食事を作る、洗濯をする、お風呂の介助をすることなどの支援など、クライアントの日常の場で直接的に必要とされる支援が行われることが多い。

2．福祉の現場において心理職に求められるもの

ここでは前述した福祉の現場の特色を踏まえ、福祉の現場において心理職に求められるものは何か検討する。福祉の現場においては、左記A～Cの観点をバランス良くもっていることが求められていると考えられる。

A．他の職種の方々に対し、専門家として接する観点

福祉の現場においては、クライアントは心理職と直接関わる場合よりもむしろ他の職（看護師、保健師、保育士、児童指導員、教師等々）と直接関わることが多い。また、チームでケアを実施するため、「心理」の側面から行うアプローチに関して他職種の方にもあらかじめよく理解を得なければ、クライアントに対する異なる方向性のアプローチが行われ、クライアントが混乱する可能性がある。このため、普段から、クライアントに長時間接している他の職種の人びとに心理の専門家としての観点から、クライアントに関する必要な情報やアプローチの方向性等についてよく説明や理解を求めておき、チームで一貫したアプローチが取れる体制作りが重要である。

「心理」という枠にとらわれるのではなく、積極的にチームのなかで、「心理」の役割を認識し、専門家として、他の職種に関わり合い、また他職種のアプローチや観点を理解する必要がある。

B. ソーシャルワークの観点

クライアントが地域で生活を送るに当たっては、「心理」の面からだけのサポートを受けるのみならず、さまざまな社会資源を利用する必要がある。心理の専門家自身が「心理」以外のあらゆる分野の専門家になる必要はないが、心理の専門家自身もクライアントが利用しうる他の地域資源の情報や、地域での福祉分野のキーマン（この人に聞けばだいたいのことは分かる、という地域の福祉サービスなどについての鍵を握る人）と日頃から情報交換するのは有益である。専門分野以外のつながりをもつことは、他の分野に関して助けが必要な場合や、クライアントにアドバイスや情報提供する際の有力なツールになる。

クライアントが回復し、やがて社会復帰を果たす段階になって、必要な社会資源はクライアントの状況に応じて、幅広く必要となってくる。このための「つなぎ」の情報をもっていれば、クライアントにとっても、信頼できる心理の専門家からの紹介ということで安心して次の一歩を踏み出す助けとなろう。たとえば、発達診断を行った子どもや保護者に対し、必要な福祉サービスをコーディネートしてもらえる相談支援事業者（支援のマネージメントを行う事業者）を紹介することや精神障害の患者が退院した後、通える作業所の情報を把握しているソーシャルワーカーと連携を図っておくことなどが考えられる。

C. 家族（支援者）に対する支援の観点

クライアントを支援する際には、本人のみならず、家族に対しても支援をしていく必要がある。クライアントが物理的にも精神的にも良好な環境で生活を送るためには、いかに家族を継続的に支えていくかは、改めて述べるまでもなく重要な課題と言えるだろう。この場合、家族自身に対する支援と、家族が長い時間クライアントとともに生活を送ることとなるという観点からの支援の、二つの面から支援が必要と思われる。

まず「家族支援」の観点から言うと、家族がクライアントの障害や病気などが受容できていない場合などは、まずは、家族が落ち着いてクライアントと向かい合えるよう、家族やクライアントが置かれている状況を適切に把握できるよう手助けをすることが求められる。たとえば、家族だけでもカウンセリングに来ることを提案してみることや、同じ悩みをもつ人と話ができるように、家族会などの場を提供することなどが考えられるだろう。

また、家族をクライアントとともに生活を送り、クライアントの生活環境を整えていく支援を行う同志として、支援の方針を理解してもらうという観点から言うと、家族への支援を行いつつ、アプローチを十分に理解してもらい、同じ方向性でのアプローチを普段から心がけてもらえるように伝えることが必要になる。これは、チームアプローチを行う際の他職種との連携と似ている点があるかもしれないが、家族は専門的な知識を必ずしも有しているわけでもなく、また、「家族」であることによって抱くさまざまな感情があることなども十分考慮したうえで行う必要がある。

なお、被虐待児と保護者に関わる際には、保護者に対する支援は一般的な家族に対する支援以上に保護者自身をクライアントとしてとらえ、支援を行う必要がある（保護者自身のカウンセリングにより時間をかけるなど）。

3．「心理療法」に必要と考えられるもの

次に、心理療法の役割を広め、また制度的に位置づけられるために必要と考えられることについて検討したい。

A．心理療法が標準化されていないことと分かりにくさ

制度の枠組みのなかで新たなケア手法を位置づける場合、ある程度、一般化・標準化されているもの、モデルが確立されているものを対象とすることが一般的である。先進的な取り組みであれば、まずはモデル事業として実施し、ある程度普及した段階で普遍的な制度とすることが多い。たとえば、医療保険の適用となる治療については、当該治療法が一般化、標準化されたものを対象とする。その手法が一通りでないとしても、いくつかの選択肢の一つとなっていることが想定されているものである。また、制度に組み込まれていない場合であっても、世の中に広く広まっている療法やケアは一定程度標準的なケアとして関係者の共通理解が得られているものがあることが多い。一方、心理で用いられる手法は、さまざまな学派に分かれており、一つの症状に対しアプローチする方法もさまざまである。たとえば、精神分析や認知行動療法、ゲシュタルト療法……等さまざまなものがある。

このような状況では、クライアントの状態像に応じていくつかの選択肢まで絞り込むということもできず、少し誇張して言えば、訪れた心理臨床家の数だけ療法が存在したケースもあると言われる。発達障害に関しては、子どもがどのような状態にあればどのような支援方法が適切なのか諸説あり、母親があらゆる療法を受けさせるため奔走して疲れ切ってしまうという話も聞く。

心理療法では、クライアントの状況や症状に応じて一定の標準的な療法が存在せず、治療者がどのような学派を学んだかによって療法が決定されている。同じ症状であっても、治療者が学んだ療法に応じた治療が行われることが多いため、クライアントが「自分がなぜこの療法を受ける必要があるのか（なぜ他の療法ではないのか）」、ということが理解できず、心理療法を受ける際の分かりにくさの一因となっていると言える。

B．今後求められること

同じ症状でも治療者によって適切であるとする療法が異なることや、なぜこの療法を選択するのかということについて合理的な説明がないことは、「心理療法」に対するクライアントや家族の不安を呼び、「得体の知れないもの」として認識される原因になり、結果として、心理療法の普及を妨げている可能性がある。このようなことを考えると、医療・福祉などの現場でより一般的に心理を活用するためには、

- ・(クライアントの個別性は当然、認識した上で）一定のケアの標準化を図ること
- ・標準化されたケアに関する情報をクライアントや家族が理解しやすい形で入手できること

が一層求められると考えられる。

これにより、誰でも（一定の共通の）情報を入手できることで、納得し、安心して支援を受けることへとつながる。このような取り組みを進めるためには、まずは、心理ケアに関し、専門家のなかで一定程度の共通認識が醸成することがまず第一段階として必要である。専門家の間での一定の共通認識があれば、「Aという状態の場合には、適切な療法はBかCいずれかであろう」など、どの心理の専門家に聞いても一定の答えが返ってくる状況になり、より安心して支援を受けることが可能となる。一定の標準化された療法が普及することによって、この療法に関するエビデンスも蓄積されることになり、その有効性や改善点についてもさらに検討が可能となる。データや情報を積み重ねることで、専門家における共通認識が進むほか、家族やクライアントの間での普及も進むこととなり、より、心理療法へのアクセスが進むこととなろう。ある程度共通化され、それをオープンな形で広げていくことが現場で実際に役に立つ心理への一つの道筋ではないだろうか。

第2節　福祉・医療の現場で心理職として現場で働いている方から見た今後の心理職の方向性・あり方について

第1節では、筆者が福祉の現場における一般的な考え方を記載したが、第2節においては、実際に心理職として働いている方にインタビューし、その体験を踏まえた今後の心理職の方向性や他職種との関わりについてお伺いした。

本節の1．では児童相談所に勤務していた経験のある方（男性・五十代）から、今後の方向性や、特に、児童相談所で働く心理（児童心理司など）についてお伺いした。児童相談所でも長い間仕事をされ、現在は児童福祉の研究者となって活躍されている方であり、幅広い視点からのご意見をお伺いした。

本節の2．では病院の心理として勤務する方（女性・三十代）から、医療の現場で働く心理職としての他職種との関わり方や今後のニーズについてお伺いした。育児休業中で育児をされている方であり、仕事と家庭の両立という観点からも心理職の働き方について筆者も考えさせられる話もあった。

いずれも、すべての心理職について一般化できる話とは限らないが、現場での体験を踏まえた提言として紹介する。

1．児童相談所職員としての経験から

児童相談所に三十三年勤務。退職後し、現職である児童福祉分野の研究者をされている方（男性、五十代）からお伺いした話を紹介する。

A. 児童相談所の児童心理司の役割について

児童相談所とは、都道府県の行政機関であり近年増加している児童虐待を受けた子どもの保護から、非行や不登校、子どもの養育に関する相談や子どもの発達に関する相談など、専門的な知識や技術に基づき子どもに関するさまざまな相談・支援を行う機関である。児童相談所には、医師や行政職とともに、主に社会診断や調査などソーシャルワーカーとしての役割を担う児童福祉司と、子どものアセスメントや心理療法を実施する児童心理司が配置されている。

a. 児童心理司の傾向

児童相談所に長く勤務した経験から、「心理職」の仕事として児童相談所における児童心理司の傾向などをどのように見ているか。

児童心理司の仕事は大きく分けると二つあり、一つは心理判定などのアセスメント、もう一つは心理療法、カウンセリングなどの助言・指導を行うもの。従来は、この二つの役割のいずれを主に担当するのか、二者択一の考え方だった。また、職人的に一人で仕事が完結するという考え方の者も多かった。最近はアセスメントと助言・指導は分けて考えられるものではなく、一体で行うものと考えている人が多い。また、職人的に一人で業務を行うのではなく、児童福祉司や医師などチームでケースに取り組まないと適切な支援が困難になってきており、「チームアプローチ」が重要という認識が強くなってきている。

チームアプローチが重要という共通認識が全体に広まりつつあることを前提とした上で、児童心理司には二つの傾向があるのではないかと考えている。一つはより高度専門的に専門性を磨くことを考えている者である。近年、専門分野が細分化されてきており、さまざまな分野を一人で担うことが困難である。そのため、特定の分野について高度に専門性を高めていこうという、スペシャリスト志向をもつ人たちがいる。もう一つは専門特化するよりは広く浅くさまざまな問題に柔軟に対応できるような基本的かつ柔軟な対応能力を磨くという方法からの専門性の磨き方であり、これはジェネラリスト志向と呼べる。いずれの考え方も、チームアプローチという前提のうえで、心理の専門性の磨き方の志向が分かれてきている。

また、チームアプローチという考え方は、児童相談所内の職員の連携だけではなく、地域で子どもを見守る体制としても求められてきている。たとえば、児童養護施設で働いている心理職、スクールカウンセラー、病院で心理職として働く者など、さまざまな機関で働く心理職同士の間で情報交換し、地域のなかで子どもやその家庭を援助する体制作りが求められてきている。その際、これらのとりまとめを行う、マネジメントができる能力がある者が必要となってきているが、そのような人材がいない。異なる組織に属する者同士のとりまとめ役なので、行政機関である児童相談所に属する児童心理司がそのマネジメントを行うことが適任だと思うが、今後の課題でもある。

b．今後児童心理司の役割として重要だと考えられるものについて

児童心理司の目指すところや傾向も近年になって変化してきていることを踏まえ、今後児童心理司の役割として重要と考えられるものは何か。

戦後、子どもや家庭に対する支援のノウハウが児童相談所に蓄積されていなかった時期は児童心理司が指導的な立場で業務が進められてきた。その後、ノウハウが蓄積されるにつれ次第にソーシャルワークを担う児童福祉司が業務の中心的な役割を担うようになり、児童心理司の役割も変化してきた。児童心理司がソーシャルワークの視点をもちつつ、専門性を発揮するという考え方は時代の変化に対応しているのではないか。

児童相談所では、近年、虐待の緊急対応に追われて手がかけられづらくなっている継続指導や助言指導で児

童心理司がもっと力を発揮できるといいのではないか。

養育に関してさまざまな課題がある保護者と子どもの来所や在宅への訪問により時間をかけて関係を作りながら、家族の関係の変化を促し、その変化の方向を見つつ、援助する。家族を「定点」で見守りながら行う支援は児童心理司の本領が発揮される部分ではないか。

また、児童相談所で来所するのを待っていて、来所した人に対してアセスメント、助言・指導をするだけではなく、在宅まで出向いて支援を行うということも積極的に行う必要があるだろう。

一時保護所[*2]に配置されている心理療法担当職員にも、そういう「定点」的な役割があるのではないかと考えている。一時保護所は定員がいっぱいであるという状況もあり、緊急対応に毎日追われることになりがちだが、毎日、心理療法担当職員が子どもの集団の変化を見ながら、子どもの状態や行動の変化を感じ取り、児童指導員への関わり方のアドバイスをする、という役割が重要ではないか。

また、一時保護所における定点的な役割は、児童養護施設などの施設にいる心理療法担当職員と役割が共通する部分がある。最終的には、一時保護所に配置されている心理療法担当職員が中心となり、地域全体で児童養護施設の心理療法担当職員などの心理職同士で情報交換し、ネットワークを作るための役割を担えればいいと思う。

B．人材育成

ネットワーク作りやスーパーバイズできる職員、マネジメントする能力のある職員については、心理職としての職場の開拓とともに、これに対応できる人材の育成も必要となってくるが、どのように考えるのか。

家庭裁判所調査官では、経験を積むにつれて一定水準に達するよう、定期的に統一の研修が行われている。全体として一定水準を確保すれば、それを土台にスーパーバイズやネットワークを形成した場合のマネジメントできる人材の育成など、人材を重層的に育てることも可能となる。だが児童相談所にはそもそもそういう仕組みがない。全国的に一定の研修などを実施し、一定水準以上を保つ仕組みが必要ではないか。

児童養護施設などの心理療法担当職員は、非常勤で勤務形態が不安定な場合もあるが、勤務が長く続かない。常勤の場合でも、平均四年ぐらいで辞めることが多い。一施設に心理職が一人しかいないと、専門性の向上を図ることも難しいし、その後のキャリアの見通しが立たないということがあるのではないか。継続して続けられる仕事という視点で見た場合、現在行っている仕事の内容だけではなく、スキルアップの仕組みや将来に向けたキャリアの見通しがないと仕事を続けることは難しい。研修などのスキルアップを図る仕組みやケアワーカーも含めた研修の仕組みも地域のネットワークを活用できればいいのではないか。

C. 心理職の働き方について

心理職としての働き方について、いわゆる「コ・メディカル」、医療の現場で医師とともに働く働き方と、いわゆる「独立開業型」、独立して一人でもカウンセリングなどを実施、という二つの考え方があると聞くが、どのように考えるか。

アメリカでは、「コ・メディカル型」と「独立開業型」は二者択一ではなっておらず、重層的に構成されている。アメリカでは州ごとに制度も異なるので単純に仕組みを説明するのは難しいが、分かりやすくすると、職業的には、①大学院の修士・博士号、②臨床経験とスーパーバイズを受ける訓練経験、③専門学会の認定資格、④州ごとの職業上の資格取得という四つのハードルがある。③の専門学会の認定する有資格者は基本的な専門家であり、その後さらに修練を積んで他の人へのスーパーバイザーとなっていくこととなる。日本も臨床

＊2　児童福祉法第十二条の四の規定により児童相談所に設置されている施設。子どもの安全を確保するために一時的に保護する施設。

心理士資格を修士の資格としているのは、アメリカでの独立開業型の「臨床心理士」を目指しているのではないか。

医療型で考えると、心理として仕事を始めたすぐの段階、いわゆる「駆け出し」のころは、医師とともに「コ・メディカル」として働く。一定の経験を積んだ後、再度大学に戻って、薬の処方等が可能となる別の資格（医師等）を取得し、「臨床心理士」となるなどして、独立、開業して「心理療法」を実施したり、投薬もできる治療者となる。

このほか、心理職の「職域」として対人援助を行う臨床の分野ではたとえば、医療型（心理＋医療）、ソーシャルワーク型（心理＋ソーシャルワーク）、教育（心理＋教育）、産業（心理＋産業）などの分野が考えられ、いずれも重層的に職が構成されている。重層的に職域の構成することは仕事の幅を拡大する上で重要ではないか。

D．今後の心理職が活躍できる分野について

a．今後の分野について

筆者も大学で臨床心理学を学んだが、「心理」という学問を直接的に生かせる仕事は限定されている。大学に残るか、公務員（家庭裁判所調査官、少年鑑別所の心理判定、児童相談所など）などいずれも狭き門である。今後心理職が活躍できる分野としてどのような分野が考えられるか。

仕事場という観点で考えると、すでに他の職種が多く入っている分野に参入することは難しいのではないかと考えている。医療や介護の現場では、心理が必要とされる場面も多くあるが、「職場」として考えたときに、他職種も多く参入しており、財政的にも心理職の参入は難しいのではないか。

児童福祉の分野で言うと、児童養護施設の心理療法士などは注目されてきているが、非常勤なども多く地位

が不安定である。また、心理職として社会的に認識を広めるためには、より一般化された対象者に対し、支援を行っていくことが必要ではないか。

対象者がごく限定された範囲だと、社会全体に対する広がりが少なく、職場としても限定的になる。たとえば、児童虐待についても「児童虐待」という枠に限らず児童虐待の予防、育児支援まで広がり、より一般化されて、世の中全体で認識が共有されてきている。このようなことを考えると、今後、対象者としても多く、「心理」が活躍できる分野として考えられるのは教育の現場が考えられるのではないか。

b. 教育の現場での心理職

「教育の現場」というと、すでにスクールカウンセラーなども配置が進んできているが、今後の教育の現場での心理職の活躍できる部分とは何か。どのようなニーズがあると考えているのか。

スクールカウンセラーには発達障害のアセスメントを行わない者もいるが、学校では、発達障害のアセスメントが求められていることが多い。特別支援教育では、発達障害などの個別の支援を必要とする子どもに対し「個別の指導計画」[*3]（ＩＥＰ）を策定し、これに基づいて指導を行うこととされている。この計画を策定するに当たっては、子どもの的確なアセスメントを行い、これに基づいた計画の策定、カリキュラム案の策定が重要となってきている。教員が発達検査を行うための訓練を受けていない場合に心理の知識がある者がアセスメントし、カリキュラム案について教員へスーパーバイズできる仕組みがあるとよい。

また、普通学級においても子どもごとにそれぞれ異なる課題があるなか、学級で一人配置されている担任教員だけでは子どもごとの課題の把握が追いつかないまま、問題が拡大していることが学級崩壊につながる原因

＊3　学校の教育課程や指導計画を児童生徒一人一人の教育的ニーズに対応して、個々に応じた指導目標や指導内容・方法を記述したもの。

の一つではないか。このような状況は担任教員の個人芸に頼っているだけでは対応できる課題ではなく、スーパーバイズできる者が担当教員と一緒に個々の子どもの状況を的確に把握し、組織的に課題解決に取り組むことが必要である。

そのなかで心理職は「評論家」としてではなく、その組織の一員として、心理職も一定の責任ある立場で関わり、専門家として子どものアセスメントやこれに対応した対応方策のスーパーバイズできることが求められているのではないか。このような体制整備のため、すでに言われている教育委員会における心理職の配置[*4]を実効性あるものとしていくことも必要ではないか。

2. 病院の心理職としての経験から

児童相談所で児童心理司として八年勤務後、結婚に伴う転居を機に退職し、転居先の児童相談所において二年間非常勤職員として勤務、同じ時期に児童福祉施設に二年間非常勤職員として勤務した後、現職である公立総合病院に非常勤心理職として（九カ月程度）勤務しており、現在は育児休業中であるという方（三十代、女性）からお伺いした話を紹介する。

A. 病院における心理職の役割について

a. 業務の具体的な内容

現在、勤務している病院ではどのような仕事を担当しているのか。

勤務している病院には六人の心理職が配置されているが、自分は小児科を担当している。主に以下の二つを中心としている。

・発達障害などの診断の材料となる心理検査の実施。
・小児科で入院している子どもと保護者の精神科的フォロー。入院した子どもの心理的なサポートや、子どもの病名を告知された保護者に対する心理面からのサポート。

このほか、通常の入院だけではなく、NICUを利用する子どもの母親はそれだけでストレスになると考えられるため、NICUに入院している子どもやその母親に対する支援を始めた。

それ以外に、不登校、摂食障害の通院のプレイセラピーなどを行っている。

発達検査は、週に一回、一日に二ケース程度行っているがニーズが高く、数カ月先まで予約が入っている状況である。入院患者の希望に応じて相談などに対応できるようにスケジュールはある程度余裕をもっておかなければならないことなどもあり、発達障害などについては、診断の後、継続してプレイセラピー等の支援ができればいいが、そこまでの時間が取れないのが実状である。

b. 病院における役割について

病院における心理職の役割をどのように考えているのか。

＊4　発達障害等への適切な対応を行うため、教育委員会に、「専門化チーム」を設置し、専門家チームは、学校からの申し出に応じてLD、AD／HD、高機能自閉症か否かの判断と対象となる児童生徒への望ましい教育的対応について専門的な意見の提示や助言を行う。チームは、教育委員会の職員、特殊学級や通級指導教室の担当教員、通常の学級の担当教員、盲・聾・養護学校の教員、心理学の専門家、医師等により構成されることとされている。

LD、AD／HD、高機能自閉症ではないと判断された場合、あるいは他の障害を併せ有するような場合にも、どのような障害あるいは困難さを有する児童生徒であるかを示し、望ましい教育的対応について専門的な意見を述べることが期待されている。

勤務している病院における心理職の役割は明確に決まったものがあるわけではなく、特に小児科で入院している子どもと保護者の精神科的フォローについては、定型的な何かがあるわけではない。医師や看護師による患者の治療や看護を通じて心理的なケアは自然と行われているものであるため、心理職がそこに割り込むのではなく、心理職がどこでどのような形で必要とされているのか、見極め、自身をよくアセスメントしながら、仕事を進めることとなる。

そういう観点から考えると、医師や看護師をつなぐコーディネーターが役割の一つである。医師は治療、看護師は看護という一定の役割、仕事がある。また、患者が医師に対して直接言いづらいこともある。その点、心理については特定の役割がないという立場から、客観的にトータルな視点で患者と関われることができ、患者と同じ目線で話ができる。たとえば、発達障害の診断が医師から通告された後の保護者が受容できない場合のフォローや医師にはなかなか聞けないことを繋いだりすることもある。「心理」が「心理」でなければできないこと、と言われると難しいが、心理的ケアの専門知識をもちつつ、医療の現場における医師や看護師のような特定の役割がないからこそできる役割があるのではないか。

チャイルドライフ・スペシャリスト[*5]と言う資格がアメリカなどにあり、病院に入院している子どもに対するプレイセラピー等を通じた治療の説明や保護者と医師を繋ぐなど子どもの立場からの支援を行う。入院患者に

＊5　病院に入院している子どもに対する支援を行うアメリカで作られた資格。闘病や慣れない病院生活における子どもの精神的負担をできるかぎり軽減し、子どもの成長・発達を支援する。仕事の内容は、病棟における遊びの援助、子どもの理解力に応じた説明、治療における精神的サポート、兄弟姉妹の援助など多岐にわたる。子どもをひとりの尊厳ある存在として捉え、子どもの心に寄り添い、子どもの目線に立つことを理念として、一九五〇年代から北米を中心に発展。病院に配置されるスタッフではあるが、医療行為には一切関わらないため、子どもにとっては「いやなこと、痛いことをしない安心できる存在」であり、医療者と子どもや家族との架け橋的役割を果たすことが可能。

対する支援はまさにこのような役割に近いのではないかと思っている。

コーディネーター以外の役割としては、医師や看護師の手が回らない部分のよりきめ細かな心理的なケアを行っている。病院では、糖尿病患者に対するストレスケアも兼ね、患者が糖尿病を理解し、自己管理できるようにするための勉強会を開催し、勉強会の司会を実施している心理職もいる。勉強会で患者が自分の意見を述べることができるように心理職がきめ細やかに声かけすること（グループセラピーにおけるファシリテーター的な役割）による勉強会への参加意欲の向上や、治療を受けることに伴うストレスの緩和などの効果が挙げられている。

いずれも、病院における心理職は、「治療」に関わるさまざまな心理的なケアを行うものであり、医師・看護師等との連携は不可欠である。勤務している病院はターミナルケアなどでも心理職と連携した治療を実施するなど心理職の活用には積極的な病院ではあるが、医師と心理職の間でのその役割などの共通認識ができていない。心理職が自身の役割をよく理解したうえで、どういう目的で何を行ったのか的確に伝え、医師や看護師と意思疎通を図り、それぞれの専門分野を活かしながら役割分担しながら患者を支援できることが重要である。

そのためにも患者から相談があった場合であっても、患者の希望に配慮しつつも、心理職だけにとどめるのではなく、相談の内容や患者の状況、今後の見通しの報告などを積極的に他のスタッフにフィードバックし、共通認識をもつように心がけることが必要であろう。

c．診療報酬の関係について

現在行っている支援に対して、診療報酬が算定された場合には、支援が変わると思うか。

発達検査[*6]と発達障害や不登校の患者に対する通院によるセラピーなどには診療報酬が算定されている。入院患者に対する相談は診療報酬としては算定されておらず、病院がサービスで行っている。

診療報酬が算定されることにより相談の時間を区切った相談ができることやクライアントが目的意識や意欲をもって相談することなどのメリットもあるかもしれないが、診療報酬がつかないことで、患者が気軽に相談できることもあるため、一概にどちらがいいかは判断が難しい。

B．福祉の現場と医療の現場との違いについて

児童相談所や児童福祉施設と病院ではどのような点が違うか。現在は非常勤という立場だが、常勤になるなどの必要性は感じているか。

児童相談所でも児童福祉施設でも、心理職の役割は一定程度決まっており、また、責任も重かった。勤務している病院では心理の位置は確立されておらず、自分から積極的に働きかけて役割を見つけていく必要があるが、医師が行う「治療」を中心に仕事は構成されるため、児童相談所などに比べ心理職の責任は重くない。医師や看護師などの他の職種に自分から積極的に働きかけ、意思疎通を図り、患者との間を繋ぐコーディネーター的な役割は、面白さもあり、必要でもあるが、心理職でないとできない役割かと問われると難しい面があることも確かだ。

結婚して子どもを育てている現状を考えると、非常勤で週四日という勤務形態はちょうどいいとも言える一方、常勤で責任ある立場で働きたいという気持ちもあり、どのような働き方がいいかは難しい。勤務している

＊6　臨床心理・神経心理検査は、個人検査用として標準化され、かつ、確立された検査方法により、医師が自ら、または医師の指示により他の従事者が自施設において検査および結果処理を行い、かつその結果に基づき医師が自ら結果を分析した場合にのみ診療報酬として算定される。

病院では、心理職をもっと活用する立場から、常勤で心理職を配置したいという動きもあるようである。

C．今後の心理職が求められる分野について

今後心理職がどのような分野で求められていると思うか。

現在の病院で行っている発達検査は数カ月先まで順番待ちという状態であり、発達障害に関連する支援のニーズが高いのではないか。発達障害に関する知識は従来と比べれば随分普及してきたとはいえ、ただでさえ子育てそのものが手探りであるなかで、子どもに発達面での課題があれば、保護者は一層不安な面が多い。発達障害に関する正しい知識を伝え、また、適切なアセスメントを行い、それに基づいた支援や保護者の受容に関する面も含めてフォローが重要である。

療育に関して言えば、心理職でなくとも、児童指導員や保育士が行うことは可能であるため、今後心理職としては、直接クライアントに接するという側面より専門職として発達障害に関する的確なアセスメント手法や知識を普及すること、「心理教育」の分野がこれから重要ではないか。

もともと心理職は一対一でカウンセリングし、自ら話をするより耳を傾けることに慣れているため、知識を普及するために積極的に大勢の人に向って話をしていくということは苦手分野であるが、今後は心理職もそういう部分を積極的に広げることが必要ではないか。職場を増やすという意味では、いかに一般の人も含め、対象者を拡大していくかだと思う。

3．まとめ

心理職として働いている背景や働き方が異なる二人からインタビューすることができ、大変勉強になり、また興味深かった。

今後の心理職の活躍できる分野について共通のキーワードは、「発達障害」と「対象者の一般化」「専門家として知識を伝える立場」であった。

発達障害については、平成十六年に発達障害者支援法が成立し、福祉の分野からも教育の分野からも母子保健の分野からも連携を図りながら、ライフステージに応じた支援の必要性が述べられ、現在も支援体制の整備が進められている分野ではあるが、適切なアセスメント・診断ができる仕組みが不十分であること、診断を受けた後の支援機関が少ないこと、母子保健と福祉と教育の分野の適切な連携の在り方など、まだまだこれから充実が求められている分野である。

発達障害に関する知識の普及も進んできたものの、正確な知識の普及が今後とも必要である。発達障害の支援策の充実を図るに当たっては、心理職の知識や専門性も十分に活かしつつ進めることが求められているのではないだろうか。

さらには、近年の核家族化や家庭における子育て機能の低下などが指摘されているなか、子育てそのものに関する支援の充実が求められており、「発達障害」に限定せず、子どもの「発達」という観点から心理職が幅広い支援の充実や知識の普及を図ることも重要であろう。「対象者の一般化」という点については、こうした点からも実現されるのではないか。

また、育児休業中の方から話を聞いたこともあり、子育てしなら働き続けることができる仕事としての「心理職」についても考えさせられた。どのような仕事であっても、常勤でも非常勤でも、性別にかかわらず、本人の生活やライフプランに応じたさまざまな働き方が選択できることが重要なのではないか。その点では、まだまだ心理職の職場は限定的なものにとどまっており、心理職の職場の拡大を図り、心理職の知識や技能を社会に役立てていくことが重要であろう。

また、心理職自身のスキルアップを図り、一層の知識や技能の向上を図ることが必要であるが、個々の心理職の努力によるスキルアップに頼るだけではなく、心理職全体で体系だったスキルアップを図るための方策の検討も必要ではないかと感じた。

最後になるが、多忙ななか、貴重な時間を割きインタビューに応じていただいたお二人にこの場を借りて深く感謝するとともに、お二人の趣旨を正確に反映できていない部分があったとすれば、すべて筆者の責任であり、この文章に関する責任はすべて筆者にあることを申し添えておきたい。

参考文献

・平成二十年度児童関連サービス調査研究等事業報告書「児童心理司の業務のあり方に関する調査研究」財団法人子どもみらい財団。
・児童福祉法規研究会（編）（一九九九）『最新児童福祉法・母子及び寡婦福祉法・母子保健法の解説』時事通信社。
・障害者福祉研究会（編）（二〇〇八）『障害者自立支援法逐条解説』中央法規出版。
・社会福祉法令研究会（編）（二〇〇一）『社会福祉法の解説』中央法規出版。
・丹治光浩・藤田美枝子・川瀬正裕・野田正人・大場義貴・渡部未沙（二〇〇四）『心理臨床実践における連携のコツ』星和書店。

第10章　家族の立場から心理職への期待

日本発達障害ネットワーク副代表
山岡　修

第1節　当事者団体の活動と役割

発達障害関係の当事者団体に関わってきた立場から、まず本節では、筆者が関わった二つの当事者団体をご紹介し、当事者団体の活動と役割について述べてみたい。

1．全国LD親の会

A．会の概要

全国LD親の会は、LD（学習障害）など発達障害のある子どもを持つ保護者の会の全国組織である。一九九〇年二月に発足し、二〇〇八年十月にはNPO法人全国LD親の会となった。二〇〇九年四月現在、四十六団体、約三千名が参加している。

主な活動として、LDなどの発達障害に関する教育・福祉・医療・労働などの問題について、日本発達障害ネットワーク、日本障害者協議会などへの加盟、文部科学省の特別支援教育ネットワーク推進委員会への参加などを通じ、外部団体との交流・連携を図りながら、研究・調査、社会的理解の向上、諸制度の創設・改善を働きかけるなどの活動に取組んでいる。

なお、筆者は、二〇〇三年六月から二〇〇八年六月まで、全国ＬＤ親の会の会長を務めさせていただいた。

B．発足から一九九〇年代の活動

ＬＤ（学習障害）の概念は一九七〇年代にわが国に紹介され、医学分野等での研究が続けられていたが、一九八〇年代までは社会的な認知度が低いままであった。一九九〇年にＬＤ親の会の全国組織が結成されたことは、マスコミでも取り上げられ社会的な関心を集めた。全国ＬＤ親の会は一九九〇年の設立直後から、文部大臣あての要望書や国会請願を行うなど積極的に活動し、これらの動きが一つのきっかけとなり、一九九二年六月には、文部省にＬＤ等に関する協力者会議が設置され、国のＬＤに対する取り組みが始まった。

一九九〇年代に始まったＬＤに対する文部省の取り組みが、二十一世紀に入り、ＬＤ、ＡＤ／ＨＤ、高機能自閉症等の発達障害も対象に含めた特別支援教育への転換に繋がっていった。このことから、「ＬＤが特別支援教育の扉を開いた」とも言われており、そのなかで全国ＬＤ親の会の活動が原動力の一つになったと評価いただいている。

このように紹介すると順調に進展してきたように見えてしまうが、実はそうではない。一九九〇年の国際疾病分類の改訂（ＩＣＤ-10）やＤＳＭ-Ⅳの改訂により、一九九〇年代後半になって、わが国でもアスペルガー症候群やＡＤ／ＨＤ等が診断名として使われるようになり、発達障害関係の診断名が細分化されていった。これに伴い、発達障害関係の親の会も診断名別に発足したり、分裂したりしていたが、団体間の連携はあまりなかった。

LD、AD／HD、自閉症等の発達障害は、新たに認識された障害であり、当時は制度の狭間におかれ支援の対象とはなっていなかった。発達障害を教育・医療・福祉・労働等の分野で支援の対象にしてもらうためには、国に法令や制度を新設・改定してもらい、必要な予算を確保していってもらうことが必要である。しかし、個々の団体の組織は小さく、バラバラに動いていたので、国や社会を動かすことはできそうもなかった。

C．二〇〇一年以降の活動

関係団体の連携を模索していたところ、二〇〇一年一月に、文部科学省協力者会議から「二十一世紀の特殊教育の在り方について」が公表され、LD、AD／HD、高機能自閉症等を支援の対象に含めることが提言された。この報告書をきっかけに、関係団体の連携の機運が高まり、LD（全国LD親の会）、AD／HD（えじそんくらぶ）、自閉症（日本自閉症協会）の連携が始まった。勉強会で意見交換をしてみると、障害種別に多少ニーズは異なるが、法令・制度など国に要望すべき事項は共通部分が多い事が分かってきた。以降フォーラムを三団体で開催したり、文部科学省に連名で要望を行ったりした。これらの活動が実り、二〇〇二年に文部科学省が設置した、特別支援教育の在り方に関する協力者会議には、この三団体から各々委員が参加することができた。

さらに二〇〇三年三月に文部科学省によって公表された「今後の特別支援教育のあり方について」のなかで、「親の会やNPO等との連携協力を図ることが重要である」とうたわれたことをきっかけとして、当事者団体と行政の関係が大きく変化していく。それまで、親の会や当事者団体は、一方的に要求をする側であり、行政はひたすら要求を受ける側で、常に利害が対立する構図が出来上がっていたような部分があった。地方分権化や民営化の流れ、国の財政事情もあり従来の構図は崩れつつあった。当事者団体と行政は一定の距離は置きつつも、より良い制度やサービスを構築にして行くという共通の目標の達成のために、互いに協力・参画していくことが新たなスタイルとなっていった。

全国ＬＤ親の会は歴史が浅く、あまり従来の構図にこだわりがなかった。そして何よりも、新たに発達障害を支援の対象に加えてもらうためには、大きな壁が幾重にもあり、新たな手法で活動していくことが求められていた。

全国ＬＤ親の会では、「会員のニーズ調査」（二〇〇三年など）「教育から就業への移行実態調査」（二〇〇三年）、「高校生の実態調査」（二〇〇五年）等の会員調査を行い、エビデンスとして公表を行った。二〇〇四年、二〇〇五年には、他の団体と合同で四十七都道府県・十五政令都市を対象に、特別支援教育の取り組み状況に関するアンケート調査を行い、この結果も公表した。また、小冊子「ＬＤってなんだろう？」（二〇〇一年〈四万冊〉）、「ＬＤ、ＡＤ／ＨＤ、高機能自閉症とは」（二〇〇四年〈十二万冊〉）の無料配布、公開フォーラムの開催等により、理解啓発活動も積極的に行った。また、先の三団体共同で、文部科学省や厚生労働省との懇談や要望などを行うとともに、各地域においても行政との懇談を行うように推奨した。この結果、各県で組織している特別支援教育の体制整備委員会については、半分以上の都道府県で、ＬＤ親の会の会員が委員になる等各地域においても、行政との関係作りが浸透していった。また、二〇〇四年には、各地の親の会で一斉に地元の国会議員を訪問し、発達障害児が抱える現状や特別支援教育の推進を訴えた。

このような取り組みが少しずつ効果となって現れ、二〇〇四年には、文部科学省が特別支援教育の制度の検討のために設置した中央教育審議会・特別支援教育特別委員会に発達障害の団体を代表する形で、筆者が委員として参加し、当事者団体としての意見を述べる機会を得た。

特別支援教育の推進、ＬＤ、ＡＤ／ＨＤ、高機能自閉症等への取り組みは、二〇〇五年四月に発達障害者支援法が施行されたこともあり、文部科学省が積極的に取り組み、全国の小中学校の大半に校内委員会の設置、特別支援教育コーディネーターが指名される等の体制整備が進み、二〇〇六年にはＬＤとＡＤ／ＨＤが通級による指導の対象となり、二〇〇七年には制度として特別支援教育が正式にスタートした。

特別支援教育への取り組みはまだ緒に就いたばかりであり、多くの課題が残されているが、ＬＤ等の発達障害のある児童・生徒への理解や支援は、ここ十年で格段に進展した。二〇〇七年には、全国ＬＤ親の会が特別支援教育の進展に貢献したことが認められ、第三十八回博報賞と文部科学大臣奨励賞を受賞することができた。特別支援教育の進展は、時代や社会の変化、国の積極的な取り組みによるところが大きかったのではないかと思うが、その動きに少しでも貢献できたのは、他の団体との連携を図って取り組んだことが大きかったのではないかと思っている。

2．日本発達障害ネットワーク（ＪＤＤネット）

A．会の概要

ＪＤＤネットは、二〇〇五年四月に発達障害者支援法が施行された事を機に、発達障害者支援法の成立に向け運動した当事者団体が発起人となって呼び掛けし、二〇〇五年十二月に発足した。ＪＤＤネットは、発達障害関係の当事者団体だけでなく、日本臨床心理士会、日本臨床発達心理士会なども加盟しており、学会・研究会・職能団体なども含めた幅広いネットワークであり、障害の種別、学会・学派、職種、立場や主張、地域等の壁を越え、当事者支援を主眼に置いた活動に取り組んでいる。二〇〇九年四月現在、正会員（全国団体）十七団体、エリア会員四十四団体が加盟している。

なお、筆者は、発足時から二〇〇八年五月まで、ＪＤＤネットの代表を務めさせていただいた。

B．ＪＤＤネット発足の意義

発達障害者支援について考えると、関係する当事者団体、学会、職能団体が沢山ある。前述のように主要な当事者団体は連携を取り始めていたが、学会や職能団体まで含めると、障害の種別、学会・学派、職種により立場や主義主張が異なり、情報交換や連携を図ることは稀であった。しかし、発達障害者支援を本格化させていくためには、わが国で発達障害を代表するような団体が必要であり、職能団体や学会等を含めた連携が不可欠であった。ＪＤＤネットはこのような考えから、当事者団体だけでなく職能団体や学会等にも参加を呼びかけした結果、当事者団体八、学会三、職能団体六が加盟（正会員）する団体として発足した。ＪＤＤネットの発足は、発達障害関係の諸団体の大同団結として注目を集めた。発達障害を代表する団体として関係省庁の認知度、期待度は高く、各種の委員会等に委員を輩出する等、国レベルの連携協力において大きな役割を果たすようになってきている。

C．ＪＤＤネットの活動

主な事業として、会報の発行（ＪＤＤネット会報、年二回）、年報の発行（ＪＤＤネット年報、年一回）、年次大会の開催（年一回）、会員懇談会の実施（総会時に毎年）の他に、四十七都道府県での会員の交流連携等のエリア活動、特別支援教育や発達障害者支援に対する都道府県・政令指定都市での取り組み状況調査、「発達障害の支援を考える議員連盟」との連携による発達障害者支援施策拡充に向けた取り組み、その他発達障害に関する理解啓発や研究活動等に取り組んでいる。

また、毎年関係団体の要望事項を取りまとめ、主要な省庁に対する予算要望を行い、厚生労働省や文部科学省等とは定期的に懇談を行っている。二〇〇五年の発達障害者支援法によって発達障害者に対する支援が国・地方公共団体の責務として定められたこともあるが、厚生労働省の社会保障審議会や文部科学省の中央教育審議会をはじめ、内閣府、国土交通省等の委員会やヒアリングに呼ばれる等、中央省庁において障害者施策を検討する際には、ＪＤＤネットに意見を求められたり、委員の推薦を依頼されたりすることが増えている。これは、ＪＤＤネットがわが国において発達障害を代表する団体として認知されてきていることを示している。

Ｄ．ＪＤＤネットの活動と心理関係者との連携

前述のように、ＪＤＤネットには、心理関係の職能団体として、日本臨床心理士会、日本臨床発達心理士会が加盟している。また、その他にも職能団体では、日本作業療法士協会、日本言語聴覚士協会、特別支援教育士資格認定協会、日本精神保健福祉士協会、学会としては日本ＬＤ学会、日本自閉症スペクトラム学会、日本感覚統合学会、さらに主要な当事者団体が加盟している。医学関係の学会の加盟はないが、関係学会で活躍している医師が三名理事になっており、まさに発達障害関係の主要な関係者が一堂に会している団体である。

このように多分野、多職種が連携している団体は、わが国にはあまり見られない。ＪＤＤネットの存在は、本書のテーマでもある「多職種連携」に大きな役割を果たしているのではないかと、筆者は思っている。

ＪＤＤネットの加盟団体の間では、理事会や年次大会等を通じて、公式・非公式に情報交換が行われており、関係団体同士の理解が進み、協働でイベントや事業を行う例も増えている。また、ＪＤＤネットでは、各都道府県単位でも、関係団体の連携を図ることを推奨しており、「ＪＤＤネット北海道」、「ＪＤＤネット大阪」等地域における連携が「多職種連携」に繋がっている例も出てきている。

予算や制度に対する要望についても、ＪＤＤネットの存在は意義がある。たとえば、心理職関係の団体が「保険点数の引き上げ・見直し」を要望しても、中央省庁に対しては迫力に欠ける面がある。しかし、要望の多くは当事者にとっても必要なことなので、当事者団体やＪＤＤネットとして同様の要望を出すと効果が上がるのである。厚生労働省、文部科学省、内閣府等の中央省庁のヒアリングや会議にＪＤＤネットが呼ばれることが増えているが、ＪＤＤネットの加盟団体として、職能団体も参加している。職能団体が中央省庁に直接要望を述べたり、情報交換をしたりする機会は従来あまりなかったようであり、これもＪＤＤネット効果の一つ

と言われている。

3．当事者団体の活動と役割

ここ十年位で、障害福祉や教育の分野において、当事者団体と行政の関係や役割が大きく変化してきた。従来は、極端にいえば当事者団体は要求する一方で、行政は要求をかわす一方という、利害が対立する労使のような関係であった。しかし、消費者保護や市民の権利意識の変化、国の財政状況の悪化、地方分権化、民営化、情報開示などの社会全体の変化のなかでかつての構図が変化してきたのである。

国で障害者施策を検討する際には、当事者団体の意見を丁寧に聞くようになった。各種の事業に参画を求めるようになった。教員や管理職研修に保護者が講師として呼ばれるようになった。当事者団体と行政は一定の距離は置きつつも、より良い制度やサービスを構築にして行くという共通の目標の達成のために、互いに協力・参画していくというスタイルに、ここ数年で変わりつつある。

この様な変化のなかで、当事者団体も、ニーズを訴えるためには、自ら調査を行い根拠（エビデンス）として示す。国や自治体の事業をモニタリングする。これらを元に、無理な要望を重ねるより実現可能な手の届く範囲の要望を重ねていくことが求められるようになってきている。このような状況の変化に対応し、きちんと応えていくと、障害福祉や教育の分野においても、状況を改善していく原動力になりうる時代になって来ている。

発達障害者支援や特別支援教育は、近年急速に進展してきたが、当事者団体の活動がその原動力の一つになったと評価いただいている。発達障害は、新たに認識された障害であり、当事者団体も比較的歴史が浅かったことから、抵抗感がなかったことが幸いし、新たなスタイルで積極的に活動することができた。

そして、当事者団体、職能団体、学会の連合体であるＪＤＤネットは、新たな時代にマッチしたネットワークであり、これからも国レベル、地域レベルにおいて連携を図り、「多職種チーム（連携）」の原動力となれるよう取り組んで行きたいと考えている。

第2節　当事者団体の立場から心理職に期待すること

本節では、発達障害の当事者団体の立場から、発達障害者支援の動向や発達障害のある人や家族が抱える困難を概説したうえで、心理職の方々に望むことや期待することを述べてみたい。

1．発達障害者支援法とは

二〇〇五年四月に、発達障害者支援法が施行となった。発達障害者支援法は、超党派の発達障害の支援を考える議員連盟が中心となり、二〇〇四年十二月に議員立法により成立した。発達障害者支援法は従来支援の対象となっていなかった、あるいは支援が十分でなかった発達障害に焦点を当て、教育、福祉、医療、労働等の分野で、乳幼児期から一生涯にわたり発達障害のある本人および家族に対する支援を国、地方公共団体、国民の責務として定めた画期的な法律である。

発達障害者支援法は理念法であり、具体的な事業は謳われていないため、役に立たないのではないかという意見もあったが、施行後、厚生労働省や文部科学省は積極的に発達障害者支援の体制整備や諸施策を展開しており、ここ数年で発達障害に対する理解や支援は格段と進展した。こうしたことから、法律が施行された意義はとても大きかった。発達障害のある人や家族が必要とする支援ニーズは、乳幼児期から老年期に至るまで、早期発見・早期支援、保健、教育、就労、医療、生活面等幅広く、また個々のニーズは多様である。国や自治体において、さらに支援施策が拡充されていくことが期待される。

発達障害者支援法が対象とする発達障害は、自閉症、アスペルガー症候群その他の広汎性発達障害、学習障害、注意欠陥／多動性障害その他これに類する脳機能の障害とされ（第二条）、ICD-10ではF80・F90に該当する。なお、DSM-Ⅳにおける発達障害には、知的障害やダウン症等が含まれているが、この法律では対象とはなっていない。発達障害者支援法が対象とする発達障害は、従来の医学用語でいう発達障害とは対象が異なっており、いわば行政用語としての発達障害であることに留意する必要がある。

2．発達障害のある人や家族が抱える困難

A．乳幼児期

LD等の知的障害を伴わない発達障害は、障害としてはいわば軽度であり、全般的に発達の遅れがある訳ではないことから、保護者でも気づくことが難しく、成長の個人差と捉えて、障害としての認識がない場合も多い。しかし、言葉の遅れや発育のアンバランス等から、子どもに何らかの障害や遅れがあるのではないかと、大半の保護者が三歳位までに気づいている。ただし、落ち込んでいる面がある一方、標準ないし標準以上の能力を示す部分もあり、また乳幼児期の遅れはさほど大きくないことが多いことから、疑念をもちながらも「いつか追いつけるのではないか」と淡い期待を抱いている場合が多い。

たとえば、こうした懸念を相談機関などで相談しても、相談にあたる医師、心理職等の方々に発達障害に関する専門知識が欠けていることが多いことから、このような能力の凸凹の背景に発達障害があることに気づかない場合が大半である。保護者は何か問題があるのではないかと懸念して相談しているにもかかわらず、心理職等の方々からは、「気にし過ぎですよ」「しばらく様子を見ましょう」と問題を先送りされる場合や、「少し声掛けを多くしてあげて下さい」「お子さんと接する時間を増やしましょう」と保護者の子育てに問題があると誤解される場合もある。

幼稚園や保育園に入園し、同世代の子どもの集団に入ってみて、初めてこの子どもたちの特性が浮き彫りになってくる場合もある。「集団行動が取れない」「落ち着きがない」「指示に従えない」「手先が不器用」等々、行動、運動、情緒、社会性等の面で、違いが目立ってくるのである。しかし、幼稚園や保育園では発達障害に対する専門知識をもつ保育士が少ないこともあり、背景に発達障害が内在することに気づかれず、単なるわがままと取られたり、親のしつけや育て方の問題と誤解されたり、何か問題がある度に園に呼ばれ「お母さん何とかして下さい」「ご家庭でもっとしつけて下さい」と、暗に保護者を非難するような対応を受ける場合も少なくない。

発達障害のある子どもの場合、落ち着きがない、行儀が悪い、発育が遅れている等の子どもが示す問題行動について、育て方の問題として責められたり、冷たい目を向けられたりして、母親が悩みを一人で抱え込んで苦しんでいるケースが多いのである。

B．小学校期

小学校への入学は子どもを持つ保護者にとって、子育ての喜びを感じられるときであるが、発達障害のある子どもの保護者の場合、どうなることかと不安に思っていることが多い。最初の難関は、就学児健診である。発達障害のある子どもを持つ保護者の大半は、みんなと一緒に通常の学級で学ばせたいと願っていることが多いので、「就学時健診で引っかかったらどうしよう」と心配するのである。しかし、現在の就学時健診は簡単な検査と問診だけであり、言葉に遅れがある等の目立った症状がある場合を除き、あっさり通過してしまう場合が大半である。

学習面の問題が出てくるのは小学校からであり、計算や書字等に著しい困難をもつ場合は、初めてＬＤ等の困難に気づく場合もある。しかし、低学年のうちは手の届く範囲の差であり、何とかついていくことができる場合が多い。

それよりも、授業中座っていられない、忘れ物が多い、課題への取りかかりが遅い等の行動面の問題が出てくると、教員の視点から「困った子ども」としてクローズアップされてくる。こうした問題行動の背景に発達障害があることに気づく教員が少ないこともあり、学級担任との面談では、やる気がない、我慢ができない等、暗に家庭の育て方の問題と言われたり、家庭での取り組みを要請されたりする場合が多い。

ここ数年、文部科学省は特別支援教育の推進に本格的に取り組んできており、現在では大半の小中学校に校内委員会が設置され、特別支援教育コーディネーターが指名される等の体制整備が進んできている。しかし、発達障害のある児童・生徒の大半が在籍している通常の学級における支援体制は、まだ不十分であり、保護者が子どもにＬＤ等の発達障害があることを告げ、特別な配慮を求めても、学級担任からは拒絶的な対応を受けるケースがまだまだ多いというのが現状である。

C．中学校～後期中等教育

中学に入ると、学習面ではお手上げ状態になり、授業中は「お客様」状態で過ごす子どもも多い。一方、学習面では問題ないが、社会性・コミュニケーションや行動面での問題がはっきりと顕在化して来る場合がある。社会性やコミュニケーション能力に困難があると、学校の中でトラブルを起こしたり、いじめの対象になったりしやすい。体力がついて来ているので、思わず友達に怪我をさせてしまったり、器物を壊してしまったりといったトラブルを起こしてしまう例もある。また、思春期に入って精神的にも不安定になり、異性に興味を示すものの相手にしてもらえないことなどから、トラブルを起こす例も見られる。中学校では教科担任制となり、特別な教育的ニーズを子どもがもっていても、学科毎に担当教員が異なるため、保護者が理解や配慮を求めて申し入れても、受け入れてもらことはなかなか難しい。多くの保護者が、「中学のときが一番苦しかった」「中学は冬の時代だった」と振り返るように、発達障害のある子どもにとって、かなり難しい時期である。

一方、高校は、子どもの特性やレベルに合った学校や学科を選べる余地があるためか、中学に比べると、本人も保護者も落ち着きを取り戻す例が多い。地域により差があるが、実際には何とか入れてくれる高校を探すのが精一杯であり、本人の希望に合ってなかったり、底辺校で学校自体が荒れていたりして、苦労している場合もある。また高校の場合は、発達障害があっても特別な配慮などの対応はしないことが多いので、お客様状態でありながら、あまり干渉もされず、放置されているケースが多いというのが実態である。

D．移行期～就労期

発達障害のある子どもの場合、学歴に見合ったバランスの取れた能力を身に付けることが難しい場合が多いことに加え、通常の高校では就労や自立に向けた移行支援はないので、高校卒業後の進路で大きな壁にぶつかることが多い。保護者は、「何とか高校だけは卒業させたい」、「何とか普通（健常児）のなかでやらせたい」という思いから、小学校から高校まで通常教育の枠組みのなかで背伸びして頑張って来たものの、卒業するころになって初めて将来に対する見通しが立っていない現実に愕然としてしまうような例が多いのである。

発達障害のある子どもの場合、その持てる困難を克服し、自力で就労・自立をしていける力が備われば一種の「卒業」であるが、就労や自立に際して何らかのサポートが必要な例が多いのである。しかし教育期を何とか「普通のなか」で過ごしてきた場合は、「素直にサポートを受けること」、すなわち障害者としての認定を受けることについては、本人・保護者ともに拒絶感が強い場合が多い。

3．保護者の立場から心理職の方に望むこと

A．スクールカウンセラーに関して

小中学校には、スクールカウンセラーが配置され、相談にあたっていただいているケースもある。適切に支

援していただいて感謝されているケースも多いのだが、残念ながら発達障害児の保護者の評判は必ずしも良くない。これは、スクールカウンセラーの方は元々、いじめや不登校などへの対応のため配置されてきたこともあり、発達障害に詳しい方が少ないことや、学校内のスクールカウンセラーの位置づけが確立されていないこと、学校側の受け入れ体制の未整備等も要因と考えられる。しかし、せっかく心理の専門家が配置されているのに、うまく活用されていないというのは、勿体ないことであり、今後仕組みなどについて見直しが必要と思われる。

心理職の方にお願いしたいことは、たとえば発達障害に関わろうというときには、発達障害についてきちっとした知識をもっていただきたいということである。発達障害は多様であり難しい面もあるが、心理職の方のなかで知的障害について詳しい方の場合、無理矢理発達障害を得意分野の型に当てはめて理解しようとされるケースがよく見られる。多様な障害に対応するのは難しいことであるが、専門家として一通りのことはきちっと勉強していただくことが大切である。

また、心理職の方が学校のなかに入って担当される場合、心理分野の専門性だけで動こうとすると、上手くいかないケースがあるようである。学校のなかに入っていくためには、学校教育の仕組みとか学校のなかの役割やしきたりなども、ある程度理解して対応しないとうまく行かない場合がある。学校側の受け入れ体制、教員の方の意識等に問題がある場合も多いが、外から入っていく心理職の方も、場に合わせた工夫や努力が必要なのではないだろうか。

最後に、発達障害のある子どもも保護者も、支援者の姿勢や態度にとても敏感であることに留意する必要がある。前述のように支援する立場の方は、専門知識や経験があることが大切なのは言うまでもないが、熱意や使命感が伝わることが、保護者や子どもは受け入れられ、信頼される一番大きな要因になっていることを強調しておきたい。

B．二次障害

発達障害のある子どもは、表面からは分からないストレスを貯め込んでいる場合が多い。学校では教員に叱られ、クラスの生徒ともうまくいかず、家に帰っても保護者からの叱責を受けるといった状況が続くと、子どもは、自信をなくしストレスを溜め込んでしまい、爪噛みやチック等の初期症状から始まり、最悪の場合は家庭内暴力や不登校等の深刻な二次障害に陥る不幸なケースも少なくない。二次障害は一度深刻化してしまうと、回復には相当の時間とコストを要するものであり、何としても未然に防ぐ必要がある。

親の会等に所属している子どもに、二次障害を起こす例が比較的少ないことを考えると、きちんとしたケアをしていけばある程度防げるのではないかと考えられる。子ども達が二次障害に陥る要因としては、孤独感・疎外感、自身喪失、居場所の欠如やこれらによるストレスの蓄積といった事がよく挙げられる。たとえば、学校のなかに良き理解者、相談相手がいること、得意な分野での成功体験や出番の演出、本人が落ち着ける物理的な居場所の設定、集団のなかでの本人の存在感等が整えられると、二次障害を未然に防げるのではないかと思われる。特に、良き理解者、良き相談相手の存在は大切であり、心理職の方に、この役割をぜひ担っていただきたいと思っている。

C．保護者の心のケア

発達障害のある子どもの保護者は、悩みを抱え苦しんでいる場合も多く、子どもへの支援と併せて、保護者の心のケア等の支援が必要な場合がある。こうしたケースについては、心理職の方にぜひ関与していただきたいところである。

保護者は、子どもがトラブルを起こしたり、授業中に問題行動を起こしたりすると、クラスの他の保護者から理解してもらえず、保護者が孤立してしまう場合もある。父親が無関心だったりすると母親がさらに孤立し、相談する相手もなく、ノイローゼに陥るようなケースや、心を痛めながらも子どもに叱責を重ねたり、罰を与えたりしまう例もある。学習面でも「何とか追いつかせたい」「普通のなかでやらせたい」という思いが強いので、目の前の課題や苦手な部分を何とかしたいということで、付きっ切りで教える等の特訓を重ねる例も多い。苦手な部分はなかなか克服できないので、時間をかけて取り組んでも成果が上がらず、子どもを追い詰めてしまうケースも見られる。

母親に接する場合は、まず母親の心理状態や置かれている状況を把握していただくことが大切である。面談を重ね、育児の経過や家庭での状況、母親の悩み等をじっくり聞くことが心のケアの始まりである。そして共感をもって、母親の苦労をいたわり、安心感をもたらすような支援を行っていただくことを、ぜひお願いしたい。

4．心理職の方にご活躍いただくための条件整備

A．地域におけるネットワークの構築に必要なこと

発達障害者支援、特別支援教育に共通することであるが、一人ひとりの特性やニーズをきちんと把握し、個のニーズに応じた長期的な展望に立った支援を行っていくことが大切である。それを実現させていくためには、各地域において、医療、教育、福祉、労働等の関係機関・関係者がネットワークを組んで連携して支援していくことが必要とされており、本書の副題にもなっている「多職種チーム」が有効に機能するような仕組みが必要である。

国や地方自治体も昨今「ネットワーク」「連携」が重要ということで、取り組んではいるが、地方自治体主催の会議は、「〇×連携協議会」等と称して、年に一～二度一方的な行政説明を受けるだけで、実質的な連携

に繋がるものにはなっていないのが実態である。また、地域で連携がうまく行っている事例も出てきているが、残念ながら多くの専門家のボランティア的な取り組みにより支えられているケースが多い。

地域における連携を実質的なものとして機能させていくためには、個別事案について多職種が業務として連携に係われるような仕組みを作らないと意味がないのである。

一人ひとりのニーズに応じた支援を多職種の専門家が連携して行っていくためには、障害者基本計画に示されている「個別の支援計画」（個別の教育支援計画）をツールとして活用できるように、「個別の支援計画」の保管・管理や利用方法について仕組みを作り、定着させていくことが必要である。また、各々の専門家が業務として連携や支援に携われるよう、個別の支援計画の策定や相談、ケース会議等を支援制度のなかに位置づけし、事業化することが必要である。

B．専門家の活用

たとえば教育分野についていえば、昨今の学校は、不登校、いじめ、被虐待児など多様な問題や困難を抱えている。さらに、文部科学省の調査では、ＬＤ等発達障害の疑いのある児童・生徒が六％程度在籍している可能性が示されている。このような多種・多様なニーズをもつ子ども達のニーズに的確に応えていくためには、教員の方だけで対応するのは無理であり、学校外から医師、心理士、作業療法士、言語聴覚士等の専門家の活用が不可欠である。

アメリカの十年位前の計数だが、小学校から高校まで合わせると、教員以外の専門家等で学校教育に関わっている人の数が約四十三万人というデータがある。補助教員や体育教師なども含まれるが、心理職の方も二万四千人が学校教育に関わっている。わが国においても、学校外の専門家を学校教育にもっと活用していくべきである。

C．多層構造の人材育成と活用

二〇〇八年に障害者自立支援法の見直しのために、厚生労働省に「障害児支援の見直しに関する検討会」「社会保障審議会・障害者部会」が設置され、筆者も委員として参加させていただいた。このなかで、地域における相談支援体制についても検討されたが、乳幼児期については、「身近なところで敷居の低い相談機関」を設置することの必要性が提言されている。また、幼稚園、保育所、学校、保健センターなど、日常的にお子さんたちに接している一次機関には、ある程度対応できる方を置いて、必要に応じて地域の核となるような専門機関に専門家を配置して出向いて支援するスタイルが提案されている。

地域において、このような体制を整備するためには、一次機関における対応者やコーディネーター、専門機関における心理職等の専門職や責任者、さらには高度な専門知識と幅広い経験をもち、地域においてコーディネーター的な役割を果たす人材等、多層構造の人材を育成し、活用していくことが必要である。

D．専門職の方の処遇や地位を高めていくこと

保護者の立場からすると、できれば優秀で熱心な専門職の方に、子ども達に対する支援に携わっていただきたいという願いがある。しかし、福祉・教育の分野において支援に携わる専門職の方の処遇は概して低く、将来展望が描けるような体系になっている場合は少なく、せっかく素晴らしい支援者に出会えても、やむなく離職されていくケースも多い。

前述のように多層構造の人材の配置・活用を仕組みとして構築することにより、専門職の方が専門性を高め、管理能力やコーディネート能力を高めていっていただくことが大切である。そのためには、多くの方がその専門職に就きたいと思っていただけるよう、安定的な仕組みや適正な処遇体系の構築が必要である。

心理職などの専門職に就いた方々が、その専門性を適正に評価され、その専門性と労苦に見合った処遇や社会的な地位が得られるような仕組みの構築がなければ、質の高い支援サービスを提供していくことは難しい。国において、長期展望に立って福祉・教育等の分野に関わる専門職の人材の在り方について検討し、必要な財源を投入して取り組んでいくことが望まれる。

おわりに

ここ数年で特別支援教育も発達障害者支援も大きく進展したが、個々の子ども達に対する支援という観点で見ると、十分とは言えない状況である。最近になって、発達障害に関わっていただいている心理職の方が増えてきているが、ＬＤ、ＡＤ／ＨＤ等の発達障害のある子どもは、小中学校だけでも七十万人位いる可能性があると言われており、質・量ともにまだまだ少ないというのが現状である。発達障害はこれからの分野であり、ぜひ、多くの心理職の方に関わっていただきたい。

特別支援教育も発達障害者支援も目指す姿は、日本中のどこにいても、障害や困難のある人が、一人一人のニーズに合わせた、乳幼児期から生涯を通じ一貫した支援を受けられる社会の実現である。保護者の一人として、当事者団体の一員として、このような社会の実現を目指して、取り組んでいきたいと思っている。その実現のためにも、発達障害を含め、障害や困難のある子どもに対する支援に、さらに多くの心理職等の専門職の方々にチームとして関わっていただく必要がある。本書のテーマである「多職種チーム（連携）」が、各地域において実現していくことを切に願っている。

第Ⅳ部

行政との協働における心理職の役割

――社会的養護の現場を中心に

虐待や家族離散などの理由から、社会的な保護とケアを要する児童への取り組みは、国家施策として対応すべき深刻な問題である。このような社会的養護については、「児童虐待の防止等に関する法律」の施行からもわかるように、社会制度の策定と運営を担当する行政職との協働が前提となる。そこで、心理職が専門職として活動するためには、行政との関連においてどのような役割を担うのかが重要なテーマになる。第Ⅳ部では、心理職と行政職の立場から児童福祉領域における心理職の役割を検討するとともに、社会的養護の現場を中心に両者の協働の可能性についての対談を収録する。

第11章 子どもの福祉における心理専門職の現状と課題

北翔大学大学院教授
大正大学客員教授
村瀬嘉代子

はじめに

これまでわが国では、虐待をはじめとする子どもの問題について、国の政策や行政はもとより、専門的、非専門的さまざまな立場から論じられ、その解決を目ざしていろいろな対応がなされてきた。しかし、問題解決は十分とはいえないであろう。その理由の一つに、とりわけ、近年の子どもの問題は複雑困難化しており、その原因は輻輳《ふくそう》して多次元にわたっていることが指摘されよう。このような子どもの問題に対しては、生物・心理・社会的多次元から、統合的にアプローチすることが求められる。換言すれば、子どもの福祉領域における心理職には、臨床心理学の理論や技法を会得したうえで、緻密に観察して焦点を的確に捉える視点と同時に、時間軸、空間軸にそって全体状況を捉える力を併せもってアセスメントを行うこと、それに基づいて、多面的で一人ひとりの子どもや個々の状況に即応した、なおかつ援助チームの一員として、全体の援助活動の展開過程に溶けこんだ援助の営みが求められている。伝統的な心理的援助の理論や技法を十分会得したうえで、現実に即応したアプローチを行えることが課題である。

なお、子どもの福祉領域において、心理的援助を行っているのは臨床心理士が主ではあるが、他の心理専門

表 11-1　児童福祉領域心理職活用状況

開始時期	職域	施設数	職名	常勤	非常勤（確定）	非常勤*（推定）	総数	データ日時
1947 (S22)	児童相談所	201	児童心理司	1065		549	1614	H21.4.1
2006 (H18)	児童相談所・一時保護所	120	心理療法担当職員	120		62	182	H20.4.1
1999 (H11)	児童養護施設	564	心理療法担当職員	308	438		746	H20.4.1
2001 (H13)	乳児院	122	心理療法担当職員	21	32		53	H18.4.1
1961 (S36)	情緒障害児短期治療施設	33	セラピスト（心理療法士）	160	27		187	H21.4.1
2006 (H18)	児童自立支援施設（旧教護院）	58	心理療法担当職員	58		30	88	H20.4.1
未	児童自立援助ホーム	48	なし	0			0	H20.7.1
				1732	497	641	2870	

＊注　非常勤（推定）については，非常勤が存在するが確実なデータが取れないため，近年一般的に，勤労者における常勤雇用に対する非常勤雇用の割合が 3 人のうち 1 人とカウントされているのに倣い，常勤者数を基にして非常勤職員数とした。

〔資料：日本臨床心理士会　平成 21 年 11 月 2 日作成（調査期間平成 21 年 6 月～ 11 月)〕

職（臨床発達心理士、学校心理士など）も関わっている現実もあるので、ここでは心理専門職と表現する。

ちなみに、二〇〇九年四月時点で、子どもの福祉領域（児童相談所、乳児院、児童養護施設、情緒障害児短期治療施設、児童自立支援施設など）において勤務している心理職者の人数はおよそ二千八百名余である（表11-1）。なお、二〇〇九年度より、児童養護施設が専門特化型を目ざす場合、心理専門職の雇用が条件づけられるようになった。したがって、子どもの福祉領域で勤務する心理職者の数はさらに増加しているものと考えられる。

第1節　児童福祉領域の心理的援助に求められる特質

さて、こころの問題は生物－心理－社会

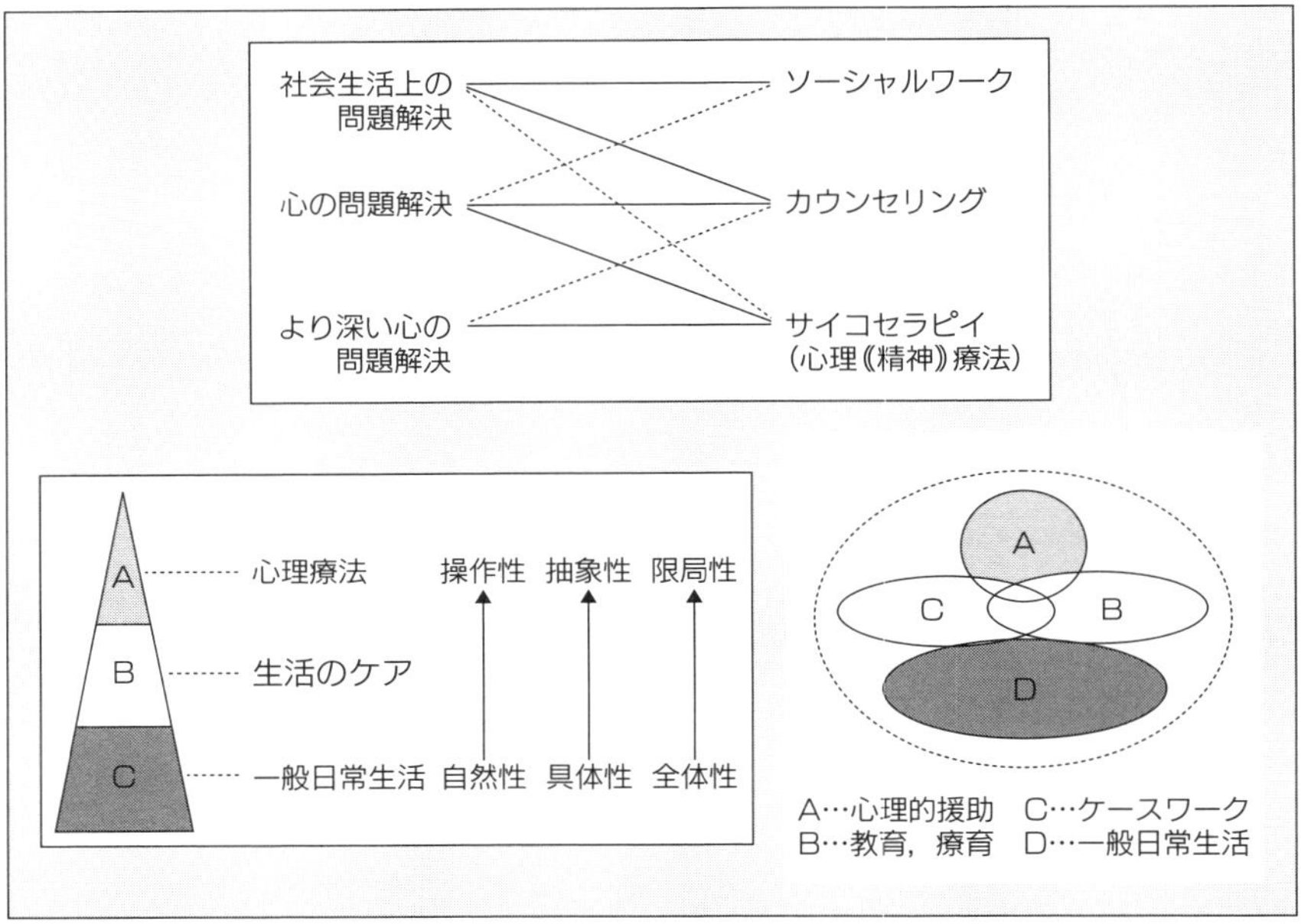

図 11-1

的多次元から統合的に関わることが必要だが、子どもは成長途上にあって、環境の影響を受けて生活しているので、この多元的でかつ統合的アプローチは成人以上に必要である。

図11-1にそれぞれのアプローチを概略して示したが、一般にソーシャルワークは、いわゆる社会生活上の問題解決をし、カウンセリングは意識化できる主に言葉で交流が可能なレベルの心の問題を解決する、そしてサイコセラピイ(心理療法)は概念的には、より深い、時に無意識にも関わるこころの問題を解決するものと考えられている。

しかし、現実に援助の営みを行うに際して大切なことは、援助を受けている人自身がそれをどう体験し、受けとっているかということである。社会生活上の問題について話していても、実は心の問題に自ずと深く触れる局面は生じうる。また、カウンセリング場面においても、自己開示が進み、非常に深い問題に触れることがある。一方、心理療法においても、クライエントの役に立つという観点から必要な扶助を受ける現実的提言を行うこともある。つまり現実的には、破線で示されるようにそれぞれのアプローチは重なり合う。日常生活が自然で具体的で、全体的に運ぶのに比較し、生活のケアというのは生活場面のそれぞれ具体的に特定された場面での援助であり、心理療法というのは、技術的に特化されて、より操作的、目的的に焦点を絞った関わりになっていくといえよう。ただ、抽象度の高い特化された技術を持って関わる心理療法の過程においても、心理療法のなかで生じていることがクライエントの全体状況、換言すれば生活全体とどう関連しているのかという視点を的確にもって進めることが重要である。

さて、子どもの心理的援助には、大人に対するそれに比較して、次のような特質が挙げられる。

（1）自分の抱く問題が精神的なものであるという自覚が少ない。心理的援助は周囲の判断によって求められることが多い。したがって、当の子ども本人の援助を受けようという意欲は曖昧な場合が多い。

（2）援助者に問題点を説明するのは大抵は周囲の大人である。それは他者から見た現象記述としては正確でも、子どもがその問題行動の背景に抱く恐れや怒り、恥、哀しみ、困惑についての叙述は概して不十分である。

（3）身体症状や習癖として現れやすく、状態像は不安定、大人の場合の分類を当てはめたり、性急に障害の類型に分けてこと足れりとしない。

（4）交流手段として、言葉以外にさまざまな方法の工夫が必要。

（5）心身ともに成長途上にあり、環境の影響を受けやすい。したがって、①援助者の柔軟性、能動性が求められる。②予断にとらわれないこと。援助者は子どもから見てこれまでの大人とはどこか違う――新鮮で、信頼を寄せることができ、どこか同一視の対象としうるような統合のとれた人物、そして柔軟でとらわれない姿勢の持ち主でありたい。③発達程度を的確に理解し、症状や行動上の問題をとおして、何を子どもは訴えているのか、その発生状況や成育・環境的背景を考慮すること。④援助技法に柔軟性が求められ、かつ援助者の特異な技法に子どもを乗せるのではなく、あくまでも子どもの必要性に即応して技法を用いるべきである。援助者は平素から、開かれた態度で関心をさまざまなことに向けていることが望ましい。

（6）　福祉領域の心理的援助は日常の具体的場面でこころを込めたやりとりをすることがとりわけ意味をもち、効果をもたらすのが特質といえよう。したがって、心理的援助者は人工的に構造化された場所や時間のなかでのみ、心理的援助を行うと狭義に考えるよりも、「生活」という視点を重視する必要がある。

第2節　事例を通して今後の心理的援助を考える

時代と社会の推移につれて、心理的援助のあり方について、ニーズに即応した変容が求められるが、とりわけ子どもの福祉の領域では深刻な被虐待経験をもつ社会的養護児童の増加などに対応するため、他職種とのチームワーク、コラボレートしながらの統合的な生活に根ざしたアプローチが求められてきている。その例を次に述べる（ここでの心理的援助担当者は楢原真也《ならはらしんや》氏〈成長の家の臨床心理士。以下Nと記す。なお事例は、幾つかのものを合成して記述した〉。

四歳男児のAは父親からの壮絶な暴力による虐待を受け、母親は精神疾患で長期入院中、事実上養育不可能ということで養護施設に入所した。Aは基本的生活習慣が全く身についておらず、時や場を分かたずに暴力を振るい、あらゆることに不信感を顕《あら》わに反抗するので、担当のケアワーカーはたちどころに疲弊しきってしまった。そこで、Aがまず僅かなりとも安心をもてるように、そして居場所感覚をもてるようにと、Nが心理療法を担当することになった。

始めの挨拶に次いで、Nが「今までお家で色々あって落ち着いて暮らせなかったね。ここで安心して楽しくよいことがあって暮らせるように、元気に大人になっていけると良いね」と話しかけると、Aは悪態をつきながらもNを見つめ、真剣に聴き入ってもいた（以下、Nの発言を「」、Aの発言を〈〉で示す）。

Aが人形を用いて遊ぶ。その内容が「あやす」から「投げ捨て、殺す」ひとり遊びになり……

「僕も入れて。死んでしまって大変」

〈そうだ、死んだんだ。俺一人だ。俺は一人で遊ぶ。お前大嫌い！〉

「嫌いなとこ直すから」

〈嫌いなもの嫌い！〉

といいつつ、AはNの膝に乗り、首に腕を回し抱きつく。ままごと遊びをひとりで始めて……

〈お前の分ないぞ、ウンコ食わせてやる〉

すかさずNは……

「じゃ、ウンコジュースとカレー作ろう」

これにAは入園三カ月目にして初めて、笑う。

プレイセラピイが終わって、プレイルームからの帰りに……

〈肩車して〉

Ａの要望に応じてＮが肩車をすると……

〈つば吐くぞ！〉

とＮの頭につばを吐く。ＮがＡの服でつばを拭くと……

〈汚ねえな！〉

「汚いのはお前のつばだろ」

〈そうだな〉

と二人は大笑い。次第にアンビバレントながら，関係が出来てくる……。

窓から蚊が一匹入ってきたり，他の子どもが窓から覗くとひどくＡは脅える。ＮはＡの基本的世界像がどれほど不安かということを再認する。そこで，施設の平面図を描いて見せて説明し，Ａを負ぶって建物の周りを一周して，みだりに怪しい侵入者がいないことを告げる。次いで，屋上から街を二人で一望する。

〈すげえな，広いな，この周りの街は大丈夫だろうか〉

と。ＮはＡを駅まで散歩に誘う。途中の林や物陰にひどく脅える。ＮはＡを負ぶって……

「大丈夫，オンブしてるから，Ｎと一緒だよ」

と伝える。Ａは背中で……

〈安心，安心〉

と呪文のように繰り返す。駅からの帰途，将来への希望を込めて小学校の前を通る。

〈でかいぞ，幼稚園よりでけえぞ！〉

「Aも今にここに通うんだよ」

とのNのことばに一寸遠くを見る眼差しのA。

他の場面でもNはAが安心をますようなさまざまな工夫をして関わったが，A担当のケアワーカーが六人の園生を受けもち，Aの甘えの欲求を痛いほど感じとりつつも対応に苦慮していることに対し，Aとケアワーカーの関係を促進安定させることを考え，プレイセラピイ場面にケアワーカーも招じ入れることを試行した。すると年下の幼児の前では甘えられず，それが反転して暴行となっていたのが，Aはケアワーカーの膝に座り，哺乳びんからミルクや水を飲んだ。プレイルームではケアワーカーに存分に甘えてもよいことを約束すると，Aの行動は暴力からことばでの表現へと次第に変わっていった。やがて，プレイルームでケアワーカーにもたれながら〈何で，俺は家に帰れないのだ，他の子どもは家にいるだろう！〉と呻《うめ》くように叫んだ。そこで，児童相談所の担当福祉司の来園を求め，N，ケアワーカー，児童福祉司，園長が「お母さんは病気を治そうと一生懸命努力している。自分たちもAの家族が一緒に暮らせる日が来ることを目標に頑張っている」とAの表情を見ながらことばを選んで告げた。Aはケアワーカーの膝に座ってまじろぎもせず半ば悲しそうに，半ば納得したような表情で聴いていた。

数回後のプレイセラピイの場面で，Aが……

〈俺はウルトラマンガイアだ〉

と人形を選ぶので，Nが……

「じゃ，僕はウルトラマン太郎」

というと，敏感なAはすかさず……

〈ずるいぞ、ウルトラマン太郎にはお父さん、お母さんがいる！〉

と叫ぶ。咄嗟にセラピストのNは確かにここの学園の子どもは自分の家族と良い繋がりが持てなくて、とても辛い思いをしてきたけれど、世の中には血が繋がらなくても大切に思ってくれる人がいて、施設職員は人間の絆を紡いでいきたい、と思っている。信頼関係をつくっていきたい、ということを伝えようと考え……

「ウルトラマン太郎にはお父さん、お母さんが確かにいる、でも自分の子どもだけじゃなくてお父さん、お母さんは他のウルトラマンも大事にしたでしょ。だからウルトラの兄弟っていうじゃない。」

と伝えると、丁度5歳になったAはじっとNの顔を見つめて……

〈N、お前は大人じゃねえか〉

と言う。Aには信頼関係ということの原型の意味が伝わったのであろう。

このようなやりとりを重ねつつ、「ここのみんなは淋しい思いや辛い思いを抱えながらも一生懸命に生きて来ている……。皆と一緒の時は暴れるのではなく、なるべくお話しして伝えていこう……。でもセラピストと一緒の時は思い切って甘えてもよい」と伝えるうちに、Aは自称に〈ボク〉を使うようになり、言葉遣いは年齢相応になり、衝動的行為も少なくなってきたので、小学校入学を機に園内での個別セラピイは終わりとした。

簡略な事例ではあるが、ここには伝統的なプレイセラピイの原則は重んじつつも、昨今の深い不信や不安感を抱く社会的養護児童へ関わる心理職としての柔軟な考え方と技法的工夫が示されている。子ども（クライエント）とセラピストとの関係構築を主眼としつつ、生活場面で子どもと関わるケアワーカーとの安定した絆、愛着関係の構築を同席プレイセラピイで、積極的に援助している。また、不遇な現実を受けとめるということ、児相の職員も施設の職員も共にこころを合わせているということを合同面接で子どもに伝え、さらにはウルトラマン兄弟に仮託して、血縁がなくとも人間は信頼の絆が出来うることを話している。子どももセラピストの言葉を受けとめて、次第に落ち着き、年齢相応に振る舞うことが可能になっている。

今後、子どもの福祉の領域では、心理的援助の原則を知悉《ちしつ》したうえで、心理的援助者としての責任を考慮しつつ、ひとり一人の子どもに即応して、多軸で観察し考え、多面的に、かつチームワークを大切にしたアプローチが一層必要になっていくだろう。

最後に、たとえどのようなクライエントであっても、「人として遇する姿勢」「援助を受けるということは痛みをともなうものである」ことを心理職者は心に銘記したい。

第12章 社会的養護の課題と心理職への期待

厚生労働省雇用均等・児童家庭局
家庭福祉課長
藤原禎一

第1節　社会的養護の現状と課題

筆者は二〇〇一年から二〇〇二年にかけて、厚生労働省の雇用均等・児童家庭局の虐待防止対策室長として、児童虐待対策と婦人保護行政を担当した。二〇〇八年からは、同局の家庭福祉課長として、社会的養護（里親、児童養護施設等）、ひとり親家庭の自立支援、婦人保護行政を担当している。

虐待防止対策室長の時期は、「児童虐待の防止等に関する法律」（以下「児童虐待防止法」とする）が二〇〇〇年の秋に施行された直後であった。その直前は、都道府県で児童福祉の担当課長をやっていたため、同法の施行については、地方自治体で準備に携わった。当時の特に大きなテーマは、いかに早く児童虐待を発見し児童相談所が児童を保護するかであったが、早期発見のためには、保健、医療、福祉、教育など地域の幅広い関係者の力が必要である。また、虐待の発生そのものを予防する道筋をつけていかなければ、いかに児童相談所が奮闘しても、対応には限界がある（この状況は、現在でも変わっていない）。

表 12-1

2004	児童虐待の防止等に関する法律の一部を改正する法律（平成 16 年法律第 30 号） ・児童虐待の定義の見直し ・児童虐待に係る通告義務の拡大 ・面会・通信制限規定の整備 児童福祉法の一部を改正する法律（平成 16 年法律第 153 号） ・児童相談に関する体制の充実（要保護児童対策地域協議会など） ・児童福祉施設，里親等の見直し ・要保護児童に関する司法関与の見直し
2007	児童虐待の防止等に関する法律及び児童福祉法の一部を改正する法律（平成 19 年法律第 73 号） ・児童の安全確認等のための立入調査等の強化 ・保護者に対する面会・通信等の制限の強化 ・保護者に対する指導に従わない場合の措置の明確化 ・要保護児童対策地域協議会設置の努力義務化
2008	児童福祉法等の一部を改正する法律（平成 20 年法律第 85 号） ・乳児家庭全戸訪問事業，養育支援訪問事業等の法定化 ・里親制度の拡充，ファミリーホーム制度の創設，自立援助ホームの拡充 ・被措置児童等虐待への対応 ・要保護児童対策地域協議会の機能強化

虐待による死亡のリスクが高い乳幼児およびその家族の支援については、母子保健分野の保健師活動が重要な役割を果たしている。母子保健の保健師の活動と児童相談所の児童福祉司の活動を、地域の現場で有効に結びつけていく必要がある。こうした課題認識から、厚生労働省で地域保健を担当する健康局と児童福祉を担当する雇用均等・児童家庭局が、地方自治体に向けた通知を連名で発出し（「地域保健における児童虐待防止対策の取組の推進について」二〇〇二年六月十九日）、あわせて保健師向けのマニュアル（「子ども虐待予防のための保健師活動マニュアル」平成十三年度厚生科学研究）を配布した。

また、地域の関係者が連携して対応するという点に関しては、既に一部の市町村で取り組みが始まっていた「児童虐待防止ネットワーク活動」を全国に普及させていくことが必要である。そのための前提として、二〇〇一年度に初めて全国の状況の調査を実施した。

児童虐待の防止については、その後も、表12−1

のように、累次の法改正等が行われ、行政や関係者による取組が積み重ねられてきている。

婦人保護行政については、ドメスティック・バイオレンスの被害者の保護が大きな課題となっている。二〇〇一年に「配偶者からの暴力の防止と被害者の保護に関する法律」（平成十三年法律第三十一号）が施行され（全面施行は二〇〇二年四月）、配偶者暴力相談支援センター、裁判所による保護命令、婦人相談所の一時保護の民間シェルター等への委託のなどの仕組みが導入された。婦人相談所では、二〇〇八年度は六千六百十三人の女性を一時保護（委託を含む）したが、五千四百三十人の同伴児童があり、児童福祉施策とは不可分の関係にある。二〇〇四年の児童虐待防止法の改正でも、児童の目の前でドメスティック・バイオレンスが行われることが、児童虐待の定義に加えられている。

筆者は虐待防止対策室長時代から、保護した後の児童のケア、さらに、家庭復帰等自立の支援が実際には最も難しい課題であると感じていた。今回、社会的養護施策を直接担当し、改めてそのことを実感している。また、個々の具体的なケースでは、児童虐待、非行、ドメスティック・バイオレンス等の問題が複合していることも多く、こうしたなかで児童と家庭の社会的自立を支えていかなくてはならない。これは、「制度の運営に携わっている行政」と「ケアの直接の担い手である臨床家」が、真に協力し、取り組んでいかなければならない課題である。

まず、若干の統計数字等を用いて、社会的養護をめぐる最近の状況を紹介する。

1. 社会的養護の対象児童（図12–1）

里親に委託されている児童が約三千九百人。乳児院の入所児童が約三千百人。児童養護施設の入所児童が一番多く約三万一千人。情緒障害児短期治療施設は、全国普及が長年の懸案であるが、まだ全国三十二施設で入所児童数も約千二百人。児童自立支援施設の入所児童は約千八百人。また、義務教育終了後の児童であって児童養護施設等を退所した児童が共同生活をし、職員が相談や支援を行う自立援助ホームにいる児童は、まだ二百三十人である（なお、自立援助ホームについては、二〇〇八年の児童福祉法改正で対象年齢が二十歳まで引き上げられた）。

里親制度	保護者のない児童または保護者に監護させることが不適当であると認められる児童の養育を都道府県が里親に委託する制度	登録里親数	委託里親数	委託児童数
		7,808人	2,727人	3,870人

［資料：福祉行政報告例（2008年度末現在）］

	乳児院	児童養護施設	情緒障害児短期治療施設	児童自立支援施設	自立援助ホーム
対象児童	乳児（保健上，安定した生活環境の確保その他の理由により特に必要のある場合には，幼児を含む。）	保護者のない児童，虐待されている児童その他環境上養護を要する児童（安定した生活環境の確保その他の理由により特に必要のある場合には，乳児を含む。）	軽度の情緒障害を有する児童	不良行為をなし，又はなすおそれのある児童及び家庭環境その他の環境上の理由により生活指導等を要する児童	義務教育を終了した児童であって，児童養護施設等を退所した児童等
施設数	121カ所	569カ所	32カ所	58カ所	51カ所
児童定員	3,710人	33,994人	1,541人	4,005人	367人
児童現員	3,124人	30,695人	1,180人	1,808人	230人

［資料：社会福祉施設等調査報告（2008年10月1日現在）
自立援助ホームは連絡協議会調（2008年12月1日現在）］
（12月1日現在協議会に加入しているホームについて）

小規模グループケア	446カ所
地域小規模児童養護施設	171カ所

［資料：小規模グループケア，地域小規模児童養護施設は家庭福祉課調（2008年度）］

図12-1　社会的養護の現状について

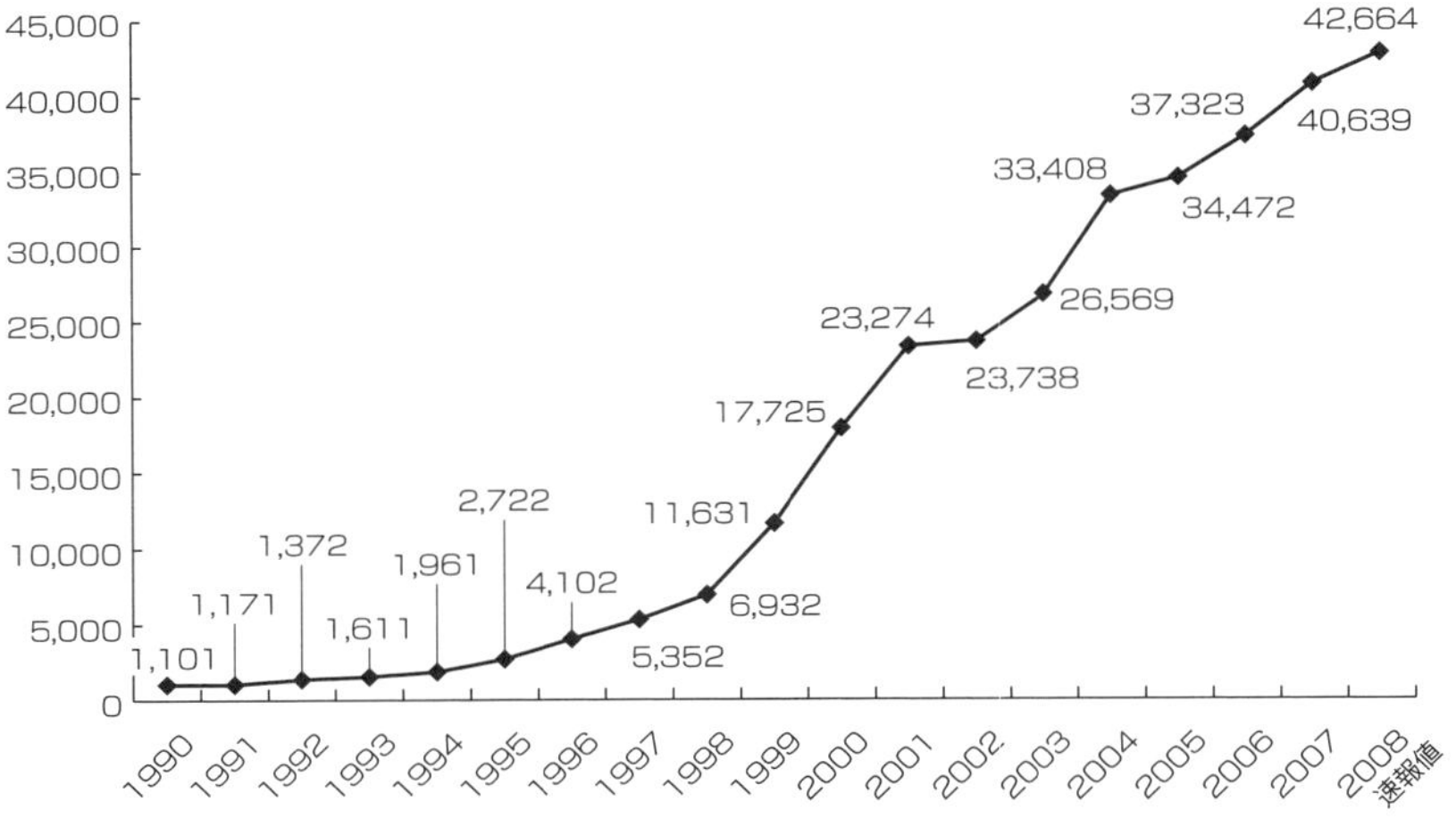

図 12-2　全国の児童相談所における児童虐待に関する相談件数

2. 被虐待児童の増加（図12-2・表12-2）

児童相談所の虐待相談件数の統計がとられるようになったのは、一九九〇年度からであり、当時は約千件であったが、児童虐待防止法の施行（二〇〇〇年）等を背景に件数は増加し続けている。二〇〇八年度では四万二千六百六十四件となっている。

里親委託児童の三割超、児童養護施設入所児童の五割超、情緒障害児短期治療施設の入所児童の七割超は、被虐待経験があるという状況にある。

3. 障害児の入所（図12-3）

社会的養護施設で生活している児童のうち、障害がある児童の割合が高くなってきている。児童養護施設の例では、入所している児童の二三・四％（二〇〇八年）であり、一九八七年（八・三％）と比べ、率において三倍近くになっている。

表 12-2

虐待を受けた子どもの入所割合		
乳児院	→	32.3%（2008 年）
児童養護施設	→	53.4%（2008 年）
情緒障害児短期治療施設	→	71.6%（2008 年）
児童自立支援施設	→	65.9%（2008 年）
里親	→	30.6%（2008 年）
児童相談所一時保護所	→	38.1%（2006 年）

［資料：児童養護施設入所児童等調査（2008 年 2 月 1 日現在）
※児童相談所一時保護所に関しては入所状況調査］

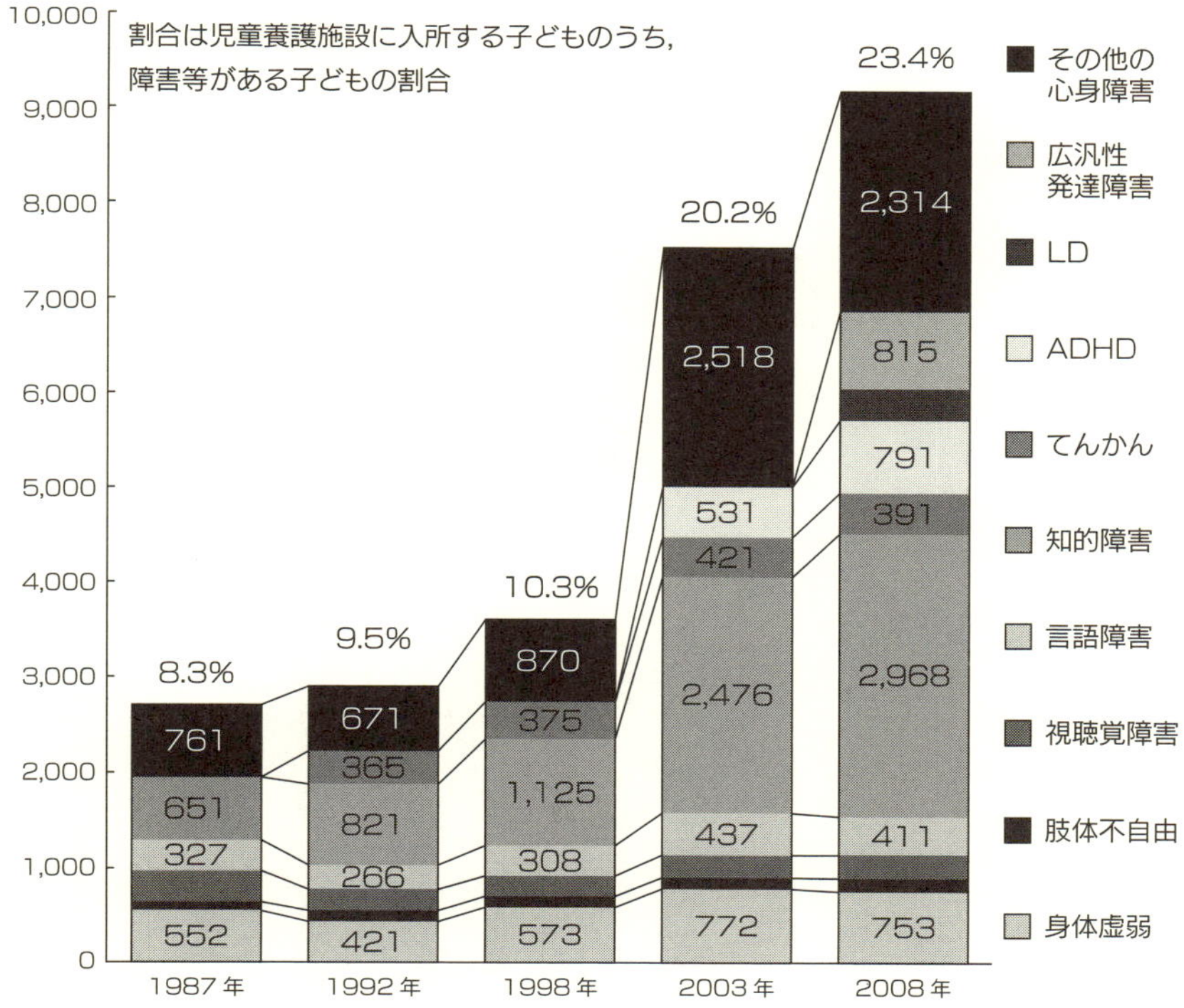

ADHD については，2003 年より，広汎性発達障害および LD については，2008 年より調査。
それまではその他の心身障害へ含まれていた可能性がある。

図 12-3　児童養護施設における障害等のある児童数と種別

表 12-3　要保護児童の措置先のうち里親，児童養護施設，乳児院の割合

年度	乳児院		児童養護施設		里親		合計	
	入所児童数（人）	割合（%）	入所児童数（人）	割合（%）	委託児童数（人）	割合（%）	児童数（人）	割合（%）
2002 年度	2,689	7.9	28,988	84.8	2,517	7.4	34,194	100.0
2003 年度	2,746	7.9	29,144	84.0	2,811	8.1	34,701	100.0
2004 年度	2,942	8.2	29,828	83.3	3,022	8.4	35,792	100.0
2005 年度	3,008	8.3	29,850	82.6	3,293	9.1	36,151	100.0
2006 年度	3,013	8.3	29,889	82.3	3,424	9.4	36,326	100.0
2007 年度	2,996	8.1	30,176	82.0	3,633	9.9	36,805	100.0
2008 年度	2,995	8.0	30,451	81.6	3,870	10.4	37,316	100.0

［資料：福祉行政報告例（各年度末現在数）。］

4. 家庭的養護――施設と里親（表12-3・図12-4）

家庭的な環境での養護が児童にとって非常に重要であり、その代表は里親委託ということになるが、我が国の社会的養護においては、未だに里親委託児童数は少ない。里親委託率（乳児院入所児童数、児童養護施設入所児童数、里親委託児童数の合計に対する里親委託児童数の割合）は、近年、上昇しているが、二〇〇八年度においても一〇・四％である。二〇一〇年一月に閣議決定された「子ども・子育てビジョン」では、二〇一四年度にこれを一六％に高めることを掲げており、里親を支援する施策・仕組みや啓発活動の強化（里親支援機関事業）、里親手当の引上げ等の取り組みが行われてきている。二〇〇八年の児童福祉法改正では、里親を「養育里親」と「養子縁組里親」に法律上区分し、養育里親の研修の義務付け等を行った。

また、二〇〇八年の児童福祉法改正で、ファミリーホーム制度（小規模住居型児童養育事業）が創設され、今後の普及が期待されている。

児童養護施設等においても、できるだけ家庭的な環境で入所児童の処遇を行うため、施設のケアの小規模化が課題となっている。現状では、児童養護施設の場合、大規模な単位での処遇が全

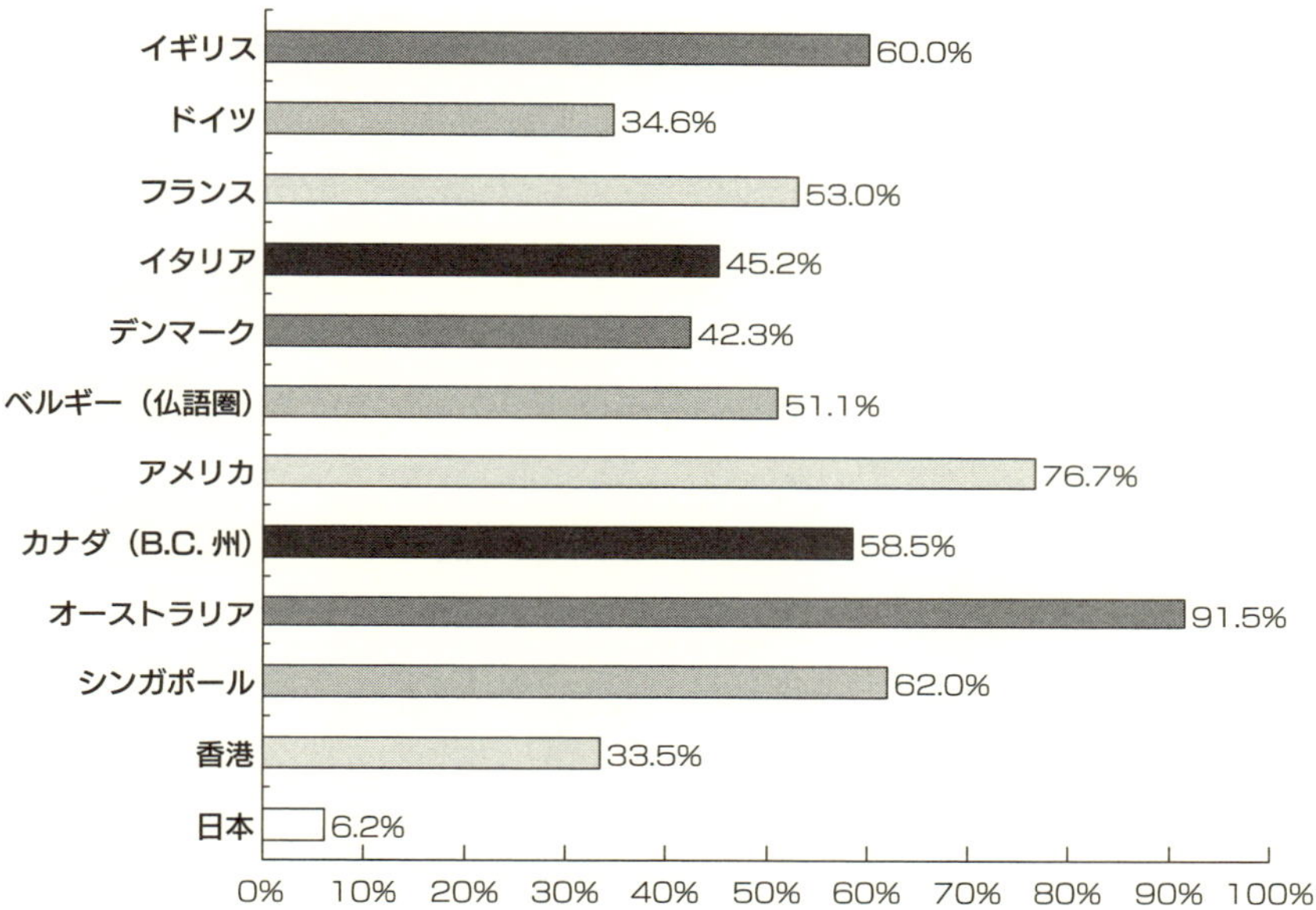

図 12-4　各国の要保護児童に占める里親委託児童の割合（2000 年前後の状況）
[資料：『里親制度の国際比較』湯沢雍彦著，ミネルヴァ書房，2004 年]
※里親の概念は諸外国によって範囲が異なる。

表 12-4

	児童養護施設		児童自立支援施設		情緒障害児短期治療施設	
大舎	393	**70.6%**	4	6.9%	27	87.1%
中舎	94	16.9%	17	29.3%	0	0.0%
小舎	120	21.5%	48	82.8%	4	12.9%

・児童養護施設：全国児童養護施設協議会調べ（2005 年 4 月 1 日現在 557 施設，複数回答あり）大舎：1 舎 20 人以上，中舎：1 舎 13 ～ 19 人，小舎：1 舎 12 人以下
・児童自立支援施設：全国児童自立支援施設協議会調べ（2006 年度 58 施設）　大舎：1 舎 26 人以上，中舎：1 舎 16 ～ 25 人，小舎：1 舎 15 人以下
・情緒障害児短期治療施設：全国情緒障害児短期治療施設協議会調べ（2006 年 10 月 1 日現在 31 施設）

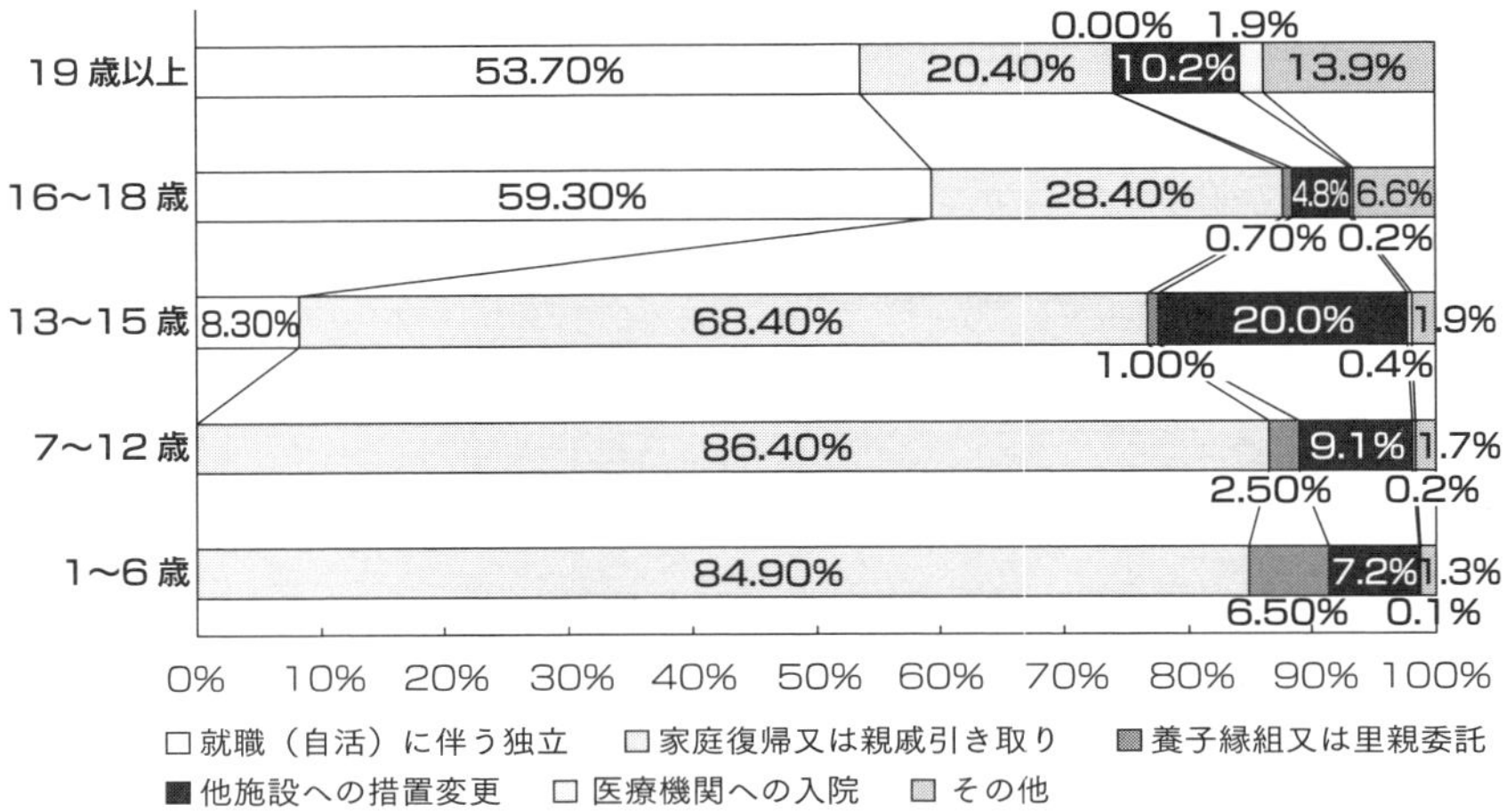

図12-5　児童養護施設における退所理由
［資料：平成19年度社会的養護施設に関する実態調査（2008年3月1日現在）］

体の七割程度という状況にある（表12-4）。前述の「子ども・子育てビジョン」では、二〇一四年度に、地域小規模児童養護施設を三百カ所、児童養護施設等における地域小規模ケアを八百カ所という目標を掲げている。

5．家庭復帰や退所後の自立に向けた支援（図12-5）

児童養護施設では、退所児童の約二割は施設退所後に就職し、約六割は家庭に復帰している。

ただし、これを退所時の年齢別にみると、十六〜十八歳では約六割が、十九歳以上では約五割が就職している。自立援助ホームなど退所児童の自立支援策の充実が課題となっている。「子ども・子育てビジョン」では、二〇一四年度に、百六十カ所という目標を掲げている。

6．権利擁護（表12-5〜表12-7）

児童からの苦情受付窓口及び第三者委員については、施設の九割超で設置され、児童の権利ノートも施設の約九割で配付されている。

他方、施設に対する第三者評価の受審については、児童養護施設の例でも、まだ約二割にとどまっている。

表 12-5　苦情解決のための取り組み状況

	施設数	あり	苦情受付窓口を設置	苦情解決責任者を設置	共同で第三者委員を設置	単独で第三者委員を設置
乳児院	120	119 99.2%	118 98.3%	117 97.5%	60 50.0%	51 42.5%
児童養護施設	559	559 100.0%	544 97.3%	542 97.0%	190 34.0%	338 60.5%
情緒障害児短期治療施設	31	30 96.8%	30 96.8%	29 93.5%	14 45.2%	15 48.4%
児童自立支援施設	58	57 98.3%	53 91.4%	54 93.1%	7 12.1%	42 72.4%

［資料：社会福祉施設等調査報告（2006 年 10 月 1 日現在）］

表 12-6 「児童の権利ノート」の活用等（児童養護施設の状況）

	施設数	割合
行政で作成したものを配布	213	55.6%
施設独自で作成したものを配布	43	11.2%
行政と施設が共同作成したものを配布	82	21.4%
なし	41	10.7%
無回答	4	1.0%
合　計	383	100.0%

［資料：全国児童養護施設協議会調べ（2006 年度の状況）］

表 12-7　第三者評価事業の受審（児童養護施設の状況）

	施設数	割合
あり	86	22.5%
なし	282	73.6%
無回答	15	3.9%
合　計	383	100.0%

［資料：全国児童養護施設協議会調べ（2006 年度の状況）］

第2節　社会的養護における心理職の役割への期待

1．社会的養護関係施設の心理職

表12－8は、社会的養護関係施設において、心理職の職員等がどのように配置されてきたかをまとめたものである。

情緒障害児短期治療施設ついては、制度化当初から、心理療法担当職員の設置が最低基準に規定されている。他の施設類型では、心理療法担当職員加算という形で、順次心理療法担当職員の配置が行われてきている。児童養護施設については、一九九九年度から配置が始まり、当初、非常勤職員であったのが二〇〇六年度に常勤化された。乳児院については、二〇〇一年度に非常勤職員の配置が始まり、同じく二〇〇六年度に常勤化された。児童自立支援施設については、二〇〇六年度から常勤職員の配置が行われている。

このほか、家庭復帰に向けた家族との調整を担当する家庭支援専門相談員職員や、被虐待児童に対応するための個別対応職員の配置が進められてきている。

二〇〇八年度は、四百四十三の児童養護施設に心理担当職員が配置されている。その他、乳児院、児童自立支援施設、母子生活支援施設でも心理担当職員の配置が始まっており、社会的養護の分野で心理職の活躍の場が広がってきている（図12－6）。

2．社会的養護のケアが目指すもの

社会的養護についての最近の議論の経緯を紹介すると、次頁のような流れとなる。

表 12-8

	乳児院	児童養護施設	情緒障害児短期治療施設	児童自立支援施設
ケア担当職員（最低基準より）	看護師 （保育士又は児童指導員をもって代えることができる。） 医師（小児科診療に相当の経験有）又は嘱託医	児童指導員 保育士 嘱託医	児童指導員 保育士 看護師 心理療法担当職員 医師（精神科医又は小児科診療に相当の経験有）	児童自立支援専門員 児童生活支援員 嘱託医 精神科の診療に相当の経験を有する医師又は嘱託医
心理療法担当職員加算	2001 年度 対象児童 10 名以上の施設（非常勤） 2006 年度 常勤化医	1999 年度 対象児童 10 名以上の施設（非常勤） 2006 年度 常勤化	（最低基準に規定）	2006 年度 対象児童 10 名以上の施設（常勤）
家庭支援専門相談員加算	1999 年度 定員 20 名以上の施設（非常勤） 2002 年度 全施設 2004 年度 常勤化 2007 年度 定員 50 名以上の施設に非常勤増配置	2004 年度 全施設（常勤）	2004 年度 全施設（常勤）	2004 年度 全施設（常勤）
個別対応職員加算	2009 年度 対象児童 10 名以上の施設（常勤）	2001 年度 定員 50 名以上の施設（常勤的非常勤） 2004 年度 全施設 2007 年度 常勤化	2004 年度 全施設（常勤的非常勤） 2007 年度 常勤化	2004 年度 全施設（常勤的非常勤） 2007 年度 常勤化

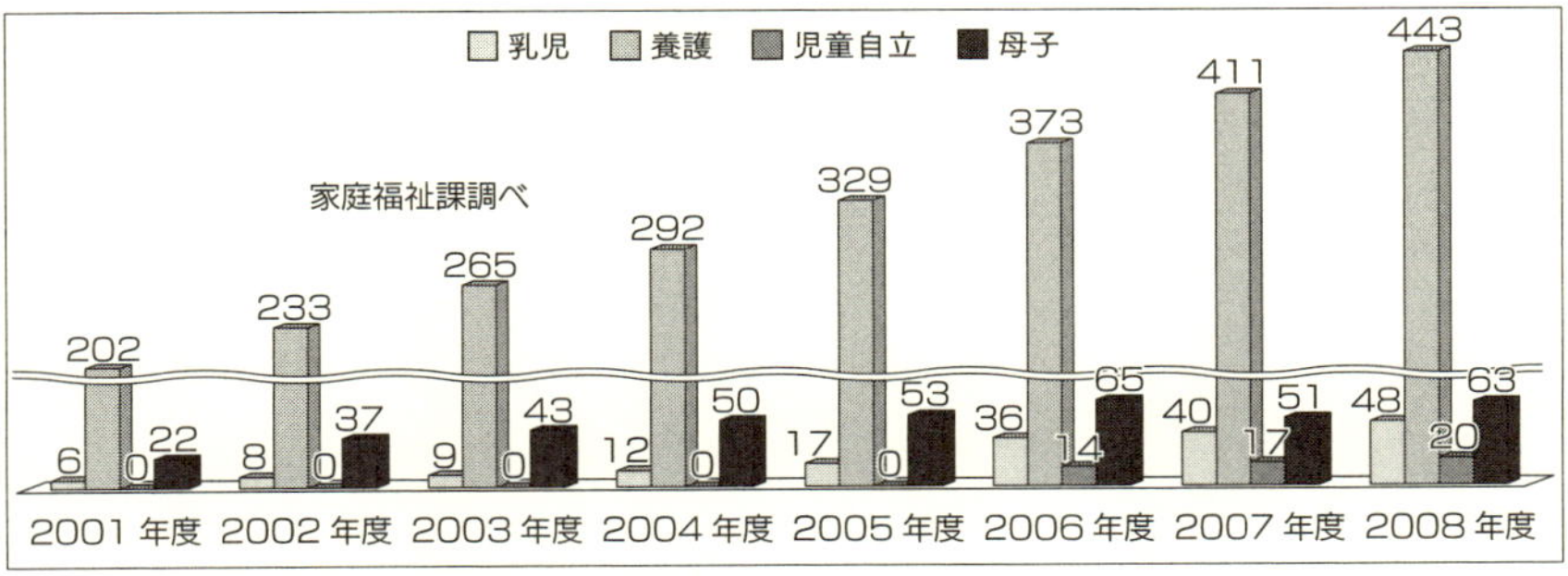

図 12-6　心理担当職員の配置（実績カ所数）

二〇〇七年二月　「今後目指すべき児童の社会的養護体制に関する構想検討会」設置
五月　検討会中間とりまとめ
六月　「児童虐待の防止等に関する法律及び児童福祉法の一部を改正する法律」の附則で、社会的養護の体制の拡充について検討を進めることを規定
八月　社会保障審議会児童部会社会的養護専門委員会設置
十一月　専門委員会とりまとめ
十二月　「子どもと家族を応援する日本」重点戦略検討会議とりまとめで、社会的養護体制の充実が先行実施課題の一つに
二〇〇八年三月　「児童福祉法等の一部を改正する法律案」を第一六九回国会に提出（審議未了により廃案）
十一月　法案を第一七〇回国会に再提出
十二月　法案成立
二〇〇九年四月　「児童福祉法等の一部を改正する法律」（社会的養護関連部分）の施行

今回の改正法等にも反映された社会的養護に関する基本的な考え方については、二〇〇七年五月の「今後目指すべき児童の社会的養護体制に関する構想検討会」の中間とりまとめのなかに見ることができ、内容は次のとおりである（図12–7）。

◇社会的養護が児童に提供すべき支援というのは、大きくは二つに集約される。一つは、子どもの育ちを保障するための養育機能であり、もう一つは、適切な養育が提供されなかったこと等により受けた傷を

回復する心理的ケア等である。この二つは別々にではなく、①子どもの育ちを保障するための養育機能を保証しながら、②心理的ケア等を個々の子どもの状況に応じて適切に組み合わせて、一体的に提供していく必要がある。

◇①の部分は、基本的にはどの児童にも必ず必要とされる生活支援、自立支援の機能で、すべての児童に保障されるべきものであり、家庭的養育環境のなかで、年齢に応じて、児童の自己決定権を尊重しつつ提供することが必要である。

◇②の部分は、さまざまな背景のもとで適切な養育が受けられなかった等により児童が心身に受けたダメージ、などを癒していく機能である。前述のように、障害がある児童も社会的養護のもとで多数生活しており、障害等によるさまざまな課題に対し必要な専門的ケアを行っていく機能でもある。この部分は、虐待等の増加など、近年、必要性が殊に増加している。

（検討会の中間とりまとめの一部を筆者が要約）

社会的養護が子どもに対して提供すべき支援を整理すると，以下の二つの機能となる。

①子どもの育ちを保障するための養育機能

- 基本的にはどの子どもも必ず必要とする生活支援・自立支援の機能であり，すべての子どもに保障されるべき。
- 家庭的な養育環境のなかで，年齢に応じて子どもの自己決定権を尊重しつつ提供することが必要。

＋

②適切な養育が提供されなかったこと等により，受けた傷を回復する心理的ケア等

- さまざまな背景の下で，適切な養育が受けられなかったこと等により子どもが心身に受けたダメージを癒す機能や，障害等によるさまざまな課題に対して必要な専門的ケアを行う機能
- 近年の虐待等の増加により，ますます必要性が増加

⇩

○ ①と②の機能は，密接に関連することから，①を基本としつつ，②を個々の子どもの状況に応じて適切に組み合わせながら，一体的に提供する必要がある。
○ その提供に当たっては，子どもの状況に応じた専門性が必要となる。

図12-7〔出典：「今後目指すべき児童の社会的養護体制に関する構想検討会中間取りまとめ」から〕

本稿で主要点を紹介した二〇〇八年の児童福祉法等改正の内容は、このような基本的な考え方を受けてまとめられものである（表12-9）。

若干補足をすれば、改正法の内容には、要保護児童対策地域協議会の機能強化が盛り込まれている。同協議会は、二〇〇四年の児童福祉法改正で位置づけられ、今回の法改正で支援の対象を、「保護者がいない児童、保護者が看護することが適当でない児童」から、「養育支援が特に必要である児童や妊婦」にも拡大した。

3. まとめ

社会的養護を巡る最近の議論の全般をとおして流れているのは、「家庭的な養育環境を保障しながら、専門的なケアを提供していく」という考え方である（図12-8）。心理職も、こうしたトレンドのなかで役割を果たしていくことが求められる。

以下、筆者が特に期待する点を述べ、本稿のまとめとする。

◇個々の児童についての「自立支援計画」を策定し、改善しながら支援をしていくという仕組みを大切にすることが肝要である。心理職においても、ケアワーカー、ソーシャルワーカーと協働していくことが求められる。

◇「家庭的な養育環境を保障しながら」という点を言い換えれば、「子どもの生活の場を大切にする」ということであり、この点に留意することが重要である。施設ケアにおいては、前述のように、「小規模化」、「地域化」がキーワードであり、また、里親の支援が課題であることも申し上げた。要保護児童対策地域協議会も、在宅の児童と保護者を支援し、児童の生活の場を大切にする取り組みと考えることができる。

表 12-9　児童福祉法等の一部を改正する法律の主な内容（社会的養護関連部分）

(1) 里親制度の改正

・養子縁組を前提とした里親と養育里親を区別し，養育里親の要件として一定の研修を修めることとする等
・都道府県の業務として，里親に対する相談・援助等の支援を行うことの明確化等

(2) 小規模住居型児童養育事業の創設

・ファミリーホームの創設

(3) 要保護児童対策地域協議会の機能強化

・協議対象を，養育支援が特に必要である児童やその保護者，妊婦に拡大する等

(4) 家庭支援機能の強化

・施設に附置される場合だけではなく，一定の要件を満たす医療機関や NPO 等，地域で相談支援を行う機関が児童家庭支援センターになることを可能とする。

(5) 年長児の自立支援策の見直し

・児童自立生活援助事業について，20 歳未満の支援を要する者を追加する等

(6) 施設内虐待（被措置児童等虐待）の防止

・施設長，施設職員，一時保護所の職員，小規模住居型養育事業を行う者及び里親等が行う暴行，わいせつな行為，ネグレクト及び心理的外傷を与える行為等を被措置児童等虐待と位置づけ
・被措置児童等虐待を発見した者の通告義務，被措置児童等虐待を受けた子どもによる届出，通告や届出先に都道府県等のほか都道府県児童福祉審議会を定める等

(7) その他

・次世代育成支援対策推進法に基づく都道府県行動計画に社会的養護の提供体制に関する記載事項の追加

家庭的な養育環境を保障しながら，専門的ケアを提供する

・ケアワーカー，ソーシャルワーカーとの協働
　自立支援計画

・子どもの生活の場
　施設の小規模化・地域化
　里親支援
　在宅の子ども

・プレーヤーの拡大
　要保護児童対策地域協議会
　第三者評価

制度

→子どもに合わせてチームが動く：柔軟なチームワーク
　専門性
　表現力・説明力

臨床

図 12-8

◇さらに、児童と家族を支援する地域のプレーヤーの範囲が拡大してくるなかで、心理職が役割を発揮することが求められる。要保護児童対策地域協議会はもちろん、「権利擁護」のところで述べた「第三者評価」においても、さまざまな専門家が関わることになる。

◇「子どもに合わせてチームが動く」ことが求められている。多職種連携の取り組みのなかで、心理職は、その専門性を高めることはもちろん、チームプレーのなかでの表現力、説明力に磨きをかけていただきたい。また、心理職が児童の生活の場にどんどん入っていただくことを期待する。「機動的」であることに加え、「子どもを中心に」という基本認識を関係者と共有し、「柔軟なチームワーク」を是非とも実現していただきたい。

最後にもう一点付け加えれば、筆者は、「制度」と「臨床」は、車の両輪の関係にあると考えている。制度を作り運用するのは行政の仕事だが、個々の児童や家庭に合わせてケアを展開していくのは臨床家の力である。この二つをしっかり結びつけていくという点では、「研修・人づくり」が極めて大切である。この点については、行政の立場からも、さらに力を入れていかなければならないと考えている。同時に、学会などの活動におかれても、他の専門分野とも交流しながら一層の取り組みを推進し、成果を上げられることを強く期待したい。

（本稿は、二〇〇八年十月に東京大学で開催されたシンポジウム「子どもの心のケアの現場で役立つ心理専門職とは」における筆者の発言内容を加筆・更新したものである。本稿中、所見に関する記述は筆者の個人的見解である）。

第13章 対談 社会的養護における心理職の役割

——行政との協働に向けて

本章には「子どもの福祉における心理職の役割」というテーマについて、本書の編者の一人でもある、村瀬嘉代子氏（北翔大学大学院教授、大正大学客員教授）と、第12章の著者である厚生労働省の雇用均等・児童家庭局家庭福祉課長の藤原禎一氏によって行なわれた対談を収録した。

藤原氏は、一九九九年から二〇〇一年にかけて大阪府の健康福祉部児童福祉課長として、また、二〇〇一年から二〇〇二年にかけて、厚生労働省の雇用均等・児童家庭局の虐待防止対策室長として児童虐待の対策、婦人保護行政を担当され、二〇〇八年からは、家庭福祉課長として社会的養護の問題、ひとり親家庭の自立支援や婦人保護行政を担当されている方である。

村瀬氏は日本臨床心理士会の会長として、また臨床の実践家・専門家として、現場において子どもの福祉に深く関わっておられる方である。

今回の対談では、専門職の立場と行政職の立場から子どもの福祉に深く関わっておられるお二人に、心理職の役割についてお話しいただいた（なお、藤原氏の発言は、個人の立場による発言である）。

編著者 下山晴彦

1．社会的養護における多職種の協働のポイント

下山　まず、子どもの支援における多職種の協働に関して、お二人がもっておられる問題意識についてお話しいただき、そこから話を広げていきたいと思います。まず藤原さんのほうから、自由にお話しいただければと思います。

藤原　本文のほうでも書きましたが、まず第一に、多職種が協働していく際のポイントとなるのは、子どもの支援を行なう過程において、自立支援計画を大事にすることだと思います。

さらに、「家庭的な養育環境」というものがケアのキーワードになっています。この点については第12章でもふれましたが、私の示した見解のもとになっているのは「今後目指すべき児童の社会的養護体制に関する構想検討会」という学識者の研究会での議論で、それを私なりに整理・要約しました。

社会的養護において子どもに提供すべき支援を集約すると、一つ目が、「子どもの育ちを保障するための養育機能」、二つ目が、「適切な養育が提供されなかったことなどから、受けたこころの傷を回復する心理ケア」の問題です。

特に前者の、子どもの育ちを保障するための養育機能に関係して、家庭的な養育環境、子どもの生活の場を大切にすることの重要性を強調したいと思います。関係者が自立支援の計画を作りながら協働していくときには、こうした子どもの生活の場を大切にするという考え方が、共有されるべきだと感じます。これは実は施設の中に限った話ではなく――施設のお子さんは地域の中で暮らしているわけですから――地域の学校、また福祉の関係者と幅広く協働していく構造が必要になってくると思います。

下山　養育機能を担う環境というのは施設だけでなく、地域あるいは学校と、幅広い生活のなかでのさまざまな社会的な場所が関わってくるわけですね。

藤原　ええ。自立支援計画というある意味で専門的なツールを話題にすることからはじめてしまいましたが、実はいちばん大事なのは、子どもの側にいる人びとが、養護の目標のレベルでしっかりと認識を共有しているところだろうと思います。ツールも大事ですが、それ以上に目標が大事である。同じ目標に対して、関係者がいかに認識を共有できるのか、この点がいちばん大事な話なのだと思っています。

次いで大事なのは、ケアの内容を客観化することですが、そのことについては、次の発言のときにもう少し申し上げたいと思います。

下山　子どもの生活を大切にするという観点からのお話がでましたが、この点に関して村瀬さんはいかがでしょうか。

村瀬　今、藤原さんがおっしゃったことを、私は臨床経験から問題意識として抱き、考えるようになりました。私が養護施設の子どもたちに直接かかわるようになったのは一九九〇年です。当時は虐待という言葉についての関心が、これから高まるという段階で、心理職が施設のなかで今日のように何らかの働きをするということはめずらしく、意識の非常に高い施設以外ではなかったように思います。

そのころ、家族の変容ということが盛んに言われていました。家族の変容が人間のあり方を変えていくというのです。これから家族というものは次第に衰退していくとか、少子化になって人口が減っていき、近代家族のあり方は大きく変わるといった内容でした。「近代家族のゆくえ」と題されたシンポジウムが日本法社会学会で開かれ、さまざまな立場の専門家がこれからの家族について話されたのですが、ある社会学者は「これからは子どもが人工胎盤から生まれる」という話をされる。またフェミニストの学者は、家族を考えるよりも個人がいかに自分の力を発揮するか、まずこれが大切だと話される。人口統計学者は、家庭で子どもを育てることについて、子どもがいない場合といる場合とでは女性の生涯賃金にこれだけの開きが出るというような、ドラスティックな話をされて、家族がだんだん解体していくだろうという発言が多かったのです。それに対して、ある民法学者の方が、倫理的な意味も込めて、フロアから強く異論を唱えられていたのが印象に残っています。

家族というものは空気のように普段はその大切さを感じませんが、それが壊れたり歪んだりすると、人間にとって本質的にとても大事なものだということが、明らかになるのだと思います。臨床の場で、心が傷ついたり、病んだ方に出会ったりすると、家族の大事さが痛切に感じられます。はたして家族という単位を簡単に考えてしまって良いものだろうかと、疑問に思いました。

下山　家族の解体が指摘されるようになった時代に入り、それがきっかけで村瀬さんは家族の機能に注目されたのですね。

村瀬　ええ。でもシンポジウムなどで出てくるのは大人の立場からの議論ですが、私はふと、子どもはいったい家族とか大人になること、人間として成長していくについてどう思っているのかを聞きたいと思いました。そこで、幼児から小学生、中学生、高校生、大学生の個別面接を四百六十四人にしました。一九八九年から一九九〇年にかけてと、そこからほぼ十年の間隔を置いて、同じ東京都内の場所、小・中は同じ学校で、同じ質問の調査を実施しました。[*1]

子どもというのは、いい意味で保守的ですね。大人は、家族は解体して変わっていくということを理論的に、鮮やかに説明しますけど、それとは対照的に子どもは、人間にとって家族は大事であるということをこころの声で語ります。子どもたちの話を聴いた私は、非常に考えさせられました。

でもまだ、家族と一緒に住むことができずに大人になる子ども、家族をもたない子どもは何をよりどころにして大人になっていくのかが分かりませんでした。そこで、養護施設の子どもたちの話を聴いたのが、私が施設に行った最初です。

施設で子どもたちの話を聴いてみると、表面を見ると荒れているとかいろいろな問題を指摘されている子ども、心のなかでは自分の存在の根幹について非常に真剣に考えているわけです。やはり人間にとって家族は大切、そして家族が何らかの形で機能しない人に対しては、それをどうやって社会的に保障し、ケアするかがとても重要な問題だと思ったのが、一九九〇年です。

調査研究に際しまして、子どもたちと生活場面に一緒に入り、お掃除をしたり、アイロンをかけたりしながら子どもの話を聴きました。そこで休日、お盆やお正月にどこにも帰宅先のない子どもがいることを知り、これで「はい、さようなら」と言うのは何かとても忍びなく感じ、そこで「うちでよかったら」と言って、それからきょうまで一年に何回か、施設のなかで「今ぜひこの子を」という子を、一人の市民としてうちに招くことを続けてきました。

2. 生活の機能に注目する

下山　施設の子をご自宅に招待されたのは、どのようなお考えがあってそうされたのですか。

村瀬　一つには、私が市井の市民として施設の子どもに、できる範囲で、家族単位のような、きめ細かな人間関係のなかでの他者への配慮、人との関わり方などの経験を子どもに提供したかったのです。また、それをきっかけにして、子どもにどう関わったらよいかを、自分もよく考えたいと思いました。社会的養護に携わっている職員のなかには私と同じような考えをもつ人もいたのですが、当時は今のような勉強会は社会福祉の領域ではあまりなかったようです。子どもをどう理解するかというケース・カンファレンスが、初めてもたれるようになったのが一九九一年ごろです。

＊1　村瀬嘉代子「子どもの父母・家族像と精神保健——一般児童の家族像の推移並びにさまざまな臨床群の家族像との比較検討」、村瀬嘉代子（二〇〇三）『統合的心理療法の考え方』金剛出版。

小さいときから大舎制のなかで育つ子どもを考える際は——最近は小舎制が増えてきてはいますが——人間の感性や思考のいちばんの原点というのはどのように育つのか、という視点は非常に大事なことだと思います。心理的な援助を導入するときに、外来の相談で出会うある程度の人格の基礎があって、その上で病気や不適応が起きている人に適用されていた面接技術を、そのまま養護施設の面接室やプレイルームにもってきて子どもに行なう……。いま言ったように、一般の子どもと比べてこれだけいろいろ必要な要素を欠いている、いわば愛着が満たされていない重篤な子どもに、本当にそれが十分フィットするのだろうかというのが、私の今日に至るまで一貫している問題意識です。

近年ようやく、生活のなかのケアが必要であるとか、子どもを対象化して関わるよりは、子どもが何をどう受け取り、感じ、考えているかが取り上げられるようになってきました。子どもに身を添わせるという、社会福祉の領域で割と正面に据えて考えられるようになったアプローチです。そのプロセスを、一九九〇年ごろからあちこちの施設に呼ばれて、子どもたちと関わったり、職員の勉強会のお手伝いをしたり、それから先ほど言ったように子どもが家に来たりして、何年もの関わり合いのなかで考えてきました。

すこしまとめますと、心理的援助というのも対象が必要としている、その特質に合わせて、われわれの技術や方法を考えるべきであると思います。そういう意味では、やはり生活と切り離した、人工的な、伝統的なアプローチでは不十分ではないだろうか、ということです。もう一つは、心理職だけが関わるなかで心理的な変化や成長が起こるというのではなく、二十四時間の養護の場の流れのなかに心理職の働きがチームワークとして、あるいはコラボレーションとしてどう組み込まれるかが問題です。チームプレイに優れた心理職でないと、この現場の要請に応えることはできないでしょう。また狭い意味での、非常に純粋な心理的な技術への関心だけでなく、もっと社会福祉にまつわる制度や必要な法律などの近接領域についての知見をもって、他の職種の人びとと共通の言語で話せるような心理職の登場が望まれているのだと考えています。

下山　近代社会の家族の変容というのは、どちらかというと研究者のグループのなかでされた話で、それが一九九〇～九一年ということですね。村瀬さんが疑問に思われた子どもの立場や家族というものが、そんなに簡単に壊れていいものなのだろうか、家族のもつ機能というものをしっかり見直すべきではないか、そこが村瀬さんの子どもたちとの関わりの原点だったのですね。

村瀬　ええ。たとえば養護施設には自分がだれかを知らない子どもや、本来は保護し愛してくれるはずの親から不適切な関わりを受けてきた子どももいるわけです。そういう人に自分の存在を保証し、育ちを保障していくのが養護施設のあり方だと思います。本来の親子関係、家族のもっていた機能を、どう代行していくかが問題なのです。最近は一般の家族でも養育機能がなかなか十分ではないことがあって、私は養護施設の方々に、子どもの育て方に関して、皆さんから社会に発信していただく時代が来たのだと申し上げることがあります。

下山　子どもの育ちの保障について村瀬さんからもお話が出ましたが、藤原さんからは何かあるでしょうか。

藤原　言葉が足りなかったので少し補足をしたいと思います。生活の場という言い方を先ほどしましたが、それは単に衣食住が足りているという意味ではなく、家庭であれば親や親戚、施設の場合には施設の職員などが側にいてくれる状態を言っています。子どもが育っていくなかで、ごくごく自然に、普通に大人との関係があり、大人との関係をもちながら、生活をしていくという意味での生活の場です。

村瀬さんからご推薦いただいていた『この子を受けとめて、育むために』という全社協のリーフレット[*2]を読

＊2　児童養護における養育のあり方に関する特別委員会（二〇〇八）『この子を受けとめて、育むために――育てる・育てあういとなみ』全国社会福祉協議会。

ませていただきましたが、そのなかで、「養育についてのメッセージ」という章にある内容がいちばん大事だと思いました。子どもが育っていく上では、安心して自分を委ねられる大人の存在が必要です。先ほど申し上げた「子どもの育ちを保障するための養育」というときに、「愛着」という表現が使われることが多いと思います。この愛着の問題と、子どもが自分を委ねられる大人の存在というのは同じことを指していると思います。

この一年、社会的養護について携わるようになって、特に子どもの養育においては、いま申し上げた愛着の問題が非常に大事であるのですが、世の中一般にこのことがまだまだ意識されていないのではないかという気がします。さまざまな方とお話しするときも、愛着の問題は強調してお話ししなければいけないとよく感じます。

先ほど、ケアの内容をどう客観化していくのかが問題であると申し上げましたが、社会的養護のケアを客観化していくときにも、愛着の部分をどのように把握し、つかまえていくのかをよく考える必要があります。

子どもが置かれている状況が、昔と違ってとても多様化してきていて、また虐待を受けたお子さんや、障害があるお子さんなど、施設にいる子どもの抱える問題も複雑になっています。さまざまな状況の子どもに対して、どのように応え、ケアの質を高めていけばよいのか。これは子どもの福祉に関わる人たちに共通する課題です。そこで社会的養護の分野では、ケアを考える上でエビデンスというものが必要だ、という議論が始まっています。

ケアの客観化がなぜ必要なのかというと、ひとつには本書のテーマでもある多職種協働に関係する話です。先ほど、多職種が協働するには共通言語が必要になるというお話が出ましたが、一緒のチームで仕事をするには、ケアの中身のほうも一定に客観化されていないと、効果的なチームプレイは望めないわけです。またケアの中身を検証する作業もチームで行うことになるので、この点でも客観化は重要です。

それから、子どもを中心に支援者の側がものを考えることも大事ですが、それ以前の問題として、子どもだって「自分の意見」を言えるわけです。子どもが自分の受けているケアやおかれている状況について「なぜ？」と思うこともある。そういう意味でも、やはりケアの中身というものを客観化していく必要があるのだと思います。

下山　論点を少し整理したいと思います。行政の立場と、心理職の立場で共通するベクトルは、先ほど藤原さんに挙げていただいた「今後目指すべき児童の社会的養護体制に関する構想研究会」の中間取りまとめからでた、子どもの育ちを保障するための養育機能と非常に大きく関わっているようです。それは生活の場を確保するということであり、そこに向けて多職種が協働していくということです。村瀬さんがご経験から提案されたものは、子どもの立場を尊重し子どもの声を聞いていこう、ということです。実はそれは藤原さんも愛着という問題で議論されており、重要なポイントのようです。子どもの声を聞くことに関連する問題として、子どもの自己決定権も一つのポイントにはなるかと思います。

子どもを養育する機能をどのように作っていくのかを考えると、そこに専門性というものが実は関わっている。その専門性の内容に関して、村瀬さんは少なくとも心理職というものが、かつては十分に機能していなかったのではないか、現在でも課題が非常に多いというご意見でした。特に生活の機能を意識して、心理職が自ら子どものところへ下りていって、気持を共有するということが不十分だったということかと思います。

藤原さんが言われたように、その愛着の問題に関わりながら、質をどう高めていくのか、専門職がそこにどのように協調して関わるのか。これが先ほどの中間取りまとめの次のテーマである、適切な養育が提供されなかったこと等により受けた傷を回復する心的ケアに、専門的な立場からどうアプローチしていくかに関わってくると思います。そこを押さえた上で質を高めるということは、同時にそこを検証していくというテーマとなっていくと思われます。そこから今言われたケアをどのように客観化し、さらによりよいものに改善していくかという、次のテーマも出てくるわけですね。

3. 子どもの声を聞く

下山　先に進む課題が見えてきたように思えますが、その前に、村瀬さんがご提案になった子どもの立場、子どもの声をどう聞いていくのかについて――愛着ということにもまさにここに関わることですが――少しお聞きして、次に進みたいと思います。村瀬さん、いかがでしょうか。

村瀬　これは、実際に施設にいる子どもたちの話を聞いたり、施設にかなり長く勤めた、意識の高い職員の方々に面接調査で聞いてきた話なのですが、たとえば過酷な状況にある子どもを保護して施設に措置したという新聞記事を読むと、一般の人は安心するわけです。そして施設に措置された場合、少年院だったら初等少年院で一年とか、刑務所の場合も刑期が分かるし、病気のときでも病気の種類やこうしたらこう治るという見通しがあります。でも社会的養護の子どもには事柄の性質上、「何年ぐらい経ったら君は施設からこういうところに行って、こんなふうに暮らすだろう」とはだれも言ってくれない。自分がここになぜ、何のためにいるのかということが覚束ない子どもが、非常に多い。そのうえ実際は、どの子も自分だけの、しっかりとした愛着の対象が欲しいと思って生きている……。養護施設では、そんな子が大勢一緒に暮らしているわけで、そこで適応して暮らすのは、とても大変だと思います。

今、現場では、その子の理解力や落ち着き、情緒の状態に応じてその子どもにまつわる措置された理由や今後の見通しをどう伝えるかが、ここ近年でようやく意識されるようになってきたのですが、ある時期までは先ほど言ったように、〝大変な状況から養護施設へ移ったのだから一件落着〟のように思われていた。でも子どもは、すんなりとは納得がいかなくて、いつまでここにいるのかが分からない、どうなったらどこに行けるのかが分からない所で、しかも決められた枠のなかで暮らさなければならない。自分は悪い子だから、人間として取り柄がないからこういう生活を送っているのだと考えて、見通しがない生活をしているうちに、自分に対して希望をなくす子どもも出てきます。

ですから、子どもの気持ちを聴く、汲むということのなかには、子どもにまつわる事実を、その子が自分に関わる現実として受け止めていけるように、子どもの気持ちを汲みながら率直に話してあげることも含まれるように思います。居場所感覚というのでしょうか。満足とまではいかなくても、こういうわけで自分はここでこんなことをとりあえず目的に生きていこうと、一人ひとりの子どもに応じた、暮らしていくための目標のようなものを、主体である子どもの理解力に応じて、目安として、目標としてもてるような関わりが要るのではないか。このようなことが、最近この世界では現場の職員の方々の意識に上りつつあります。

下山　意識に上ってきたというのは、職員の皆さんが子どもたちの立場に立つようになったということですか。

村瀬　立とうとするなかで、では子どもは何を感じているか、子どもの気持ちを忖度《そんたく》したり、実際に聴いてみたりすることが大事、ということです。

下山　今回の対談のテーマである心理職の役割ということに戻って考えますと、本来ならば心理職というのは子どもの話をしっかり聞いて、それを子どものために活用するということだと思うのですが、それが心理職に十分できていなかったという面もあるのでしょうか。

村瀬　たとえば最初に出てきた心理療法というのは正規分布曲線を描いてみて、仮に真ん中に健康な人がいて、次第に端に行くほど問題が重篤になるとすると、今の社会的養護の世界にいる子どもは非常に端に近いわけです。もともとのプレイセラピイの方法論というのは、真ん中からちょっと外れたぐらいの、人格の基礎というか、愛着がある程度はある人をもとにして生まれたものです。一方、人間不信感が結晶化しているかのような人には、暦年齢とは別に、育ち直りをもう一回満たすことが要るという認識が、心理の世界で最近共有されつつあります。

下山　そうなると、心理職も自分たちのあり方をしっかりと見直す必要があるということですね。

村瀬　たとえば子どもは、自分がどうしてここにいるのかという疑問をもったり、自分の親の事情を知りたいと思ったりしながらも、一方でそれを知ると怖いわけですね。親の病気は治癒が非常に難しい……。あるいは、こみ入った難しい事情があって再会することが望めない場合もあるわけです。子どもは「自分の存在に関わる基盤のことは知りたい……」と思うときもあるものの、でも、だれに何をどう聞いたらいいのかも分からない。こういった本質的に非常に難しい問題があるのです。

それは先ほど藤原さんが「大人との関係が必要」とおっしゃったことにもつながりますが、そういう心の問題は面接の時間に心理の人が話せばよいのかどうか。子どもの側からすると、自分がいちばん安心して話せて、その問題にふっと触れざるを得ないとき、たとえばお風呂に入ったときに背中を流してもらって、「親って子どもにこういうふうにするものなの？」「僕の親は本当にいるのでしょうか」など、そういう大事な話というのは、何気ないときの体験からふっと湧いて出てきます。ですから、面接のなかで心の問題を話すという形だけで、本当に子どもの要望に応えられているだろうか、とその場にいるケアワーカーは、子どもに誠実に答えながら、子どもにどう適切に補足して話したらいいかを、心理の人に相談するなどして欲しい。生きたチームワークというのは、そういうことではないかと思います。

下山　そうなると、先ほどからテーマに出ている協働やチームワークというのも、単に専門職が集まるだけでは足りず、子どもがいかに、深く傷つけられているか、そこをしっかりと押さえた上での協働でないと、子どもたちに近いところでは支援ができないということですね。先ほど話に出た、受けた傷を回復するケアは、成り立ち得ないことになるわけですね。

村瀬　ですから、自分が子どもからいちばん信頼されて、子どもから大事な話を聴く、私でなければという発想をもう少し緩めて、この子にとっていつ、どんな人が、どう関わることが必要かということを考えるのが、子どもの気持ちを汲むケアの基本の姿勢かと思います。「私が面接をするのよ、面接のときに思っていることを話してごらんなさい」と言って面接者が自己完結的に、子どもの深い世界を理解するのは自分だと思っているだけでは十分ではない。子どもによっては、対象として選びたい人や場所や時間が違うことがある。あくまでも子どものニーズに合わせて、自分の役割や特質を知りながら、そういうことをもう一回柔軟に考えることが、こういう領域で働く専門家に要るのではないかと思います。

4. 心理職の立ち位置

下山　専門性の問題にも関わってきますが、藤原さんいかがでしょうか。

藤原　今回、本書の各章のいろいろな話を読ませていただいて、なるほどと思ったのは、立ち位置という点に関してです。心理職の方の立ち位置への期待が、やはり子どもの施設、医療機関、児童相談所によって、書かれているみなさんそれぞれ違うなと、全体を読んで感じました。医療機関の心理のご専門の方は、どちらかというとつなぎ役のようなところを心理職の立ち位置として期待されている。施設の心理の専門の方は、どちらかというと直接処遇している児童指導員さんなどをバックアップするような心理職の立ち位置を期待されている。

施設のなかでのケアを見たときに、今も村瀬さんからお話がありましたが、どうしても福祉の職種の方は、自分の担当のお子さんに全身全霊で尽くされますけれども、周りが見えているかという部分も心配されるわけです。そうしたときに施設のなかで第三者的、客観的にものが見られる心理の方が直接処遇職員を支援するという、子どもとの関係で重畳的《ちょうじょうてき》にいろいろな職種の方が関わることのメリットというのが、今回のお話のなかでも出ていると思いました。

実は最近、直接処遇職員の方々の負担感が大きくなってバーンアウトすることも、現場では深刻な問題として出てきているわけです。そのことへの一つの答えでもありますが、何よりも子どもにとって信頼できる、自分がいちばん話をしやすい人に関しては、村瀬さんがおっしゃるように、組織のなかではかなり柔軟な対応が必要になると思います。重畳的にいろいろな方が前に出たり後ろに控えていたりして関わるなかで、心理職の方の強みというのが発揮されるのではないでしょうか。

下山　非常に重要な視点だと思います。村瀬さんが言われた、子どもたちの愛着の壊れやすさであり、傷つく深さ、そこに共感する能力が心理職とそこに関わる人には必要になる。同時に、藤原さんが言われたような、そこに関わる職員がかなりバーンアウトしているという現実がある。そこに心理職がバックアップあるいはコンサルタントとして関わっていく。そこではむしろ距離を取るといいますか、全体を俯瞰《ふかん》できる立場も求められていきます。この役割を心理職がどのように自分のなかで受けもっていくのか。村瀬さん、このあたりはいかがでしょうか。

村瀬　どちらかというと伝統的な心理療法やカウンセリングというのは、クライアントに個別に対応して、深く幅狭く対応する傾向があったのだと思います。

非常にデリケートな、外見からではなかなか思い及ばないような、その人の表現しきらないものを汲み上げる緻密さ、繊細さが必要とされる一方で、これからの施設のなかの心理職というのは、いろいろな次元で子どもの心を捉える力が求められます。その子が施設のなかではどうで、学校ではどうで、周りの職員集団はその子についてどう考えているのかなど、幾重にもある人間関係の様相を全体的に俯瞰する力が求められる。そのなかで、子どもの深い気持ちをどう位置付けて、ほかの人と分かち合えるように助けるのがよいのか、その全体的視野が的確にもてることが大事だと思います。

深く緻密に、そして重層的に、全体的文脈のなかで対象を捉え理解するという全体的視点が、これまでは心理職を養成するときに必ずしも十分でなかったところがあります。

下山　先ほど村瀬さんが言われた，子どもたちを理解するときに，障害の重さも考慮すべきだというお話が出ました。それに加え，もう一つ，社会性の視点も重要となっていたと思います。心理職に欠けていたところは，さまざまな職種を含めて社会というものが全体のなかで構成されている視点と考えてよいでしょうか。

村瀬　そう思います。そして，やはり子どもたちが地域社会で受け入れられていくためのお手伝いも，とても重要だと思います。もちろんファミリー・ソーシャルワークなどもありますが，時には担当のケアワーカーと一緒に，あるいはケアワーカーとはまた別の視点で，子どもがうまく言語化できないものを学校の先生にお話しする。

たとえば施設に「引っ越せ」などと言う地域もあるのです。そういうときに，保護者の方々にどのようにして分かってもらい，折り合っていくか。もちろんそういう場合は施設長が前面に出て対応されますが，やはり担当のケアワーカーだけが非常に苦労されていることが少なくない。そういうときに少し全体が見える立場で，心理の人が全体の調整などもできるといいと思います。

下山　藤原さん，いかがでしょうか。

藤原　たとえば，地域のなかで施設の子どもや，また施設に限らず在宅で困難を抱えている家庭・保護者を支えていこうという具体的なケースがあったとします。そこに，要保護児童地域協議会にも施設として参加されていて，この施設の心理職の方が実際に入っていかれて貢献するという場面があったとしたら，これは施設のなかの心理職の立ち位置とは違う，また一つ進んだ展開になるのだと思います。

村瀬　そうですね。協議会など，地域によってはいろいろなシステムのあるところがあります。システムがうまく機能するための細胞液のように，さりげなくその場にいて――自分が積極的にリーダーシップをとるわけではなく――見方を少し変えた視点からの感じ方，考え方を提供しながら，居場所がなくなっている子どもに対して、みんながなるほどそうだと注意を向けられるようにする、そんな援助もできるような心理職だったら、現場で役立つのではないか思います。もちろんソーシャルワーカーがいるところもありますが、子どもは意外に自分のそういうニーズをうまく表現できないので、そういうところを心理職が代弁していくことができれば理想的ですね。

下山　そうなりますと、構想検討会（二三〇頁参照）の中間取りまとめのなかに、受けた傷を回復する心理的ケアというテーマがありますが、これは文字どおり読むと、心理的なケアによって一人ひとりの傷を回復に努めるという意味になると思います。しかし、愛着とその深さを考えるとそれでは足らずに、本当に地域や生活のなかで人びとが関わる必要がありますね。そこまで踏み込んで根っこを張らないと、傷の回復はできないのでしょうか。

村瀬　そうではないでしょうか。自分はこの世に生きていてもいいのだと信じられるためには、一対一の面接室のなかの関係はもちろん大事ですが、その関係をもっと汎化していくような視点と働きもできたらいいと思います。

下山　幅広い心理的ケアと地域のなかの関係、そこにどのように関係をつないでいくか。子どもたちの愛着でサポートする関係を作っていくのか。そこまでを含めて、心理職と行政との関わりについてはいかがでしょうか。

藤原　愛着という言葉とつながる話として、自尊心というものがあり、自尊心につながる話として、社会のなかの周囲の人びととの信頼関係があります。社会のなかで自立していくために子どもが力を身につけていくという話は、あらゆる面で社会とつながっているわけです。

下山　そうですね。私も自己批判を含めて、心理職としての自分の役割をわきまえることが大切であると思いました。心のなかでばかり万能感をもち、自分が何か分かったような気になる。心理職はそれを自分で注意、自覚して、ネットワークのなかに自分をしっかりと謙虚に位置付けるという課題をもっているのだと思います。

5. アセスメントによるケアの客観化

村瀬　先ほど藤原さんがおっしゃった養育の客観化についてなのですが、この期間にこの子はこのように伸びてきて、こう変わったということを明示する面でのお手伝いは心理の側でやるのでしょうか。

下山　藤原さんが先ほど言われた、検証、客観化ですね。それはどのようなイメージでおっしゃっているのでしょうか。

藤原　その点に関しては、今でもアセスメントの重要性という言い方をされることが多いと思います。ただ、社会的養護の世界で、子どものアセスメントというもののモデルができあがりつつあるかというと、まだこれからです。

アセスメントという言葉は、対象を分析するというように狭く捉えるよりは、そこから先――介入という言葉がいいのかどうかは分かりませんが――実際にそのお子さんをサポートしていくためのアセスメントである必要があると思います。アセスメントがサポートにきちんとつながらないといけない。サポートを前提としたアセスメントでなければいけないわけです。

そこからもう一段進んで考えると、子どものアセスメントをきちんとやって、そこで行うべきサポートのモデルがあれば、今度は逆に、担当の職員のケアがきちんとできているかも評価できるようになる。これは、物事を向上させていくというプロセスでもあると思います。

二〇〇八年の秋の全国シンポジウムでは、まだご報告できなかったのですが、この社会的養護施設のケアを何とか客観化しようということで、調査[*3]をしました。ちょうど去年（二〇〇九年）の一月から三月にかけて、四十ぐらいの施設にお願いして、タイムスタディという形の調査でまずは取りかかったところです。タイムスタディというのは、その施設の職員が施設のお子さんに対して、どのような内容のケアをどのくらいの時間提供されているのかを、調査員が横について、かなり細かく計測する調査です。このケアの内容は、あらかじめコード（例――「起床の声かけ、起床の促し〈１１１１〉」、「抱っこ、ひざにのせる、おんぶする〈２１１２〉」など）を立てて分類しておくわけです。こうした調査を通じて、現場で今行われているケアの内容というものがだんだん可視化されてきます。さらにケアの内容を計測するだけではなく、その施設のお子さんに関しても、どういう状態のお子さんなのか、かなり詳細な調査票も付けて、お子さんの状態と提供されているケアの内容の関係、また、たとえば施設の種別によってどう違うのかということなどを、これから分析していきます。

このようなことを積み重ねて、いろいろな方々に議論に参画していただき、物事を前に進めていければ、次の展開につながると思います。

下山　今、実際に動いている調査があり、一方では子どもたちの状況に合ったものを作っていかなければいけない。同時に調査を実施して問題を把握して、改善していかなければならない、そこをどのように兼ね合わせながら、よりよいものにしていくべきなのか……。難しいですね。ふつう調査というのは、ある程度できたものを実施し、その効果をチェックするということだと思いますが、今の状況は「作る」「調べる」「行う」を同時にやっているわけですか。

＊3　平成二十年度社会的養護における施設ケアに関する実態調査。主に児童養護施設を軸に四十弱の協力施設を抽出し、各施設において職員が児童にどのようなケアを行なっているのかを調べたもの。施設職員の業務量調査（一分間タイムスタディ調査）と入所児童の状態調査（アセスメント調査）の二つの調査により構成され、ケアの態様をさまざまな要因に分割、分類し、現状を把握する。

藤原　今回の調査はどちらかというといわゆる直接処遇職員、児童指導員さんの動きを追いかけているものです。心理職の方がどう関わっているのかは併せて見てはいるのですが、調査の主眼としては、二日間にわたって児童指導員さんがどのように動いているかをもっぱら見ています。ですから、いろいろな意味でまだまだ前へ枝を伸ばして、根を広げていかないといけないのです。

下山　まずは現状把握をしっかりしようということですね。

藤原　ええ。現状把握のなかでいちばん中心になる部分をまずは計測しているということになります。

下山　村瀬さんはいかがでしょうか。アセスメントという言葉がでてきましたが。

村瀬　こういう手法を取り入れられて、事柄をまず基本的にクリアにしようという試みは、非常に画期的な、貴重なことだと思います。これは、人事配置をどうするかとか、人手が足りていないところをどうするかとか、いろいろな意味で役に立つデータです。狭い意味での子どもの愛着がどこまで形成されたかということと、その質と量との関係がどうなるかということを論じる際にも役立つデータだと思います。

藤原　今回は、同じお子さんをずっと時系列で追いかけるタイプの調査ではありません。ある一時点で施設にいるお子さんを、その二日間に限って計った調査ですから、時間軸を置いてどう見るかというところについては、また別の研究が必要となります。

村瀬　そうですね、時間軸は非常に大事です。

藤原　子どもがどう変化をするのか、心理職の立場でサポートしていかれる部分をどう客観的に見ていくかというのは、このアプローチだけではまだ足りないと思います。

下山　次の作業が必要であるとしても、何といっても、まずはそのようなアプローチが必要だと思います。

村瀬　そう、大きな項目が改めて意識されるだけでも、違うと思います。たとえば就寝するとき、消灯や昼寝のときの声かけというのがありますが、こういう声かけをしない人も現実にはいて、ただ電気を消すだけです。けれども、そのときに「お休みなさい」と、そこに気持ちを込めた一声があるかないか。これを許られたことにより、自分はどういうケアをしているかというのを、対象になった方は自然に振り返って考えて、上から査定されたというよりは、自分を振り返る、よい契機になったのではないかと思います。

もう一つは、客観化して、それが子どもの成長、変容にどう効果があるかということは、時間軸である程度フォローアップしなければなりませんが、それはまた次の問いになります。でも、こういうことをこの領域で取り入れられたのは初めてですよね。今までは全然なかったと思います。

ワーカーのあり方をとらえた調査があって、それは、子どもが時間軸のなかでどう変化するかを突き合わせるときには、とても役に立つのではないでしょうか。

概して一般にアセスメントという場合、項目にはネガティブなものが圧倒的に多くて、ものすごく悪い、大変な子だと言われている子どもでも、よく見ると決してそうではない。やはりどの子どもも生きていかなければならないとすると、こういう項目の並べ方や用語の表現は非常に大事かなと思いますね。項目だけで判断してしまうと、あの子はこれもできないな、こういう悪いことをしたなと、連想がそちらに固まりやすいので。

下山　子どもたちの声を聞いてサポートしていくという視点があって初めて、それがいい調査に結び付いていくのでしょうね。

村瀬　施設の子は、安心してふっと気がかりなことが言える場や状況にないことや、実は自分で自分の生き方を選び取っていけなくて——子どもはだれでもそうですが——殊に施設にいる子はそうなのです。反抗しているようだけれども、自分の運命はいかんともしがたいというのは、施設の子どもは余計に思っている。どうすればそんな子がふっと自由に自分の内面を口に出せるかというのは、すごく大事だと思います。

児童自立支援施設で昼間、研修会をしたときに、どこかレストランへ行ってお食事をごちそうしてくださると言われたのですが、それよりも私は子どもと一緒に夕食を食べさせてほしいと言って、その施設のなかのあるユニットで食事をしました。翌年もそこへ行きますと、昨年と同じ子がいて、別のテーブルで穴が開くほど私の顔を見ているのですが、そばに寄ってこないわけです。あの子はこちらにとても関心があるのに、話しかけてこないなと思っていました。ほかの子といろいろ話をしているうちに帰る時間になって、九時半ごろ靴を履いていると、そこへ先ほどの子が寄ってきて、「こういうところにいったん入ったら、もし高等学校に行けても、ここにいたという記録がついて来て、大学受験のときにも一生ずっと書かれるんでしょう?」と聞いたのです。「そんなことないわ。あなたいつからそれを心配していていたの?」と尋ねたら、「ここに入った二年前から、ずっと心配だったけれども、怖くて聞けなかった。だから僕のような子はこれからいくら勉強しても、内申書というのは大学受験にも付いていく。がんばっても無駄だと思っていた」と、ずっと抱えてきていた不安について話したのです。

それからまた一年経って行ってみると、前の年に会った子が何人かいて、その後、手紙が来ました。「一年前のときにも僕は先生と話したかったけれども、何かうまく話せなくて、先にほかの子がそばにいて、いろいろな話をして、じっとうらやましい気持ちで見ていた。でも、そのときに先生はときどき自分のほうを見つめたから、僕の気持ちが分かってくれる人かと思ったけれども、それでも聞けなかった。でも、今度は隣の席に素直な気持ちで座れたので、あのときは楽しかった」と。

このように一人ひとりがどきっとするような手紙をくれたりしますが、そういうのは、「今から面接室で」というのとは、ちょっと違いますね。

藤原　そうした意味では、手間のかからない子が問題が少ないわけではない。ここが大きなポイントだと思います。

下山　そうですね。

村瀬　まったくそうです。

藤原　村瀬さんのお話は、まさしく施設のなかで立場、観点の違う方々がカンファレンスなどの場を通じて日常的に議論されていて、そういうところにも目が行き届くのだと思います。

下山　そういうものをケアするスタッフで共有するのと同時に、先ほどの、たとえば客観化し、再構成して、ケアの質を上げていくかということなのでしょうね。

6．子どもを支援するチームのなかでの心理職の役割

下山　最後に村瀬さんがおっしゃったことで、心理職が社会的養護に関わる人びとに対してどのような貢献ができるのかというテーマがあると思います。きょうお話を伺ったところ、村瀬さんは一九九〇年に家族ということから入られて、問題が本格的に吹き出てくる前から、少しずつそれをご覧になっている。藤原さんは、まさに行政として社会のニーズに迅速に応えていく最前線で、法律や行政のシステムに関与してこられた。その経験を踏まえて、社会的養護に関わるチームのなかで心理職がどのような役割をとることができるのかに関して、最後にご意見をいただければと思います。

村瀬　今はだいぶ変わりつつありますが、率直に言って、施設に行ったときに職員の方が非常に疲れていらしたり、子どもの問題が難しくなってくると、している努力が実っている手応えが得にくくて、自信をもてないでいらっしゃったりするのが問題でした。

下山　先ほど藤原さんが言われたバーンアウトの問題もありましたね。

村瀬　人の心のメカニズムとか発達の段階というものを本当に理解していて、その状況に即して、その原理をしっかり識りながら、この子はこんな振る舞いをしているけれども、本当に訴えたいことは何なのかと、個別に即して的確な意味の理解ができることが望ましい。本来の意味論とか発達をしっかり理解していて、しか

も自己完結的に、自分のケアだけで何かするよりは、周りのほかの職種の方々と一緒に、あるいは戸惑っているほかの職種の方が自尊心を持てるようにサポートする、ヒントを出す。それからケアワーカーの方は、同じことを毎日、二十四時間していると、どうしても変化や、やったことの意味を気づかないでいらっしゃるので、そういうことを裏付けをもって明らかにしていく。施設のなかの活性化をさりげなくやることも、子どもに対する直接のケア以外に、非常に大事であろうと思います。

下山　今、村瀬さんがおっしゃった心理職としての役割は、現場の職員に対してどう心理的支援をしていくかということですね。

村瀬　はい。そして、心理職からだけというのではなく、現場の職員の方々から世の中に向かって、人生にはいろいろな形がある。自分たちはこういう子どもを預かって養育しているけれども、この子たちはこのように立派に育つということをもっと伝えていただきたいと思います。たとえば社会的養護施設で育った子どもたちの予後調査というのはないのだと伺いました。養護施設に措置された人が、その後どういう転帰をたどったかというフォローアップです。

藤原　それは、ないですね。

村瀬　私はそれがとても残念です。たとえば問題が起きたときなどに、施設出身者と書かれますね。そういうところだけがクローズアップされがちです。施設に育った人の予後調査がないので分かりませんが、一般家庭で育った人たちと何ら遜色なく社会人として立派に生きている。そういうことを調べて、養護の職員の方が自分のやっていることに自信をもちながら、子育てというのはこのようにするのだと、社会に向かって子育てのあり方を語るぐらいの自負心をもつようになっていただきたいと思います。

下山　藤原さん、いかがでしょうか。

藤原　子どもが社会のなかで周りとの信頼関係をもって、自立した生活ができるように応援していただければと思います。村瀬さんのお話にもありましたが、そのときにお子さんの心のなかをかなりきめ細かく咀嚼していかないと、信頼関係を築くことができないわけですよね。この社会的養護のケアというのは、単に衣食住というものでは済まないわけです。デリケートな、きめの細かい世界なので、心理の専門家の方々に支えていただきたいと思います。そして焦点が当たるべきは、ケアを受けるその子の人生ですから、心理職の方々も、子どもの人生、子どもの社会のなかでの生活ということに、常に思いをもっていただきたいです。これは、心理職の方々のお仕事の重要性を世の中に理解してもらうためにも、大事なのだと思います。

あとがき

わが国において、臨床心理学の専門活動領域は次第に拡がってきており、心理職の臨床活動に対する社会的認知や期待は高まってきている。だが、同時に臨床現場で対応を求められる問題は、さまざまな次元の要因が輻輳して生じた難しいものが増え、それらへ対応する心理職には、他職種との協働や技法的により高度な熟達が求められるようになった。

私は家裁調査官として、非行少年に出会うことから仕事をスタートしたが、当初から理論を援用する場合に、臨床の現実には個別的なそして多面的に理解し関わる姿勢が求められることとシステムのなかで協働する仕方に留意することの大切さを痛感してきた。その後、統合失調症の子どもたちや発達障害を抱える子どもたちへの心理的援助、夫婦の離婚に伴う子どもの親権・監護権の決定や面接交渉に纏《まつ》わる民事鑑定や意見書作成、あるいは重複聴覚障害者や社会的養護児童、ならびにこれらの施設への関わりを求められて今日に至っているが、単一の理論や技法では対応が不十分であり、常に対象とする援助者のニーズに合わせて、生物・心理・社会モデルをもとに個別に即して、アプローチの仕方を工夫することを必要に迫られて試みてきた。さらに、疾病や障害そのものは消褪《しょうたい》が難しくとも、生活の質をあげられるような心理的援助を心懸けることによってクライエントの生きにくさをやわらげるようにしてきた。

このように、他職種との協働や個別的に技法を柔軟に用いていくことが必要であることを痛感してきたが、共通する問題意識を持たれる下山晴彦先生に、こうしたテーマについてご一緒に考えるようにお誘い戴き、折に触れて意見交換をさせていただいて今日に至っている。

「社会的要請に応えられる心理専門職に何が期待されるか、謙虚に他職種の方々の意見を聴こう、わが国よりも心理専門職が一日の長をもって活躍しているアメリカ、イギリスの実情とその背景について識り、わが国の心理職のあり方や教育や養成について、検討を深めよう」という目的で、下山先生は次の二つの国際シンポジウムを企画実施された。二〇〇八年三月三十日にアメリカよりジェラルド・デビソン南カリフォルニア大学心理学部長を招いての、わが国の医療・福祉領域で働く諸専門家との公開シンポジウム。同じく同年十月十二日に、イギリスからポール・スタラード、バース大学教授を迎えての、わが国のさまざまな領域の専門家との公開シンポジウム。

印象的であったのは、両教授はご自身の心理臨床家としての理論的立場を確固としてもたれながらも、さまざまな現実状況に即応して、柔軟な姿勢をとり、チームワーク、協働を円滑に運ぶことに重きを置いておられることであった。

この二つのシンポジウムには、安田講堂の定員を遙かにこえる参加者があり、やむなく別室でビデオを観ていただくという次第であったが、聴衆は熱心に聴き入っていらっしゃり、このテーマへの関心の高さがうかがわれた。これらのシンポジウムにおける示唆深い貴重な発言をもとに、執筆者の方々に当日のご発言内容をさらに展開させて戴いたのが本書である。

編集方針にお応え下さって、ご多忙のなか、ご執筆下さった著者の皆様に深謝したい。なお、旭児童ホーム施設長、伊達直利先生からは御療養中で原稿をご執筆いただくことは叶わなかったが、シンポジストとして登壇され、社会的養護児童の養育という立場から、協働者としての心理職に深い理解と示唆を示されたことをここに記して感謝したい。

さらに、本書出版の意義をご理解下さり、細やかなご配慮のもとに作業を進めて下さった誠信書房編集部の松山由理子氏、佐藤道雄氏にはこころからお礼申し上げる。

わが国の医療、ことに福祉領域での心理職の活用は必ずしも進んでいないのが実情であるが、社会的養護児童の抱える問題が年々深刻化していることもあり、東京都は国に先駆けて、平成十九年度より、「治療的ケア」を行う体制を整備した専門機能強化型児童養護施設制度を発足させ、心理職の雇用が設置条件に含まれるようになった。状況は進展の萌《きざ》しもある。こうした要請に十分応えられるような心理職の教育・養成の一層の充実が望まれている。

本書が、わが国の医療・福祉現場における心理職の活動に寄与し、そして転換期にあるわが国の臨床心理学がより一層これからの社会の要請に応えるべく発展してくれることを願っている。

二〇一〇年二月八日

村瀬嘉代子

第7章
山口育子（やまぐち いくこ）
1989年　大阪教育大学教育学部卒業
現　在　NPO法人ささえあい医療人権センターCOML事務局長

第8章
竹下利枝子（たけした りえこ）
1975年　千葉大学人文学部卒業
現　在　千葉県市川児童相談所所長

第9章
宮腰奏子（みやこし かなこ）
1999年　大阪大学人間科学部卒業
現　在　厚生労働省雇用均等・児童家庭局家庭福祉課課長補佐

第10章
山岡 修（やまおか しゅう）
1980年　慶應義塾大学法学部卒業
現　在　日本発達障害ネットワーク副代表

第11章
村瀬嘉代子（むらせ かよこ）
奥付参照

第12章
藤原禎一（ふじわら ていいち）
1984年　東京大学法学部卒業
現　在　厚生労働省雇用均等・児童家庭局家庭福祉課長

第13章
藤原禎一・村瀬嘉代子・下山晴彦
著者紹介および奥付参照

著者紹介

第 1 章

下山晴彦（しもやま はるひこ）
奥付参照

第 2 章

ジェラルド・デビソン（Gerald Davison）
南カリフォルニア大学心理学部長

第 3 章

ポール・スタラード（Paul Stallard）
バース大学児童と家庭のメンタルヘルス部門教授

第 4 章

金生由紀子（かのう ゆきこ）
1984 年　東北大学医学部卒業
現　在　東京大学医学部附属病院こころの発達診療部特任准教授

第 5 章

藤森麻衣子（ふじもり まいこ）
2004 年　早稲田大学大学院人間科学研究科健康化学専攻博士課程単位取得退学
現　在　国立がんセンター東病院臨床開発センター精神腫瘍学開発部・独立行政法人科学技術振興財団戦略的創造研究推進事業岡ノ谷情報プロジェクト博士

内富庸介（うちとみ ようすけ）
1984 年　広島大学医学部卒業
現　在　国立がんセンター東病院臨床開発センター精神腫瘍学開発部部長

第 6 章

中嶋義文（なかしま よしふみ）
1987 年　東京大学医学部卒業
現　在　三井記念病院精神科部長

編著者紹介

下山　晴彦（しもやま　はるひこ）
1957年　静岡県生まれ
1983年　東京大学大学院教育学研究科博士課程中退
現　在　東京大学大学院臨床心理学コース教授，博士（教育学）
編著書　『臨床心理学全書』全13巻（共監修）誠信書房　2003-2005,『心理学の新しいかたち』全11巻（編著）誠信書房　2004-2006, デビソン, ニール他『テキスト臨床心理学』全5巻 別巻1（編訳）誠信書房　2006-2007

村瀬　嘉代子（むらせ　かよこ）
1935年　東京都生まれ
1959年　奈良女子大学文学部心理学科卒業
現　在　北翔大学大学院教授，大正大学客員教授，文学博士
主　著　『心理臨床の実践』誠信書房　1990,
『新訂増補　子どもと大人の心の架け橋』金剛出版　2009

今《いま》，心理職《しんりしょく》に求《もと》められていること
——医療《いりょう》と福祉《ふくし》の現場《げんば》から

2010年3月25日　第1刷発行

編著者　下山晴彦
　　　　村瀬嘉代子
発行者　柴田敏樹
印刷者　日岐浩和

発行所　株式会社 誠信書房
〒112-0012　東京都文京区大塚3-20-6
電話 03(3946)5666
http://www.seishinshobo.co.jp/

中央印刷　協栄製本
検印省略

ISBN978-4-414-40057-1 C3011